KB169432

『공부자성적도』, 1932, 성균관대 존경각.

『논어』에서 의義는 대체로 당위성과 정당성, 도덕 원칙이나 준칙, 합리성 등의 의미로 풀이되고 있다. 공자는 의에 대해 "군자는 천하의 일에 대해 오로지 주장하는 것도 없고 그저 안 된다고 하는 것도 없다. 오직 의를 따를 뿐이다"라고 말했다.

過蒲贊政
子路治蒲孔子入其
境三稱其善子貢問
曰奚見其政何以知
之曰入其境田疇易
草萊辟溝洫治敬
以信民盡力矣入其
邑墻屋閒樹木茂故
其忠信以寬民不偷至
其庭庭甚清庶諸下
用政不擾故三稱
庸盡其美乎

「과포찬정過蒲贊政」(포 땅을 지나다가 자로의 정치를 칭찬하다), 종이에 엷은색, 33.0×54.0cm, 1742, 국립중앙박물관.

사회를 존립케 하는 기본 틀인 군신 간 의리의 기본자세는 출사였다. 자로는 이것을 바탕으로 '벼슬하지 않는 것은 의가 없는 것이다不仕無義'라고 말했다.

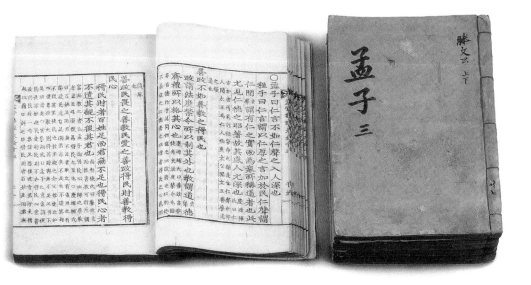

맹자에게서 찾아볼 수 있는 의의 대표적인 의미는 바로 '도덕적' 정당성 및 당위성이다. "삶 또한 내가 원하는 것이고, 의義 또한 내가 원하는 것이지만, 두 가지를 모두 얻을 수 없다면 삶을 포기하고 의를 선택할 것이다"라는 말에서 맹자의 태도가 잘 드러난다.

의는 순자에 이르러 분배 문제를 포함한 사회 정의의 의미를 띠게 되었다. 의의 외재적이고 후천적인 측면을 강조했던 순자는 의와 예를 나란히 병칭한 '예의禮義'라는 표현을 즐겨 썼다.

「삼국지도10폭병풍」 중 '도원결의',
비단에 채색, 137.0×43.0cm, 20세기 전반, 계명대박물관.

오늘날 '의리義理'는 대체로 세 가지를 뜻한다. 첫째는 사람으로서 마땅히 지켜야 할 도리이고, 늘째는 사람끼리 관계에 있어서 지켜야 할 바른 도리이며, 셋째는 남남끼리 혈족관계를 맺는 일이다. 이 가운데 세 번째 뜻을 포함하는 대표적인 단어는 바로 『삼국지』에서 유래한 '도원결의桃園結義'에서 쓰인 '의형제義兄弟'다.

丁若鏞先生肯像

實事求是創始
牧民經世大聖

조선사회를 이끈 계층은 선비 곧 유학자들이었는데, 다산은 이들의 의식이 변하지 않는 한 조선사회는 변할 수 없을 것이라고 보았다. 때문에 그는 실천적인 측면을 더욱 강조해, 인의예지라는 사덕이 인간 행위에 따른 결과로서 나오는 것이라 여겼다.

육면석당(이차돈 순교비), 국립경주박물관.

이차돈의 "나라를 위하여 몸을 죽이는 것은 신하의 큰 절개이며, 임금을 위하여 목숨을 바치는 것은 백성의 곧은 의리입니다"라는 말은 의무와 당위의 맥락에서 신하의 의리를 강조한 것으로 이해할 수 있다.

圃隱先生像

松陽書院本 希園李漢喆重摹於海西論世之室

圃隱先生像
光緒庚辰秋八月下澣
題于員船館 英植

松陽書院本 希園李漢喆重摹於海西論世之室

圃隱先生像
光緒庚辰秋八月下澣
題于員船館 英植

「정몽주 초상」, 이한철 모사, 61.5×35.0cm, 1880, 국립중앙박물관.

고려에서 조선으로 넘어가는 시기에 보여준 정몽주의 선택과 행동은 이후 조선 왕조의 유학자들에게 '의리'라는 문제와 관련해서 하나의 전범典範이 되었다. 또 조선 건국 당시 정몽주에 대한 긍정적인 평가는 유교사회를 지향하는 조선의 유학자들에게 크고도 깊은 영향을 미치게 된다.

『삼강행실도』, 규장각한국학연구원.

여기 실린 고사의 박제상이란 인물은 각각 고구려와 일본에 보낸 아우를 데리고 오라는 눌지
왕에게 "신이 듣기로 '임금에게 근심이 있으면 신하가 욕되고, 임금이 욕을 당하면 신하는 그
일을 위해서 죽는다'고 했습니다"라고 말한다. 이는 후에 율곡이 사회 윤리로서 강조했던 군
신 간의 의리와 연결된다.

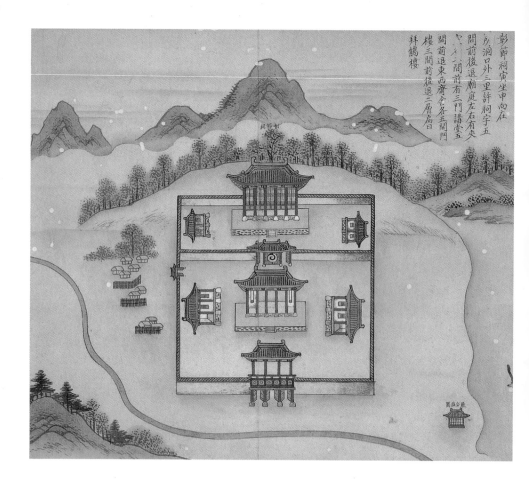

「창절사」, 『월중도』, 종이에 채색, 55.7×46.0cm, 1840년 이후, 장서각.

사육신의 위패를 모셔놓은 곳이다. 사육신 등의 찬탈 세력 부정은 의
리라는 관점에서 볼 때 권력의 정당성을 받아들일 수 없었기 때문에
일어난 일이었다.

南冥曹植先生 畫像贊

稟天地純剛之德 才高一世 智足以遠天地之變
鍾河嶽淸淑之精 氣甚古 勇足以奪三軍之帥
有泰山壁立之像 崒崒如峯頭之玉 自欲西觀之
有披風高朗之趣 頹頹如水面之月 亶其爲振東方未有之人云矣

門人 鄭逑 文

仿月田畫師筆 憲世補壁挿十牛催
芳田 曹元憙 謹畵

「남명선생영정」.

남명은 조선 선비 가운데 누구보다도 의리를 강조한 인물이다. 그의 학문과 사상은 '경敬'과 '의義' 두 글자로 집약할 수 있다.

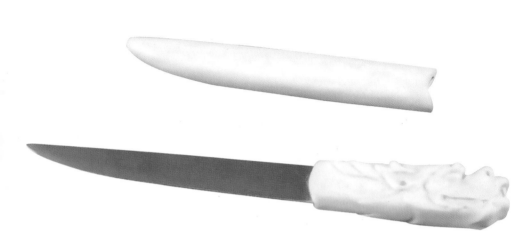

경의검敬義劍(복원), 유교문화박물관.

남명 조식이 품에 지니던 칼로 손잡이에 '경으로 안을 밝히고, 의로 밖
은 단정히 한다内明者敬, 外斷者義'라는 글귀가 새겨져 있다.

『퇴계선생문집』,
33.2×21.6cm, 19세기경, 진성 이씨 주촌 종가 기증, 서울역사박물관.
퇴계는 경敬을 위주로 하는 공부를 통해 의가 정립된다고 여겼다. 이
때의 의는 사태를 제대로 인식하고 바르게 대처해나가는 마음의 올바
른 실천 원칙을 뜻한다.

『율곡전서』, 이이, 20.5×31.5cm, 1749, 강릉오죽헌시립박물관.

율곡은 '의란 무엇을 의도하는 것 없이 하는 경우다'란 말을 통해 의로움과 이로움을 잘 분별하여, 조금이라도 이로움에 휩쓸리는 일이 없도록 경계하는 자세를 가져야 한다고 강조했다.

梅泉五十五歲小影

Mr Kim Kiu Chin The Photographer

鎭卓金師眞寫堂沾天・號京闢章

「황현 사진」, 33.0×24.7cm, 보물 제1494호, 1909, 전남 구례군 광의면 매천사.
『매천야록梅泉野錄』의 저사이기도 한 황현은 일제에 의해 나라가 밍하게 되자
대의를 지키기 위해 자결한 인물이다.

勉菴崔先生七十四歲像 毛冠本

乙巳燕春上澣定山郡守時蔡石芝圖寫

「최익현 초상」, 채용신, 51.5×41.5cm, 보물 제1510호, 1905, 국립중앙박물관.
최익현은 을사조약이 체결되자 그 이듬해에 74세의 노구를 이끌고 의병을 모집하여 싸웠으나, 패한 뒤 일본 대마도로 압송되었고 그곳에서 순국했다. 그의 위정척사운동은 성리학적 의리사상을 토대로 한바, 황현은 최익현을 두고 '인仁을 이루고 의義를 취했다'고 평했다.

무엇이
의로움인가

무엇이
의로움인가

의 로 움 과   이 로 움 의   갈 림 길 에 서

임종진 지음

글항아리

'의義'라는 것은 글쓰기와 관련해, 생각하기에 따라서는 부담이 가는 주제다. 왜냐하면 의는—적어도 한자문화권에서는—다른 어떤 개념보다 실천의 뜻과 강하게 결부되어 있기 때문이다. 그러니 말하면 곧 실천해야 하는 것이다. 한 마디를 말하면 하나를 실천해야 하고, 열 마디를 말하면 열을 실천해야 한다. 그러함에도 공자는 오직 의에 따라 살라는 가르침을 주었다. 그런데 '똑똑한' 우리는 잘 알고 있다, 자신의 그런 생각에 따른 공자가 얼마나 고난으로 점철된 삶을 살았는가를! 그러하기에 우리는 가능하면 그렇게 사는 것을 피하고 싶다, 왜 사서 고생하느냐고 마음속으로 반문하면서! 그러나 어쩌랴, 그렇게 사는 것이 바로 사람답게 사는 길인 것을! 힘들어서 좀 투덜대면서라도, 맨 뒷줄에 서서 미적대면서라도 가야 하지 않겠는가?

의義는 이 책에서 때로는 '의' 그대로, 때로는 '의로움' '올바름'으로 문맥에 따라 자유롭게 표기했다. 사실상 더 근본적인 문제는 따로 있다. 구체적인 상황 속에서 무엇이 옳은가 하는 문제의 '정답'이 명료하게 잘 드러나지 않는다는 것이다. '정답'을 못 찾으니 어떻게 해야 할까? 우선은 '의란 무엇인가' '정의란 무엇인가'라는 물음을 계속해서 던지는 수밖에 없다. 그렇게 하는 한 희망의 불씨는 완전히 사그라지지 않을 것이다. 거기에다 우리의 이성을 바탕으로 자기 절제와 바람직한 사회에 대한 원칙을 끊임없이 가다듬어나간다면, 가야 할 길의 시계視界가 마냥 흐리지만은 않을 것이다.

일종의 덕德으로서의 개인의 의로움은 물론 중요하다. 그러나 오늘날에는 사회와 국가, 국제사회의 구조적 정의正義가 더 중요한 역할을 담당한다. 정치, 경제, 사회적 측면에서 제도적으로나 문화적으로 정의의 틀이 제대로 갖추어져야 한다는 뜻이다. 그런데 그러한 정의의 핵심이 되는 것은 다름 아닌 이익의 문제다. 그 사회가 이익의 문제를 어떻게 다루느냐는 것은 예나 지금이나 사회 정의의 척도가 된다. 공자가 이익의 문제에 초연하라고 말한 것은 사회 지도층을 향한 경고다. 권력을 지닌 지도층이 물질적 이익마저 독점하려들지 말라는 뜻이다. 이것은 공자의 가르침을 따르는 유가뿐만 아니라 묵가도 마찬가지 입장이다. 이런 관점에서 정의와 이익을 결부시킨다면, 결국 '백성을 위한 참된 이익'이 바로 정의다. 이렇게 본다면 의와 관련된 문제가 조금 더 명료해질 것이다. 그리고 각 개인이 이익에 대해서 어떻게 생각하고 실천하느냐 하는 문제는 여전히 중요하다. '정당한 이익 추구'라는 원칙을 고수하려는 노력은 일차적으로 자기 자신을 올바르게 지키려는 정신을 반영하기 때문이다.

의와 관련해서 이 책에 포함된 내용 가운데 개인적으로 좀더 관심이 쏠리는 것은 사제관계인 유가의 순자와 법가의 한비자가 함께 사용한 '공의 公義'라는 개념이다. 법가적 사유가 개입되면서 공사公私의 엄격한 구분이라는 측면이 강해지긴 하지만, 유가적 사유를 좀더 적극적으로 활용한다면 이 개념을 통해 서양의 정의justice와 동양의 의가 서로 만나 소통하고 공감할 만한 대화를 더 많이 나눌 수 있으리라는 인상을 받았다.

이 책에서는 '의라는 것은 이러이러한 것이다'라는 서술 방식보다는 '의와 관련된 이런 이야기가 있다'는 서술 방식을 주로 활용했는데, 그러다보니 자연스레 통시적인 서술이 많은 부분을 이루게 되었다. 그렇게 한 것은 이 책을 읽는 이들이 구체적인 예화나 내용을 통해 의미를 스스로 이끌어내도록 하는 일종의 귀납적 방법을 쓴 것이라고도 할 수 있고, 독자 또한 적극적으로 참여함으로써 좀더 효과적인 스토리텔링이 되도록 하려는 뜻도 포함되어 있다. 이 책을 읽는 이들이 능동적으로 의미를 찾을 기회를 제공하려는 의도를 담은 것이다. 이것은 다른 한편으로는 필자의 '게으른 글쓰기'에 대한 변명이기도 하다.

생각하기에 따라서 이 책은 앞서 나온 '오래된 질문을 다시 던지다' 시리즈에 포함된 임헌규 교수의 『소유의 욕망, 이利란 무엇인가』의 자매편으로 읽어도 좋을 것이다. 같은 시리즈물인 데다 동양의 전통에서는 의를 말하면 자연스레 이利를 말하게 되고, 이를 말하게 되면 또 의를 말하지 않을 수 없기 때문이다.

안동에 있는 한국국학진흥원과는 지리적인 인접성이나 전공과의 연관성 등으로 이미 여러 차례 인연이 있었기에, 이곳의 김미영 박사로부터 제안이 왔을 때 의라는 것에 대하여 잘 알지도 못하면서 '덜컥' 하겠다고 했다가, 우여곡절을 조금 겪고 난 뒤에야 원고를 완성해서 넘길 수 있었다. 결과적으로 이 책이 나올 수 있게 된 것은 무엇보다도 김미영 박사 덕분이다. 감사드린다. 또한 시리즈를 기획한 한국국학진흥원과 책을 만드는 데 수고한 글항아리 출판사에도 감사의 뜻을 전한다.

이제 이 책을 통해 필자는 어느 누구 못지않게 의, 의리, 정의를 많이 말하게 된 셈인데, 이론과 실천은 별개의 문제라고 우겨대면서 실천과 마냥 거리를 둘 수도 없으니, 참으로 난감한 지경에 빠지게 되었다. 이래서 말빚을 지면 안 되는 것인데……

2015년 12월 달구벌 복현골에서

임종진

1장

義

풀이하는 글

義

1.
의의
기본 의미

2010년 상반기부터 한동안 한국사회는 갑자기 '정의' 열풍에 휩싸였었다. 진원지는 미국 하버드대 교수인 마이클 샌델의 저서 『정의란 무엇인가』였다. 이 책은 2010년 5월에 국내에 출간되자마자 수요가 빗발쳤고, 이듬해 4월 그러니까 1년도 안 되는 기간 동안 100만 부, 최근까지 국내에서 모두 200만 부라는, 인문학 저술로는 전무후무한 판매 기록을 세웠다. 그로부터 거의 정확하게 4년 뒤인 2014년 5월경부터는 어느 연예인이 '의리'를 내세운 광고로 큰 인기를 얻고 있다. 왜 한국사회에 '정의'의 열풍이 세차게 일어나고 '의리'의 외침이 큰 호응을 얻는지는 여러 측면에서 분석될 수 있겠지만, 그만큼 현실에서 '정의'와 '의리'에 목말라 있다는 분석도 빼놓을 수 없을 것이다.

그런데 '정의正義'와 '의리義理'라는 개념의 공통 부분은 바로 '의義'다. 형식상으로 볼 때 정의와 의리는 의를 기초로 해서 생겨난 말들이다. 그렇다면 한국사회의 이러한 상황은, "큰 도道가 없어지니 인의仁義가 나타났다"[1]는, 다시 말해 "도를 잃어버린 뒤에 덕이 나타나고 덕을 잃어버린 뒤에 인이 나타나며, 인을 잃어버린 뒤에 의가 나타나고 의를 잃어버린 뒤에 예가 있으니, 예라는 것은 믿음이 사라지고 혼란으로 가는 시초다"[2]라는 『도덕경』의 구절을 통해서 역설적인 방식으로 그 이유에 접근해볼 수도 있을 것이다.

그러나 이러한 의에 대한 관심은 현대 한국사회에만 존재하는 현상이 아니다. 우리나라는 물론이고 과거부터 한자문화권에서는 의와 관련된 여러 말이 사상이나 정치 분야, 심지어 생활 속에서 흔히 쓰여왔다. 그 예를 살펴보면 의거義擧, 의기義氣, 의병義兵, 의사義士, 의인義人, 의적義賊, 의협義俠 등을 먼저 거론할 수 있으며, 또한 대의大義, 도의道義, 신의信義, 절의節義, 창의倡義, 충의忠義라는 말도 곧잘 쓰였다. 게다가 동물에 대해서도 의견義犬이니 의우義牛니 하는 표현을 드물지 않게 쓰기도 한다.

왜 이렇게 의와 관련된 말들이 널리 그리고 계속해서 사용되어왔을까? 그것은 어쩌면 의가 사람들이 추구하는 이상사회와 가장 관련이 큰 개념이기 때문일 것이다. 의라는 가치가 구현된 사회, 다시 말해 의라는 기준과 원칙이 살아 있어서, 사회가 그러한 것에 따라서 움직이는 정의로운 사회를 꿈꾸기 때문일 것이다. 그렇기 때문에 인간이 인간답게 살고자 하는 꿈을 포기하지 않는 한 인간은 의라는 길을 가지 않을 수 없을 것이다.

여기서 이제 우리의 질문이 시작된다. 그렇다면 대체 '의義'란 무엇인가? 서양 중세의 교부철학자인 아우구스티누스(354~430)는 『고백록』이라는 자서전에서 시간에 대해 다음과 같은 말을 남겼다.

그럼 시간이란 무엇입니까. 누가 이를 쉽고 간단하게 설명하겠습니까? 누가 이를 생각으로 알아듣고 적절한 말로 표현할 수 있겠습니까? 그럼에도 우리 대화 가운데 시간처럼 예사롭고 알려진 것이 또 어디 있습니까. 그렇습니다. 우리가 스스로 말할 때 이를 아는 것이 사실이요 남한테 들을 적에도 알아듣는 것이 사실입니다. 그렇다면 도대체 시간이란 무엇입니까? 아무도 묻는 이가 없으면 아는 듯하다가도 막상 묻는 이에게 설명하려 들자면 말문이 막히고 맙니다.(『고백록』 제11권 제14장)[3]

이 문장에서 '시간時間'이란 말을 '의義'로 바꿔 읽어보면 어떨까? 시간만큼은 아니더라도, 앞서 언급한 대로 의라는 말은 친숙하게 널리 사용되지만, 그 의미를 헤아려보면 예상외로 다양한 스펙트럼을 드러내기 때문에 우리를 잠시 혼란스럽게 한다. 이러한 혼란을 정리하는 가장 일반적인 방식은 그 원초적인 의미를 밝히는 데서 출발하는 것이기에, 여기서는 의의 가장 오래된 의미를 담고 있는 갑골문甲骨文에서부터 시작하고자 한다.

갑골문에 등장하는 초기 형태를 보면 의義 자는 끝부분이 갈고리나 깃털류의 물건으로 장식되어 있는 아我 자형 의장무기의 상형이다. 그리고 갑골문에서 아我는 날 부분이 톱니 모양으로 된 무기武器의 형태인데, 뒷날 '나'라는 인칭의 의미로 가차되었다. 그것은 당시에 모두 의례의 위용을 높이기 위한 예기禮器이며 실용적인 무기는 아니었다. 그러므로 의義는 '의식儀式' '마땅하다'라는 인신의引伸意를 갖게 되었다.[4] 이러한 해석에 따른다면, 오늘날의 글자 형체에서도 아랫부분은 '톱니 모양의 날이 달린 무기'의 상형자인 아我임에 틀림없으나, 윗부분은 동물인 '양'을 정면에서 상형한 양羊 자처럼 보이지만 실은 그렇지 않은 것이다.

이러한 의義가 의宜와 발음이 같다는 이유로 '마땅하다'라는 뜻으로 널리 쓰이자 본뜻의 보존을 위해 만든 글자가 바로 의儀다. 원래 '마땅하다'라는 뜻으로 쓰인 글자는 바로 '의宜'다. 의宜는 '宀(면)'과 '且(조)'로 구성된 글자다. '宀'은 '지붕'과 '두 기둥'의 상형으로 '집'이 본뜻인 글자이며, '且'는 제수祭需를 담아 제사상에 올려놓는 '나무틀'의 상형이다. 그 안에 든 제수는 고깃덩어리다. 이렇게 구성된 의宜는 '마음을 편하게 하는 곳'이 본뜻인데, '조상의 신주神主를 모신 사당(宀)의 제사상에 희생의 고기를 담은 제기인 조且를 올려놓고 나니 마음이 편하고 떳떳하고 마땅하며 옳다'는 의미를 담은 글자가 되었다. 우리가 쓰는 모든 단어의 '의義'는 기본적으로 '의宜'의 동음가차同音假借다.[5]

한편 의義와 의宜의 관계를 좀더 밀접하게 해석하는 입장도 있다. 예컨대 중국 학자인 왕리王力는 의宜와 의義가 동원자同源字라고 설명한다.[6] 의義를 '도마 위에 고기를 놓고 써는 모습'을 형상화한 상형문자로 보기도 하는데, 이 경우 글자의 위가 동물인 양羊이고 아래의 아我는 병기兵器의 모양이다. 이럴 경우 의義의 뜻풀이에 자주 등장하는 의宜와 같은 뜻이 된다. 이렇게 고기를 썬다는 구상적 행위에 담긴 의미가 비유적으로 적용되면서 점차 '사물을 세세히 고르고 나누는 것'이 되고, 그 목적과 결부하여 '세세히 잘라서 고르고 질서 있게 하는 것'으로 발전했으며, 이로부터 공정한 원칙에 따라 사회 구성원의 의무와 권리를 분배하여 질서를 확립한다는 뜻을 갖게 된 것이다.[7] 그런데 다른 한편으로 선善이나 의義, 미美 등 가치 관념을 포함하고 있는 문자들에 있는 편방偏旁을 동물인 양羊으로 해석할 경우 이것은 중국 고대에 송사訟事와 관련된 판결을 내릴 때 양을 이용한 풍습이 있었던 것과 연관 짓기도 한다.[8]

　이후 금문金文, 즉 청동기에 주조된 문자를 살펴보면 의義는 용의容儀, 위의威儀, 정의情意, 선善, 의宜 등의 여러 의미로 사용되었다.[9] 그리고 후한 시대에 허신許愼이 쓴 중국 최초의 체계적인 자전인 『설문해자說文解字』에는 의義에 대해 다음과 같이 기록되어 있다.

　　의는 자기 자신의 위의威儀다. 아我와 양羊의 뜻을 따른다.[10]

　『설문해자』에서는 의의 가장 기본적인 의미를 위의威儀로 해석하고 있지만 또한 '자기 자신'이라는 측면을 강조했다. 청나라의 단옥재段玉裁는 이에 대해 『설문해자주說文解字注』에서 다음과 같이 풀이했다.

　　위의, 곧 위엄이 있는 엄숙한 태도나 몸가짐은 자기 자신으로부터 나온다. 그러므로 아我를 따른다. 동중서는 인仁이 곧 다른 사람이고 의義는 곧 나라고 말했다. 인은 반드시 다른 사람에게 이르게 되는 것이고 의는 반드시 자기 마음속으로부터 판단하고 제어하는 것이라는 말이다. 양羊을 따른다는 것은 선善과 미美와 같은 뜻이다.[11]

　청대에 나온 주석에는 그야말로 이전에 나온 여러 의미를 종합적으로 담고 있다고 말할 수 있다.

　그렇다면 오늘날 우리가 쓰는 의義라는 말에는 대체로 두 갈래의 어원적 해석이 통합되어 있는 셈이다. 곧 '義'의 윗부분인 '羊'을 일종의 장식물로 해석하는 입장과 동물인 양으로 해석하는 입장이 바로 그것이다. 그로부터 위의威儀와 의宜 그리고 선善[12]과 관련된 의미도 생겨났다. 이처럼 의義는 본래 사람의 용모와 행동거지를 가리키는 것으로 쓰이다가, 그 용모와 행동거지의 가장 마땅한 것으로서의 당위 규범으로 발전했고, 행동거지가 당위 규범에 맞을 때를 평가하는 선善의 개념을 포함하게 되었으며,[13] 나아가서 불선不善, 즉 당위 규범에 어긋나는 행위를 바르게 하는 규제의 의미도 갖게 되었다.[14] 이후 상황과 맥락에 따라 이러한 의미가 통합적으로 혹은 개별적으로 사용되었으며, 나아가서 이와 직간접적으로 연관되는 여러 의미로 확대되었다.[15]

이제 '의義'에 담겨 있는 여러 의미를 정리했을 때, 가장 중심에 놓을 수 있는 의미는 역시 '의宜'다.[16] 유학사를 보더라도 유학자들이 가장 선호했던 의義의 의미는 바로 '의宜'였다. 『중용中庸』에서는 "의는 마땅함이다"[17]라고 규정했으며, 이에 대해 주자朱子는 "의宜란 사리를 분별하여 각기 마땅함이 있는 것이다"[18]라는 주석을 붙였다. 또한 후한 시기의 저명한 경학가인 정현鄭玄은 "의義라는 말은 의宜다"[19]라고 했으며, 당나라의 한유韓愈는 "행하여 마땅한 것을 의라 한다"[20]라고 말했다. '마땅히 …해야 한다', 즉 '당위當爲'로 해석될 수 있는 '의宜'는 우선 우리의 행동 양태儀와도 결부시켜 쓸 수 있고, 또한 규범에 맞는 행위善의 도출과도 연계시켜 쓸 수 있는, 매우 광범위한 영역과 연계 가능한 개념이다.

그렇다면 이러한 의미를 모두 수렴하고 있는 의義에 대하여 이론적인 측면에서 그 의미를 단정지으며 규정하는 것은 쉬운 일이 아니다. 더구나 그것은 실천과 관련된 윤리적 의미를 강하게 내포하고 있으므로 행위의 판단 기준으로 작용할 수 있지만, 다양한 변화 요소를 포함하고 있는 구체적인 현실 속에서 행위와 관련하여 최선의 판단 기준을 확정하기는 더욱 쉽지 않을 것이다. 이러한 상황을 고려하여, 여기서는 주로 동양 고전 자료를 중심으로 의와 관련된 여러 측면을 살펴봄으로써 점진적이고 통합적으로 의를 이해하도록 하는 방식을 활용하고자 한다. 이제 먼저 유학의 저술들을 중심으로 의義와 관련된 측면을 살펴보자.

『상서尙書』에서는 '의로써 일을 바로잡는다以義制事'21는 말이 나오는데, 여기서는 제어, 규제라는 의미가 분명하게 드러난다.『주역』에서도 '의로써 바깥을 반듯하게 한다'22라고 하여, 실천과 관련해서 자신을 외부적으로 올바르게 드러나도록 하는 조절의 의미로 의라는 개념을 언급한 부분이 있다. 또한 "재화를 잘 관리하고 말을 바르게 하며 백성이 잘못된 일을 하지 않도록 금지하는 것을 의義라 한다"23고도 하여 역시『상서』에서와 마찬가지로 의를 제어나 규제의 의미로 쓰고 있다. 그런 가운데『주역』에서 의와 관련해서 가장 주목할 만한 내용은 의義와 이利를 연계시킨 점이다. 『주역』의「건괘 문언전乾卦文言傳」에는 '이로움利이라는 것은 의로움義이 조화를 이룬 것이다' '사물을 이롭게 하는 것이 충분히 의로움과 조화를 이룬다'는 내용이 들어 있다.24 그런데 유학에서 특히 공부나 수양과 관련해서 주시하는 개념이 바로 '이利'다. 유학에서는 대체로 의를 중요시하고 이利를 경시하는 경향이 다분하지만,「건괘 문언전」에서는 오히려 우리가 궁극적으로 추구해야 할 '이'가 무엇인가를 논하는 '긍정의 철학'을 보여주고 있다. 그리고 이러한 논조의 연장선상에서 '의'와 '이'를 대립적인 관계로만 여기는 데서 벗어나, 그 관계를 전회시켜 조화調和의 관계로 승화시키고 있다. 이러한 '의'와 '이'의 관계에 대한 논의는 유가뿐만 아니라 묵가墨家, 법가法家 등 다른 제자백가 사상에서도 중요한 주제가 되었다.

『예기禮記』에서는 그 책의 구성과 유사하게 의와 관련해서 비교적 다채로운 의미가 등장한다. 곧 책임과 의무, 인간의 기본 도리, 규제와 교정, 실천의 원칙, 올바른 실천 행위, 바람직한 사회의 모습 등으로 의를 해석할 수 있는 내용이 『예기』에 포함되어 있다. 또한 의와 이익을 대비시켜 거론한 내용도 있으니, '선비는 재화가 주어지고 좋아하는 것이 넘치도록 있을지라도 이익 때문에 그 의를 이지러지게 하지 않는다'[25]는 것이 그러하다. 나아가 의와 예, 그리고 인과의 관계에도 주목하여 "예는 의에서 비롯되는 열매다禮也者, 義之實也" "인은 의의 뿌리다仁者, 義之本也"라고 설명한다.[26] 이를 나무에 비유하면 의는 인이라는 뿌리를 바탕으로 예라는 열매를 맺는 나무의 근간, 즉 줄기에 해당된다. 이 줄기가 꿋꿋하게 제대로 자신의 자리를 지킬 수 있을 때 인이라는 넓은 뿌리는 예라는 단단한 열매를 맺을 수 있다. 의가 어떤 역할과 비중을 차지하는가를 잘 보여주는 설명이다.

미언대의微言大義 또는 춘추대의春秋大義라는 표현도 있듯, 의를 언급할 때 유가의 경전 가운데 가장 먼저 떠오르는 것은 아마도 『춘추春秋』일 것이다. 역사적 사실에 대하여 그 선악善惡과 정사正邪를 엄정하게 서술함으로써 역사를 통해 '정의란 무엇인가'의 기준을 제시한 춘추필법春秋筆法으로 유명한 『춘추』는 노魯나라를 중심으로 춘추시대의 역사를 연대기적으로 기술한 역사책이며 공자가 지었다고 알려져 있다. 그런데 한 가지 흥미로운 사실은 『춘추』 경문에는 '의義'라는 글자가 보이지 않는다는 점이다.

그 대신 공자는 춘추시대를 기록하면서 역사적 사실에 대하여 내용을 덧붙이거나 줄이는 방식으로 시비是非와 포폄褒貶의 뜻을 담아두었다. 그렇다면 직접적인 방식으로 의와 불의라는 표현을 쓰지 않은 까닭은 무엇일까? 주나라 천자의 불의로 말미암아 의를 거론하기가 어렵게 된 역사적 현실도 작용했겠지만, 역사적 사실에서 의와 불의를 더 자세히 헤아려보도록 일부러 그렇게 한 것은 아닐까? 이『춘추』와 관련해서는『춘추좌씨전春秋左氏傳』『춘추공양전春秋公羊傳』『춘추곡량전春秋穀梁傳』이라는 이른바 춘추삼전春秋三傳이라는 세 가지 해설서가 존재한다. 그중에서『춘추좌씨전』에는 좀 무시무시한 표현이 들어 있다. '대의멸친大義滅親!'[27] 대의大義를 위해서는 죄를 지으면 친족도 멸한다는 뜻인데, 국가나 사회의 대의를 위해서는 부모나 형제의 정도 돌아보지 않는다는, 얼핏 비정하게 들리는 말이다. 순화시켜서 이해한다면 사私보다는 공公을 우선시한다는 선공후사先公後私의 정신이므로, 오늘날에도 표현의 압박감을 넘어 곱씹어볼 가치가 있는 말이다.

『논어』에서 중심 개념은 질적인 측면뿐만 아니라 양적인 측면에서 보더라도 단연 인仁이다. 그렇지만 양적인 측면에서는 비교가 되지 않을 만큼 그 비중이 작지만[28] 질적인 측면에서 본다면 주목하지 않을 수 없는 것이 의義다. 도덕뿐만 아니라 정치, 군자君子, 경제 등과 관련된 서술에서 결정적인 역할을 담당하는 개념이 바로 의이기 때문이다.『논어』에서 의는 대체로 당위성과 정당성, 도덕 원칙이나 준칙, 합리성 등의 의미가 강조되고 있다.

유자는 "약속이 의에 가까우면 그 말을 이행할 수 있고, 공손함이 예에 가까우면 치욕을 멀리할 수 있으며, 의지하는 데 그 친할 만한 사람을 잃지 않으면 주인으로 받들 만하다"라고 말했다.[29]

이 문장은 『논어』에서 의가 가장 먼저 나오는 대목이다. 유자는 공자의 제자인 유약有若이다. 여기에 나오는 의를 주자는 "의라는 것은 일의 마땅함이다"[30]라고 주를 달았다. '일의 마땅함'이란 '사리에 적합하여 당연히 해야 할 일'이라고 풀이할 수 있다. 그렇다면 여기서는 의에 당위성, 정당성 등의 의미가 함축되어 있다고 말할 수 있다. 다음에 나오는 문장을 살펴보자.

공자께서 말씀하셨다. "군자는 천하의 일에 대해 오로지 주장하는 것도 없고 그저 안 된다고 하는 것도 없다. 오직 의義를 따를 뿐이다."[31]

여기서 공자는 군자가 일을 처리하는 태도에 대해 논했다. 군자는 어떤 일에 일체의 선입견이나 고정관념을 갖지 않고 오직 의라는 원칙에 따라서 대처할 따름이다. 이 경우 의는 정당성뿐만 아니라 합리성도 갖추고 있는 도덕 원칙, 다시 말하면 도리道理로 해석하는 게 적절할 것이다. 그런 까닭에 의는 행위의 선택과 관련된 학문인 윤리학의 영역에서 특별히 주목할 만한 개념이다.

『논어』에서 공자는 의를 이利, 즉 이익·이득과 대비시켜 언급하곤 한다. "이로움을 보면 의를 생각한다"[32]라거나 "이득이 되는 것을 보면 의를 생각한다"[33]는 것이 그 예다. 그러한 이유는 일차적으로 이득의 추구가 많으면 의의 선택을 방해하는 결과를 초래하기 때문이다. 게다가 이득의 유인력은 얼마나 강한가! 그렇기 때문에 이와 관련된 공자의 목소리는 단호하다.

공자께서 말씀하셨다. "군자는 의로움에 밝고 소인은 이로움에 밝다."[34]

『논어』를 보면 서로 대비되는 두 인물 유형이 등장한다. 바로 군자와 소인이다. 이러한 군자와 소인이 선천적으로 결정되어 있는 것은 아니다. 우리가 일상 속에서 스스로 어떤 선택을 하느냐에 따라 군자가 되기도 하고 소인이 되기도 하는데, 핵심적 기준이 되는 것이 바로 의다. 그런 의미에서 의는 도덕 원칙 또는 도덕 준칙이 되는 것이다. 다른 한편으로 의는 의무, 책임의식이라는 의미와도 관련된다.

자로가 말했다. "벼슬하지 않는 것은 의義가 없는 것이다. 장유長幼의 예절도 없앨 수 없는데, 군신君臣의 의리를 어찌 없앨 수 있단 말인가? 자기 몸을 깨끗이 하려고 큰 인륜을 어지럽히는 것이다. 군자가 벼슬하는 것은 그 의를 행하는 것이니, 도가 행해지지 않을 것은 이미 알고 있는 바다."[35]

여기서는 사회적 차원에서의 의의 실천과 관련된 문제가 언급되고 있다. 사회를 존립하게 하는 틀인 군신의 의리를 따르는 기본자세는 출사出仕다. 그렇다면 출사, 즉 관직에 나아가는 것은 개인의 이익을 위해서가 아니라 사회적 책임을 다하는 자세다. 유교의 관점에서 보면 사회적 활동을 배제하는 삶은 올바른 삶의 자세가 아닌 것이다. 유교는 어떤 상황에서라도 자신의 사회적 의무를 완수하기 위한 책임의식을 가질 것을 강조한다. 그렇기 때문에 공자는 '은거해서는 자신의 뜻을 추구하고, 의를 행하여 그 도를 펼쳐나간다'[36]고 말한 것이다.

선진시대 유학자 가운데 의에 대한 관심이 가장 큰 인물은 맹자라고 할 수 있다. 맹자는 관심이 큰 만큼 의의 중요성을 강조했다. 그것과 관련된 대표적인 증거가 바로 『맹자』 첫머리에서 의가 인과 나란히 '인의仁義'로 표현되었다는 점이다.[37] 이것은 공자에게서 인으로 대표되었던 인간의 도덕성이 맹자에 와서는 의 또한 인과 거의 동등한 비중과 의미를 갖는 것으로 강조되었다는 의미다. 물론 인간의 본성을 구성하는 도덕성으로 맹자는 인의예지를 말하지만 그중에서도 인과 의의 비중이 상대적으로 큰 것은 분명하다. 이처럼 의를 인간의 본래적 도덕성으로 규정할 때 의는 명백하게 인간에게 내재된 것으로 볼 수 있다.

인의예지는 외부로부터 나에게 녹아 들어오는 것이 아니라 내가 본래 가지고 있던 것인데, 그것을 생각하지 않을 뿐이다.[38]

이 점이 의와 관련된 맹자의 주장에서 나타나는 특징 중 하나다. 그래서인지 맹자에서 찾아볼 수 있는 의의 대표적인 의미는 바로 '도덕적' 정당성 및 당위성이다. 도덕적 정당성의 문제이기 때문에 어떠한 타협도 없다. "삶 또한 내가 원하는 것이고, 의義 또한 내가 원하는 것이지만, 두 가지를 모두 얻을 수 없다면 삶을 포기하고 의를 선택할 것이다"[39]라는 맹자의 말은 의와 관련해서 그가 얼마만큼 단호한 태도를 취했는가를 단적으로 보여준다. 이것의 연장선상에서 우리는 "의는 사람이 가야 하는 바른길이다"[40] "의는 사람의 길이다"[41] "길은 어디에 있는가? 의가 그것이다"[42]라고 되풀이하여 의를 강조하는 맹자의 의도를 헤아려볼 수 있을 것이다. 그것은 바로 당위적 실천에 대한 강조이기도 하다. 즉 실천과 관련된 행위 규범으로서의 의는 선택 사항이 아니다. 칸트의 표현을 빌린다면, 일종의 '정언명법'이다.

그런데 맹자가 의를 언급하면서 경계한 것은 공자와 마찬가지로 역시이利, 즉 이익의 문제였다. 이에 대해서도 맹자의 논조는 강렬하다. 왜냐하면 맹자가 보기에 이익은 의의 실천을 가로막는 가장 큰 장애물이기 때문이다.

> 진실로 의리를 하찮게 여기고 이익을 우선시하게 되면, 모조리 빼앗지 않고는 만족하지 않을 것입니다.[43]

어떤 명분을 내세우든 간에 오직 이익만이 최고라고 여겨 그것을 우선시하는 사회는 결국 '만인의 만인에 대한 끝없는 투쟁'만 유발하게 된다. 이런 상황에서는 결국 자기 자신도 올바르게 지키지 못할 뿐만 아니라 자신이 몸담고 있는 공동체도 유지되지 못한다는 것이 맹자의 주장이다. 그렇기 때문에 맹자는 이러한 의와 같은 도덕 가치가 그 어떤 분야보다도 정치에서 가장 중요하게 반아들여기기를 염원했다.

맹자께서 말씀하셨다. "사람들을 편들거나 꾸짖을 것이 못 되고, 정치를 일일이 논란할 것도 못 된다. 오직 대인大人만이 임금의 그릇된 마음을 바로잡을 수 있다. 임금이 인하면 인하지 않은 사람이 없고, 임금이 의로우면 의롭지 않은 사람이 없으며, 임금이 바르면 바르지 않은 사람이 없으니, 한번 임금을 바르게 하면 나라가 안정된다."[44]

맹자의 이른바 '혁명론'도 다름 아닌 도덕적 정당성을 수호하기 위한 방편이다. 그런 차원에서 본다면 맹자의 혁명론은 '진정한 군신유의君臣有義[45]란 무엇인가'라는 질문을 던지게 한다. 맹자의 관점에 따른다면, 군주와 신하 사이에 성립하는 '의리'는 단순한 형식 논리 혹은 기계적인 논리에 따라 무조건적으로 작동하는 것이 아니며, 도덕 가치라는 원칙에 비춰 봤을 때 그 정당성을 가질 수 있어야 그 의리가 진정한 의미를 발휘하게 된다. 또한 단편적이지만 여기서 의는 사회 정의와 관련된 의미로 읽을 가능성을 보여주고 있다.

전국시대 말기를 배경으로 하는 순자荀子는 인간을 사회적 존재라는 차원에서 파악했다. 그렇기 때문에 인간이 인간답게 살기 위해서는 다른 무엇보다 사회적 갈등의 해결을 통한 사회의 질서유지와 안정이 중요한 과제로 등장했다. 이와 관련해서 순자는 다음과 같이 말했다.

옛날의 이상적인 임금들은 이런 혼란을 싫어했기 때문에 예와 의를 제정하여 직분을 정했다.[46]

순자는 안정된 사회란 사회적 분업分과 사회적 정의義 사이의 조화를 통해 실현된다고 보았으며, 이러한 이상적인 조화가 구현된 사회적 질서 체제를 유지하는 사회 규범을 예라고 설명했다.[47] 그렇다면 이제 의는 순자에 이르러 분배 문제를 포함한 사회 정의의 의미를 띠게 된다. 순자는 이러한 의의 중요성을 인식하여 예와 나란히 병칭한 "예의禮義"라는 표현을 즐겨 썼다. 이 점에서 '인의仁義'라는 표현을 쓴 맹자와 그 차이점이 비교되지만, 의와 관련해서 맹자와 순자의 본질적인 차이점은, 맹자가 내재적이고 선천적인 측면을 강조했다면 순자는 외재적이고 후천적인 측면을 강조했다는 점이다.

어떤 사람이 "사람의 본성이 악하다면 예와 의는 어떻게 생겨났는가?"라고 물었다. 이에 대해 다음과 같이 대답했다. "예의라는 것은 성인의 인위적인 노력에 의해 생겨난 것이지 본디 사람의 본성에서 생겨난 것이 아니다. (…) 성인이 생각을 거듭하고 인위적인 노력을 되풀이한 결과 예의를 만들어내고 법도를 제정했다. 그렇다면 예의와 법도는 성인의 인위적인 노력에 의해 생겨난 것이지 본디 사람의 본성에서 생겨난 것이 아니다."[48]

예와 의란 성인이 만들어낸 것으로 사람들이 배워서 할 수 있고 노력해서 이룰 수 있는 것이다.[49]

이러한 인용문을 통해서 알 수 있는 중요한 점은, 의가 인간의 경험을 거쳐서 객관적 기준이 된다는 점과, 그렇기 때문에 결과적으로 순자의 성 악설은 인간에 대한 비관론으로 머물지 않고 낙관론으로 귀결된다는 점 이다.

이와 같이 맹자 이전에는 의가 주로 사물이나 사람과의 관계 속에서 성 립되는 외재적인 개념으로 쓰이다가 맹자에 이르러서는 명백하게 내재적 인 개념으로 발전한다. 바로 인간의 본성을 구성하는 인의예지 중 하나로 해석하는 것이 그것이다. 그러나 순자는 다시 의를 외재적 개념으로 해석 했다. 이후 이런 해석을 모두 수렴한 송대의 주자는 "의라는 것은 마음의 제재(마음을 올바르게 제어하는 것)이며, 일의 마땅함(사물과 관련해서 일 을 이치에 합당하게 처리하는 것)이다. 저 일의 마땅함이 비록 바깥에 있는 것 같지만, 그 마땅함을 제재하는 것은 마음에 있다"[50]며, 내재적 의미와 외재적 의미를 절충하여 의를 이해하고자 했다.[51] 이러한 주자의 생각은 이후 중국뿐만 아니라 주자학을 절대적인 이념으로 수용한 조선에서도 의 에 대한 표준적인 해석이 되면서, 사회 전반에 광범위하고도 강력한 영향 력을 발휘하는 규범으로 작용했다.

한편 공자의 사상을 원천으로 하고 있지만 결국에는 사상적 갈래를 달 리하는 것으로 여겨지는 춘추 말 전국 초의 묵자墨子는 전적으로 백성의 편에 서서 의義에 대한 생각을 전개했다. 그는 "의는 이로운 것이다"[52]라고 말했다. 이에 따라 묵자는 적어도 표면적으로는 분명하게 의를 이利와 연결 시킨 공리적 입장을 보여주었다. 그러나 여기서 묵자가 말하는 '이로움利' 은 다른 무엇보다도 백성의 이로움인 공리公利다.[53] 묵자가 서로 이롭게 하 라는 '교상리交相利'를 주장한 것도 경제적 평등과 분배라는 측면에서 백성

의로움을 말하다

의 이로움을 강조한 것이므로, 결국에는 같은 맥락으로 볼 수 있다. 그렇다면 묵자에게는 백성의 이로움을 추구한다는 원칙이 바로 의義가 되는 것이며, 그런 의미에서 의는 잘못된 현실을 바로잡아나가는 기준이 된다.[54] 다시 말해 의는 개인의 사사로운 이익을 뒤로하고 다른 사람의 이익을 우선적으로 고려하는 이타적 실천의 원리라는 것이 묵자의 입장이다.[55] 그리고 이러한 '의가 능동적 의지를 가진 하늘로부터 나온다'[56]는 것도 묵자에게서 나타나는 의와 관련된 특징적인 주장이다. 묵자가 이런 주장을 한 것은 바로 의의 당위성을 강조함으로써 구체적인 실천을 이끌어내고자 한 것으로 볼 수 있다. 이와 같이 세상에서의 행동 지향적인 성격을 두드러지게 갖는 의義 개념은 묵자 사상의 심장부를 이룬다고 할 수 있다.[57]

한편 전국시대 말기의 법가 사상가인 한비韓非는 이익을 위주로 하는 공리적 원칙을 극단적으로 강조하면서 비도덕주의로 나아갔다. 이와 관련된 한비의 주장을 정리하면 다음과 같다. '유가에서 말하는 인의 등의 규범을 실천하면 결국 망국亡國에 이르고, 천하는 혼란에 빠진다. 하지만 백성을 이익으로 유인하고 법으로 제재하면 사회의 안정을 보장할 수 있다.'[58] 이처럼 한비는, 도덕규범으로서의 인의를 지양하고 군주가 어떻게 하면 국가를 효율적으로 통치할 것인가에 관심을 두었다. 이때 한비는 인간을 자신의 이익을 우선시하려는 본성을 지닌 존재로 보고, 이익을 전면에 내세워 사회관계를 조절하는 방법을 제시했다. 이와 같이 공리, 즉 이익을 추구해야 할 목표로 내세운 법가는 결국 도덕규범을 제일의 가치로 강조하는 유가의 대척점에 자리잡게 된다. 그렇다고 한비가 모든 사회적 인간관계를 파괴하라고 말한 것은 아니다.

의義는 군주와 신하, 윗사람과 아랫사람의 직분, 부자父子와 귀천의 차이, 마음을 알아주는 벗과의 교제, 친소親疏와 안팎의 분별에 관련된 것이다. 신하가 군주를 섬기는 것이 마땅하고, 아랫사람이 윗사람을 따르는 것이 마땅하며, 자식이 부모를 섬기는 것이 마땅하고, 천한 이가 귀한 자를 존경하는 것이 마땅하며, 아는 사이의 친구 간에 서로 돕는 것이 마땅하고, 친한 자는 가까이하고 소원한 자는 멀리하는 것이 마땅하다. 의는 그러한 마땅함을 가리킨다. 마땅하기에 그것을 행하는 것이다.[59]

여기서 한비는 의義를 사회적 신분관계의 차이를 고려하여 분수에 맞게 책임을 다하는 적절한 행동 또는 행동의 원칙으로 규정한다.[60] 이처럼 인간관계를 조절하는 객관적이고 당위적인 행위 규범으로 의를 정의할 때, 한비가 말하는 이러한 의와 유가에서 말하는 도덕규범으로서의 의의 차이는 얼마나 되겠는가?

2.
의리의 의미

오늘날 국립국어원의 표준국어대사전에 나오는 '의리義理'의 뜻[61]은 대체로 세 가지로 정리할 수 있다. 첫째, 사람으로서 마땅히 지켜야 할 도리. 둘째, 사람과의 관계에 있어서 지켜야 할 바른 도리. 셋째, 남남끼리 혈족 관계를 맺는 일. 이 세 가지 뜻 가운데 첫 번째는 개인의 도덕성과 좀더 긴밀히 연관되는 것이며, 두 번째는 사회윤리적 차원에서의 덕목으로 이해할 수 있다. 세 번째의 뜻을 포함하는 대표적인 말은 바로 『삼국지三國志』에서 유비·관우·장비가 유비의 집에 모여서 군사를 일으킬 것을 의논하고, 복숭아밭에서 맹세했다는 데서 유래한 '도원결의桃園結義' 곧 '복숭아밭에서 의형제를 맺다'라는 말에서 쓰인 '의형제義兄弟'다. 이렇게 글자 뜻으로만 볼 때 의리는 어떠한 문제점도 없는 말이다.

그런데 의리는 전통사회에서 그 사회를 지탱하는 근본 사상으로 작용하면서 주로 군신 사이의 의리, 부모에 대한 의리, 가족에 대한 의리 등이 강조되었다. 문제는 이러한 추세에 따라 의리라는 말이 주로 혈연, 지연,

학연 등의, 인정人情이 지나치게 쏠릴 수 있는 측면과 결부되면서 개인이나 공동체 전체의 바람직한 덕목이 아니라 주관적이면서 일종의 집단이기주의적인 의미를 내포하는 말로 널리 쓰이게 되었다는 점이다. 곧 개인과 개인 간의 혹은 특정 집단 구성원들 사이의 긴밀한 유대관계를 바탕으로 자신들의 이익을 공유할 수 있는 관계를 변함없이 지속하는 것을 의리라고 생각하는 경향이 강해졌다. 의리라는 말에서 오늘날 우리가 중요시하는 '사회 정의'라는 의미를 찾아보기 힘들게 된 이 같은 현상은 유감스럽게도 과거의 전통사회에서뿐만 아니라 오늘날의 사회에서까지 나타나고 있다. 의리라는 말에서 '마땅함' 곧 '당위當爲' '올바름' 곧 '정正'의 의미가 퇴색하거나 외면당하면서 일종의 '의리 개념의 타락'이라고 부를 만한 상황이 여전히 벌어지고 있는 것이다. 그러다보니 서양의 윤리학적 시각에서 의리를 지나치게 '일상적인 용법'의 의미에만 초점을 맞추어서 해석하고 비판하는 일도 드물지 않게 나타나고 있다.[62] 의리 개념에 내포된 그 오랜 역사와 의미의 무게를 생각한다면 참으로 유감스러운 일이 아닐 수 없다.

의리라는 표현은『예기』「예기禮器」편에 나오는, "선왕이 예를 세운 것에는 근본이 있고 표현 방식이 있었다. 충신은 예의 근본이고, 의리는 예의 표현 방식이다. 근본이 없으면 세우지 못하고, 표현 방식이 없으면 실행하지 못한다"[63]는 글에서 볼 수 있듯이, 진한秦漢 이전 시기의 중국 고대 문헌에서 이미 나타나고 있다.[64] 그 이후에는 대체로 역사서 등에서 조금씩 쓰이다가 마침내 고대 유학의 계승을 주창한 송대 유학자들을 중심으로 '의리'라는 표현을 즐겨 사용하면서 그 의미에 대한 논의가 활발히 전개되었다. 송대 유학자들은 '의의 실천'이라는 측면을 강조하면서 '의리'라는 개

넘에 주목했는데, 특히 도학道學이라는 범주에 포함시킬 만한 이들에게서 이런 경향이 더욱 분명하게 드러났다. 이러한 도학은 곧 성리학性理學이라고도 불리는데, 성리학은 종래의 어떤 유학보다 윤리적 문제에 대한 가치 판단의 기준이나 근거에 대한 철학적 논의에 관심을 가졌기 때문에 '의리지학義理之學'이라고도 불렸다.[65] 이러한 과정을 거치면서 의리의 적용 영역은 개인으로부터 사회에까지 두루 미치게 되었으며, 의리는 유교적 삶의 표준 규범으로 확고하게 자리잡았다. 이제 유교사회는 '의리사회'가 된 것이다.

그렇다면 이제 '의리가 역사적 현실의 상황 속에서는 어떤 맥락으로 이해되는가'라는 측면에 초점을 맞추어서 살펴보자. 의리는 이론 개념보다는 실천 개념의 측면이 두드러지기 때문이다. 이와 관련하여 중국에서 의리를 논할 때면 빠지지 않고 등장하는 인물이 있다. 바로 사마천의 『사기史記』 「자객열전刺客列傳」에 나오는 예양豫讓이라는 자다. 춘추 말기의 인물인 예양과 관련해서 『사기』에는 다음과 같이 기록되어 있다.

예양은 진나라 사람으로, 일찍이 범씨와 중항씨를 섬겼으나 그 이름이 알려지지는 않았다. 예양이 그들을 떠나 지백을 섬겼는데, 지백은 그를 매우 존중하고 총애했다. 지백이 조양자를 공격하자 조양자는 한씨, 위씨와 공모하여 지백과 지백의 후손을 없애고 토지를 셋으로 나누었다. 또한 조양자는 지백을 가장 원망하여, 지백의 두개골에 옻칠을 해서 커다란 술잔으로 사용했다. 예양은 산속으로 달아나 탄식하여 말하기를, "아아! '선비는 자기를 알아주는 사람을 위해서 죽고, 여자는 자기를 좋아하는 사람을 위해서 얼굴을 아름답게 단장한다'라고 했다. 이제 지백이 나를 알아주었으니, 내 기필코 원수를 갚고 죽음으로써 지백에게 보답한다면 내 혼백이 부끄럽지 아니할 것이다'라고 하고, 마침내 이름을 바꾸고 죄수로 위장하여 조양자의 궁에 들어가서 뒷간의 벽을 바르는 일을 했는데, 몸에는 비수를 품고서 기회를 틈타 조양자를 찔러 죽이려고 했다. 조양자가 뒷간에 갔다가 마음이 꺼름칙하여 뒷간의 벽을 바르는 죄수를 잡아서 심문하니, 그가 다름 아닌 예양으로 몸속에는 무기를 지니고 있었다. 예양이 말하기를 "지백을 위해서 원수를 갚으려 했소!"라고 하니, 좌우에 있던 자들이 그를 죽이려고 했다. 그러자 조양자가 "저 사람은 의로운 자義人다. 단지 내가 조심하여 피하면 그만이다. 게다가 지백이 망하고 그의 후손조차 없는데 그의 가신이 그를 위해서 원수를 갚겠다고 했으니, 이자야말로 천하의 현인이다'라고 말하고는, 드디어 그를 풀어주었다.

얼마 후 예양은 다시 몸에다 옻칠을 하여 문둥이로 가장하고 숯을 삼켜 목을 쉬게 한 뒤, 자신의 형상을 아무도 몰라보게 하고서 거리에 나가 구걸을 했다. 그의 아내까지도 그를 알아보지 못했다. 그의 벗을 찾아가 만나보니, 그 벗이 아직 그를 알아보고 말하기를 "자네는 예양이 아닌가?"라고 하자, 예양이 말하기를 "바로 나일세"라고 했다. 그 벗은 울면서 말하기를 "자네의 재능으로 예물을 바치고 신하가 되어 조양자를 섬긴다면, 조양자는 반드시 자네를 가까이하고 총애할 것일세. 그가 자네를 가까이하고 아끼게 한 뒤 비로소 자네가 하고 싶은 일을 행한다면, 오히려 쉽지 않겠는가? 그런데 자기 몸을 해치고 형상을 추하게 하여 조양자에게 보복하려 하니, 또한 어렵지 않겠는가?"라고 했다. 그러자 예양이 말했다. "이미 예물을 바치고 남의 신하가 되어 섬긴다면서 그를 죽이려고 한다면, 이는 두 마음을 품고 주인을 섬기는 짓이네. 지금 내가 하고자 하는 바는 지극히 어려운 일이라네. 그러나 이를 행하는 까닭은 장차 천하 후세에 남의 신하가 되어 두 마음을 품고 주인을 섬기는 자들로 하여금 부끄러움을 알게 하려는 것일세." 예양은 이렇게 말하고 가버렸다.

얼마 후 조양자가 외출할 즈음에 예양은 조양자가 지나가려는 다리 밑에 숨어 있었다. 조양자가 다리에 이르자 말이 돌연 놀라니, 조양자가 말하기를 "이는 필시 예양일 것이다"라고 하고는, 사람을 시켜 심문하니 과연 예양이었다. 이에 조양자가 예양을 꾸짖어 말했다. "그대는 일찍이 범씨와 중항씨를 섬기지 않았는가? 지백이 그들을 전부 멸했는데, 그대는 범씨와 중항씨를 위해서 복수하지 않고 도리어 헌신하여 지백의 신하가 되었다. 이제는 지백도 죽었는데, 그대는 어찌 유독 그를 위해서만은 이토록 끈질기게 복수하려고 하는 것인가?" 그러자 예양이 말했다. "제가 범씨와 중항씨를 섬겼으나, 범씨와 중항씨는 모두 저를 보통 사람으로 대우했기에 저 또한 보통 사람으로서 그들에게 보답했을 따름입니다. 그러나 지백은 저를 국사國士[66]로 대우했으므로 저도 국사로서 그에게 보답하려는 것입니다." 그러자 조양자는 탄식하고 울면서 말했다. "아아, 예자여! 그대가 지백을 위해서 충절을 다했다는 명예는 이미 이루어졌고, 과인이 그대를 용서함도 이미 충분했다. 그대는 응당 각오해야 할 것이다. 과인은 그대를 다시 놓아주지 않으리라" 하고는 병사들을 시켜 그를 포위하도록 했다. 예양이 말하기를 "제가 듣기로 '현명한 군주는 남의 미명美名을 덮어 가리지 아니하고, 충신은 명절名節을 위하여 죽을 의무가 있다'라고 합니다. 지난번에 군왕께서 이미 저를 관대히 용서하시어 천하에 그대의 어짊을 칭송하지 않는 자가 없습니다. 오늘의 일로 말하자면, 저는 죽임을 당해야 마땅하오나, 원컨대 제가 군왕의 옷을 얻어 그것을 칼로 쳐서 그로써 원수를 갚으려는 뜻을 이루게 해주신다면, 비록 죽어도 한이 없겠습니다. 이는 제가 감히 바랄 수 없는 일이오나, 다만 저의 심중을 털어놓았을 뿐입니다"라고 했다. 이 말을 들은 조양자는 그의 의기에 크게 찬탄하고, 이윽고 사람을 보내 자기 옷을 가져다 예양에게 주도록 했다. 예양은 칼을 뽑아들고 세 번을 뛰어 그 옷을 치면서, "내 비로소 지하에 잠든 지백에게 보답할 수 있게 되었구나"라고 말하고, 이내 칼에 엎어져 자결했다. 그가 죽던 날, 조나라의 지사들은 이 소식을 듣고 모두 그를 위해서 눈물을 흘리며 울었다.[67]

이 한편의 드라마틱한 이야기를 아주 단순화해서 어떤 충신의 '복수혈전' 정도로만 이해하는 것은 지나치게 좁은 시각을 드러내는 것이다. '선비는 자기를 알아주는 사람을 위해서 죽는다'는 문장에만 초점을 맞추어 주군에 대한 충성만 부각시키는 것도 마찬가지다. 예양은 단순히 지백이라는 특정 인물과의 관계에 국한된 '군신유의君臣有義'에만 머물지 않았다. 이 경우 오히려 더 주목해야 할 부분은 예양이 자신의 벗에게 "지금 내가 하고자 하는 바는 지극히 어려운 일이라네. 그러나 이를 행하는 까닭은 장차 천하 후세에 남의 신하가 되어 두 마음을 품고 주인을 섬기는 자들로 하여

금 부끄럼을 알게 하려는 것일세"라고 한 말이다. 예양은 자신의 행위가 역사 속에서 어떤 의미를 갖는가를 의식하고 행동한 인물이다. 이 경우 예양의 '복수'는 단순히 한 개인이 다른 개인을 위해 원한을 갚는다는 차원을 넘어선 역사적 보편성을 얻은 행위, 대의大義를 위한 행위로 해석될 수 있다. 조양자가 예양을 '의로운 자'로 인정한 것도 이러한 차원에서일 것이다. 사마천은 「태사공자서太史公自序」에서 "예양의 의로움은 군주를 섬기는 데 두 마음을 품지 않은 것에 있다"[68]라며 예양의 충의忠義를 인정했다. 그래서인지 예양은 충절과 의기의 인물로 오늘날까지 회자된다.

이러한 예양이라는 거울에 비춰보고 싶은 인물로는 관중管仲을 떠올릴 수 있다. 관중은 바로 관포지교管鮑之交와 관련된 인물로, 춘추시대 제나라의 대부大夫로 환공이 천하 제후의 패자霸者가 되도록 도왔다. 공자는 이 인물에 대해서 흥미로운 평가를 했다. 『논어』「팔일」에는 다음과 같은 대화가 나온다.

공자께서 말씀하시기를 "관중의 그릇은 작구나!"라고 하셨다. 그러자 어떤 사람이 "관중은 검소했습니까?"라고 물었는데, 공자가 말씀하시기를 "관중에게는 세 부인이 있었으며, 그의 일을 돌보는 가신들은 겸직하지 않았으니, 어찌 검소하다 하겠는가?"라고 하셨다. 그러자 그 사람이 또 묻기를 "그러면 관중은 예를 알았습니까?"라고 묻자, 공자께서 말씀하시기를 "나라의 임금이라야 병풍으로 문을 가릴 수 있는데, 관중도 병풍으로 문을 가렸으며, 나라의 임금이라야 두 임금이 우호를 위한 모임에 당상에 술잔을 놓는 대臺를 두거늘, 관중 또한 그러한 대를 두었

으니, 관중이 예를 안다면 누가 예를 모르겠는가?"라고 하셨다.[69]

여기서의 기록을 통해 우리는 관중의 사치와 예를 범하는 행위에 대해 공자가 관중에 대해서 비판적인 평가를 했다는 것을 확인할 수 있다. 그런데『논어』의 다른 부분에서는 관중에 대한 또 다른 평가가 나온다.

자로가 말하기를 "제 환공이 공자 규를 죽이자 그를 돕던 소홀은 죽었는데 관중은 죽지 않았으니, 관중은 인仁하지 못한 사람입니다"라고 했다. 공자께서 말씀하시기를 "환공이 제후들을 규합하면서 무력을 쓰지 않은 것은 관중의 힘이었으니, 누가 그의 인만 하겠는가! 누가 그의 인만 하겠는가!"라고 하셨다.[70]

위 이야기의 상황은 이러했다. 제齊나라의 양공襄公이 무도한 정치를 하자 관중의 친구인 포숙아鮑叔牙는 공자 소백小白을 받들고 거莒로 망명했으며, 무지無知라는 인물이 양공을 죽이자 관이오管夷吾 곧 관중과 소홀召忽은 공자 규糾를 받들고 노魯나라로 망명했다. 후에 노나라 사람들이 공자 규를 제나라로 들여보냈으나 성공하지 못하고 공자 소백이 들어가게 되니, 그가 바로 환공이다. 환공은 노나라를 시켜 공자 규를 죽이고 관중과 소홀을 보낼 것을 요청했는데, 소홀은 죽고 관중은 죄수가 되기를 청했다. 그러자 포숙아는 환공에게 관중을 천거했고, 마침내 관중은 등용되어 제나라의 국정을 맡게 되었다. 이로 인해서 제 환공은 천하의 패자가 되어 제후들과 여러 차례 회맹하고 천하를 바로잡았으니, 이는 모두 관중의 지모에 의한 것이었다. 그런데 공자의 제자인 강직한 자로는 관중이 자기가 모시던 주군과 함께 죽지 않고 오히려 주군을 죽인 원수를 섬겼기에, 도리를 해치고 올바른 마음을 지키지 못했으므로 인한 사람이 될 수 없다고 의심한 것이다. 따라서 여기서 자로가 인하지 못하다고 한 것은 '의리가 없다'는 의미도 포함한 것이다. 사실 공자의 제자 가운데 의의 덕목을 가장 많이 지닌 사람을 들라 하면 단연 자로를 꼽을 수 있다. 그래서인지 공자의 인에 의를 덧붙여 유가의 최고 덕목으로 인의를 내세운 후대의 맹자를 자로와 가장 닮았다고 말하기도 한다.[71] 그런데 공자는 관중이 비록 인한 사람은 되지 못하지만 그가 사람에게 끼친 이익과 은택을 생각하면 인仁의 공이 있다고 평가했다. 그것도 되풀이하여 언급했으니, 높이 평가한 것이라 할 수 있다. 다시 말해서 공자는 관중이라는 개인의 도덕성에는 문제가 있다고 인정했지만 그가 경세經世의 측면에서 이룩한 공을 주목했던 것이다. 이러한 공자의 평가에 제자들은 쉽사리 수긍하지 않은 듯하다. 그렇기에 바로 다음 장에서 다시 관중의 처신을 주제로 한 대화가 이어진다.

자공이 말했다. "관중은 인한 사람이 아닐 것입니다. 환공이 공자 규를 죽였는데, 따라 죽지도 못하고 도리어 환공을 돕기까지 했으니 말입니다." 공자께서 말씀하셨다. "관중이 환공을 도와 제후의 패자가 되게 하여 한번 천하를 바로잡았는데, 백성이 지금껏 그 혜택을 받고 있다. 관중이 없었더라면 지금 우리는 머리를 풀어헤치고 옷섶을 왼쪽으로 여미는 야만인이 되었을 것이다. 무지한 남녀가 하찮은 신의를 지킨다고 아무도 모르게 구렁에서 목을 매는 것과 같은 그런 짓을 관중이 어찌

하겠느냐."[72]

공자의 제자인 자공은 환공이 관중의 주군인 공자 규를 죽였는데도 관중은 오히려 환공을 도왔다는 점을 적시하면서, 관중을 인하다고 한 스승의 관점을 이해하기 어렵다는 입장을 취했다. 이에 대한 공자의 대답은 시사하는 바가 크다. 그저 충절만을 지킨다고 그 충절이 의미가 있는 것은 아니다. 중요한 것은 어떠한 충절이냐다. 여기서 공자가 강조하여 내세우는 기준은 바로 백성이다. 백성의 삶에 진정한 도움을 주는 행위야말로 가장 큰 가치를 지니는 것이다. 달리 말하면 주군과의 의리보다도 백성과의 의리가 더 중요한 것이다. 군신유의君臣有義 곧 '임금과 신하 사이에는 의리가 있다'는 명제의 전제가 되는 것은 백성을 위하는 정치에 대한 동의다. 그러한 동의 위에서 군주와 신하의 의리가 유효한 것이다. 공자가 '무지한 남녀의 하찮은 신의'라는 식으로 목소리의 톤이 높아지는 듯한 표현을 쓴 것은 경세에 대한 공자의 열망이 얼마나 큰가를 확인해주는 예증이라 볼 수 있다. 공자는 그야말로 독야청청獨也靑靑하는 삶을 넘어서서 여기저기에 먼지가 묻었더라도 세상을 위한 역할을 수행하는 태도를 오히려 높이 샀음을 관중에 대한 평가를 통해 확인할 수 있다. 요컨대 공자는 '의리'의 의미를 좁은 울타리에 가둬두지 말라고 강조한 것이다. 그럼에도 관중에 대한 평가에는 필연적으로 공功의 문제가 개입될 수밖에 없으므로 공리功利, 곧 공功과 이利의 문제에 유달리 민감한 송대의 유학자들은 이것을 의義의 관점에서 재해석하여 공리적 측면을 최대한 희석시키려고 했다. 송대 유학자들의 이 같은 고심의 일단이 주자의 『논어집주』에서 확인된다.

정자가 말하기를 "환공은 형이고 공자 규는 동생이니, 관중이 사사로이 섬기는 바에 따라 그를 도와서 나라를 다투게 한 것은 의가 아니다. 환공이 그를 죽인 것은 비록 지나치나 규의 죽음은 실로 마땅하다. 관중이 처음에 그와 같이 모의했으니, 마침내 같이 죽는 것도 맞는 일이지만, 그를 도와 다투는 것이 의가 아님을 알아서, 장차 스스로 죽음을 면하여 후일의 공을 도모하려 한 것도 맞는 일이므로, 성인께서 그 죽음을 요구하지 않고 그 공을 칭찬하신 것이다. 만일 환공이 아우이고 규가 형이라면 관중이 돕는 것이 바른 일이므로, 환공이 그 나라를 빼앗고 그를 죽였다면 관중과 환공은 세상을 같이할 수 없는 원수인 것이다. 만일 그 후일의 공을 생각하여 환공을 섬긴 것을 허여했다면 성인의 말씀은 의를 매우 해쳐서 만세에 반복하여 불충하는 혼란을 열어주는 것이 아니겠는가? 만일 당나라의 왕규와 위징처럼 건성의 난73에 죽지 않고 태종을 좇는 경우라면, 의를 해쳤다고 이를 만하다. 뒤에 비록 공이 있었으나, 어찌 속죄가 되겠는가?"라고 했다. 내 생각에는, 관중에게는 공이 있고 죄는 없으므로, 성인이 오직 그 공을 칭찬했지만, 왕규와 위징은 먼저 죄가 있고 후에 공이 있으므로, 죄를 덮어주지 않는 것이 옳을 것이다.74

그런데 이런 송대 유학자들의 변호를 무색케 한 이가 있었으니, 바로 조선의 다산茶山 정약용丁若鏞(1762~1836)이다. 다산은 『사기』를 근거 삼아 환공은 아우이고 공자 규는 형이라고 주장했다. 그렇기 때문에 작은 절개를 지키는 것보다 백성의 진정한 이익 곧 공리公利를 이루어내는 것이 의리를 따르는 길이라는 방식으로 공자의 생각을 읽어내는 게 더 합리적인 해석으로 보인다. 이러한 사례를 통해 볼 때 유학에서도 의리와 이익의 문제는 극단적인 대립관계로만 규정할 수 없다. 이런 차원에서 본다면 어떤 과정과 방식으로 이루어진 이익인가, 누구를 위한 이익인가 하는 문제에 좀 더 초점을 맞출 필요가 있다.

이제 시선을 국내로 돌려보자. 우리나라의 의리사상과 연결시킬 만한 자료는 중국의 역사서에서도 찾아볼 수 있다. 『후한서後漢書』「동이열전東夷列傳」에는 고대 우리나라의 의와 관련해서 다음과 같은 기록이 있다.

일찍이 주周 무왕武王이 기자箕子를 조선에 봉하니, 기자는 조선의 백성에게 예의와 농사짓는 법, 양잠하는 법을 가르쳤다. 또한 팔조의 교를 제정하니, 그 나라 사람들이 마침내 서로 도둑질을 하지 않아 대문을 닫지 아니하고, 부인들은 정절을 지키고 음식은 그릇을 사용하여 먹었다.[75]

논평한다. 옛날 기자가 쇠망하는 은나라의 운수를 피하여 조선 땅에 피난했다. 처음엔 그 나라의 풍속이 알려진 것이 없었으나, 팔조八條의 법을 시행하여 사람들에게 해서는 안 되는 것을 알게 하니, 마침내 마을에 음란한 행동과 도둑이 없어져서 밤에도 문을 잠그지 않았으며, 악하고 나쁜 풍습을 바꾸고 너그럽고 간략한 법을 이루어 수백 년 동안 행했다. 그러므로 동이東夷 전체가 부드럽고 공손한 기풍이 진작되어 여느 오랑캐의 풍속과는 다르게 된 것이니, 진실로 정교가 창달되면 도의道義가 있게 마련인 것이다. 공자가 분연히 구이九夷에 가서 살고자 했더니 어떤 이가 그곳이 더러운 곳이 아닌가 하므로, 공자가 "군자가 살고 있으니, 어찌 그곳이 더럽겠는가!"[76]라고 한 것도 특히 그런 까닭에서일 것이다. (…) 기자가 법조문을 간략하게 하고 신의信義로 다스린 일 등은 성현이 법을 만든 근본 취지를 얻은 것이다.[77]

이 기록과 관련해서는 기자 조선을 어떻게 볼 것인가 하는 문제가 결부되어 있지만, 적어도 고대 중국에서 동쪽 지역에 살고 있는 이들을 어떻게 보았는가 하는 시각은 분명하게 확인할 수 있다. 예의를 알고 도의가 있는 곳이라는 평가에는 이 지역의 문화와 도덕 수준이 중국 못지않은 곳이라는 인식이 반영되어 있다고 할 수 있다.

삼국시대에 들어서면서 중국으로부터 이 땅에 본격적으로 유교가 들어오자 의리사상도 널리 퍼져나간다. 이 시대의 의리사상의 양상은『삼국사기三國史記』와『삼국유사三國遺事』에서 관련 자료를 찾아볼 수 있다. 먼저『삼국사기』의 기록을 살펴보자.

다시 외모가 아름다운 남자를 뽑아 곱게 단장하여 화랑花郞이라 부르고 받들게 하니 무리가 구름같이 모여들었다. 때로는 서로 도의道義를 닦고 때로는 서로 노래와 춤으로 즐거이 놀며, 명산과 대천을 돌아다녀 멀리 가보지 아니한 곳이 없으니, 이로 인하여 사람의 어긋난 점과 바른 점을 알게 되어, 그들 중에서 착한 사람을 가려서 조정에 추천하게 되었다.[78]

이것은 신라의 화랑도와 관련된 진흥왕 때의 유명한 이야기다. 여기서 '서로 도의를 닦는다相磨以道義'는 것이 바로 의리와 연관시킬 수 있는 부분이다. 이러한 의리정신을 충효의 정신으로 승화시켜 화랑들은 마침내 삼국 통일의 중추적인 역할을 담당하게 된다. 이후 진평왕 때에는 다음과 같은 일이 있었다.

해론은 모량(경주) 사람이다. 그 부친 찬덕은 용감한 뜻과 영특한 절개가 있어 한때 이름이 높았다. 건복(진평왕 연호) 27년 경오년(610)에 진평대왕이 찬덕을 선발하여 가잠성 현령으로 삼았다. 이듬해 신미년(611) 10월에 백제가 군사를 크게 일으켜 가잠성을 100여 일 동안 공격했다. 진평왕이 장수에게 명하여 상주上州(尙州), 하주下州(창녕昌寧), 신주新州(한산주漢山州 곧 광주廣州)의 군사를 거느리고 가서 구원하도록 했다. 마침내 가서 백제인과 싸웠으나 이기지 못하고 돌아갔다. 찬덕이 분노하고 원통해하면서 군사들에게 이르기를 "세 주의 장수들이 적의 강함을 보고 나아가지 못했다. 성이 위태로워도 구하지 못하는 것은 의가 없는 것이다. 의가 없이 사는 것은 의가 있어 죽는 것만 못하다" 하고, 이에 격앙하고 분려하여 한편으로 싸우고 다른 한편으로 성을 지켰다. 양식이 떨어지고 물조차 없게 되었는데도 오히려 시체를 먹고 소변을 마시면서 힘써 싸우기를 멈추지 않았다. 이듬해 정월이 되어 사람들이 이미 지칠대로 지치고 성이 무너져 형세가 회복할 수 없는 상황이 되었다. 그는 이에 하늘을 우러러 크게 외치기를 "우리 임금님이 나에게 한 성을 맡겼는데, 보전하지 못하고 적에게 패하게 되었다. 죽어 악귀가 되어서라도 백제인들을 모두 물어 죽여 이 성을 회복하고자 한다"라고 하고는 드디어 팔을 휘두르고 눈을 부릅뜨며 달려나가 홰나무에 부딪혀 죽으니, 이에 성은 함락되고 군사들은 모두 항복했다.

찬덕의 아들인 해론은 20여 세에 부친의 공로로 대나마大奈麻가 되었다. 건복 35년 무인년(618)에 왕이 해론을 금산(김천시 개녕면) 당주로 삼아 한산주 도독 변품과 함께 군사를 일으켜 가잠성을 공격하여 되찾아오도록 명령했다. 백제에서 이 소식을 듣고 군사를 일으켜 오니, 해론 등이 이에 맞섰다. 양쪽 군대가 서로 싸우게 되자 해론이 여러 장수에게 이르기를 "이전에 내 아버지가 여기서 죽으셨는데 나도 지금 백제인과 이곳에서 싸우게 되었으니, 오늘이 내가 죽는 날이다" 하고는, 마침내 칼을 들고 적진으로 달려가 여러 사람을 죽이고 자신도 죽었다. 왕이 이 소식을 듣고 눈물을 흘리며 그 가족에게 후하게 상을 내렸다. 당시 사람으로 애도하지 않는 이가 없었으며, 그를 위하여 긴 노래를 지어 조의의 뜻을 나타냈다.[79]

부자 사이인 찬덕과 해론의 비극적인 이야기가 주요한 줄거리다. "성이 위태로워도 구하지 못하는 것은 의가 없는 것이다. 의가 없이 사는 것은 의가 있어 죽는 것만 못하다." 아버지인 찬덕은 이렇게 외치면서 성을 지키다 죽었다. 찬덕의 말은 자신이 마땅히 감당해야 할 본분을 끝까지 다하고자 하는 결의를 나타낸 것이다. 즉 찬덕에게서는 의가 의무의 뜻과 더불어 의리의 뜻으로도 쓰였다고 볼 수 있다. 이를 바탕으로 찬덕의 말을 재구성해본다면 다음과 같다. '성을 지키는 것은 자신이 마땅히 해야 할 의무와 익리이므로 이러한 의무와 의리를 다하지 못하고 살아남기만 하는 것은 의무와 의리를 다하다가 죽는 것만 못하다.' 아들인 해론 역시 아버지의 이러한 충의의 정신을 이어받아 싸우다 죽었으니, 자식으로서의 도리를 다한 것이며, 또한 신하로서의 의리를 다한 것으로 볼 수 있다. 신라가 삼국통일의 주역이 된 결정적인 원동력도 바로 의리정신과 같은 정신적인 자산이 축적된 데서 그 이유를 찾을 수 있을 것이다.

의리정신과 연결시킬 수 있는 『삼국유사』의 기록 가운데 대표적인 사례는 우리에게 널리 알려진 이른바 '이차돈異次頓의 순교'와 관련되어 있다. 신라의 법흥왕 즉위 14년(527)에 있었던 이차돈의 죽음과 관련된 『삼국유사』의 기록을 줄여서 소개하면 다음과 같다.

『삼국사기』 「신라본기」에는 법흥대왕 즉위 14년(527)에 소신小臣 이차돈이 법(불교)을 위하여 희생했다고 기록되어 있다. (…) 예전에 법흥대왕이 궁전에 있으면서 동쪽 땅을 굽어 살피며, "예전에 한나라의 명제가 꿈에 감응을 받고 불법이 동쪽으로 전해졌다. 내가 즉위한 뒤로 모든 사람을 위해 복을 닦고 죄를 없앨 곳을 만들고자 한다"고 말했다. 이에 조정의 신하들은 그 심원한 뜻을 헤아리지 못하고 오직 나라를 다스리는 대의大義만 준수하여 사원 창건의 신묘한 방법을 따르지 않았다. (…) 사인舍人(이차돈)이 "나라를 위하여 몸을 죽이는 것은 신하의 큰 절개大節이며, 임금을 위하여 목숨을 바치는 것은 백성의 곧은 의리直義입니다"라고 아뢰었다. (…) 찬하노라. (…) "의를 드러내고자 죽음을 가벼이 여기니 놀라운 일인데, 하늘에서 내리는 꽃과 하얀 피는 더욱더 사람을

의로움을 말하다

생각한 정이리라. 어느덧 한 칼에 몸이 비록 죽었지만 절마다 울리는 종소리는 서라벌을 뒤흔드네."[80]

이 이야기는 의에 대한 인식의 차이에서 비롯되는 갈등을 보여준다. 이차돈의 죽음은 불교와 관련된 순교의 의미만 지니는 것이 아니라 군주에 대한 충성 곧 의리의 의미도 강하게 내포한다. 다시 말해서 이차돈의 죽음은 유교적인 군신 간의 의리라는 관점에서도 해석할 수 있다. 그 증거가 되는 것이 바로 이차돈의 말이다. "나라를 위하여 몸을 죽이는 것은 신하의 큰 절개이며, 임금을 위하여 목숨을 바치는 것은 백성의 곧은 의리입니다." 이차돈의 말은 의무와 당위의 맥락에서 신하의 의리를 강조한 것으로 이해할 수 있다. 그렇다면 불교와 관련된 법흥왕의 뜻을 반대한 조정 중신들의 입장은 잘못된 것인가? 그 또한 '나라를 다스리는 대의'라고 표현하여 그들의 주장이 전적으로 그릇된 것으로만 보지는 않았다. 국가 경영의 방법상의 차이로 본 것이다. 물론 일연대사가 지은 찬讚에서는 올바른 종교적 진리로서의 의義를 말하고 있으므로 그의 죽음을 곧 종교적 차원의 순교로 해석한 것으로 볼 수 있다.

우리나라에서 의리사상의 전개는 고려 말 성리학(주자학)의 이념이 들어오면서 본격적으로 이루어지기 시작했다. 특히 성리학의 학습을 통해서 이 땅의 유학자들은 '의리'라는 가치를 가장 중시했으며, 역사적 전환기나 정치적 격변기, 혹은 국난에 직면했을 때 이러한 정신은 그 실체를 극적으로 드러내곤 했다.

고려 왕조에서 조선 왕조로 넘어가는 시기에 보여준 정몽주鄭夢周의 선택과 행동은 이후 조선 왕조의 유학자들에게는 '의리'라는 문제와 관련해서 하나의 전범典範이 되었다. 그런데 흥미로운 것은 정몽주에 대한 조선 왕조의 긍정적인 평가 작업이 정몽주의 죽음과 직접 연관되어 있는 태종(이방원)이 즉위하자마자 곧바로 시작되었다는 점이다. 태종은 권근의 권고를 받아들이는 형식으로 고려의 문하시중門下侍中 정몽주에게 영의정부사領議政府事를 증직했다.[81] 태종의 아들인 세종 역시 정몽주를 기리는 데 각별한 관심을 보였다. 경연經筵의 자리에서 나온 세종의 말을 살펴보자.

(경연에서) 또 말하기를, "길재吉再의 절조는 포창할 만하다. 정몽주는 어떤 사람이었는가" 하니, 시강관 설순偰循이 일어나서 대답하기를, "신이 그가 충신이란 말은 들었습니다마는, 춘추관春秋館에서 이에 대한 공문을 보내온 것이 없고, 성상께서도 명령하시지 아니하여, 신은 감히 청하지 못했을 뿐입니다"라고 했다. 임금이 말하기를, "정몽주의 일은 태종께서 그가 '충의'를 위하여 죽은 줄을 아시고 벌써 포창하고 상을 내리셨으니, 다시 의논할 필요가 있느냐. 충신의 대열에 기록함이 옳다"라고 했다.[82]

윤대輪對[83]를 행하고 경연에 나아가 강講했다가 송宋나라 영종조寧宗朝에 이르러 말하기를, "송나라가 중국으로서 금金나라의 제재를 받았거니와, 금나라가 비록 이적夷狄이긴 해도 그 풍속이 순후했고, 나라가 쇠망함에 이르러서도 절의에 죽은 자가 많았는데, 전조前朝 말기에는 충신·의사義士가 몹시 적었다. 이색李穡과 같은 사람도 역시 절의를 다하지 못했고, 유독 정몽주·길재가 옛 임금을 위하여 절개를 굳게 지키고 고치지 않았기 때문에 뒤에 벼슬을 추증했던 것이다. 그러나 정몽주는 순실淳實하지만 길재는 모가 났다고 할 수 있지 않겠는가. 내 생각으로 는 길재는 몽주에 비하면 약간의 간격이 있는 것 같다."[84]

아울러 정몽주를 『충신도忠臣圖』에 포함시킬 것을 명하기도 했다.[85] 또한 성종 때에는 석강에서 충의와 절의에 대해 논하면서 도승지都承旨 현석규玄碩圭가 정몽주에 대해서 다음과 같이 말하기도 했다.

고려 말기의 정몽주는 태조에게 간택되어서 지위가 정승에까지 이르렀는데, 그 당시 사람이 말하기를, '만약 한번 마음만 바꾼다면 개국開國의 원훈元勳이 될 것이니, 누가 그를 앞설 수 있겠는가?' 하였으나, 정몽주는 끝내 신하로서의 절개를 지켜 죽어도 의義를 잃지 않았던 것입니다.[86]

이처럼 조선 초기에 이미 정몽주의 의리정신은 조선 왕조와 유학자들로부터 강력한 지지를 이끌어냈다. 그런데 정몽주의 의리정신을 높이 평가하는 것은 보기에 따라서는 조선 왕조의 성립과 관련해서 자기 부정으로 해석될 수도 있다. 그럼에도 불구하고 조선 왕조에서 정몽주를 높이 기린 이유는 무엇일까? 이념적 측면에서 해석한다면, 조선 왕조는 성리학을 국가이념으로 내세웠기 때문에 도덕규범, 사회 규범으로서의 의리義理를 강조하지 않을 수 없고, 이 경우 정몽주의 '최후의 선택'은 바로 그런 의리에 따른 올바른 행위이기 때문이다. 현실적 측면에서 해석한다면, 조선 왕조는 이미 존재하는 것이고, 이 왕조의 안정과 지속을 강화하려면 정몽주를 높이 평가하는 것이 현실적인 최선의 선택이 될 수밖에 없다. 다시 말해서 불사이군不事二君의 충절을 조선 왕조의 신하들이 본받을수록 왕조는 안정되고 오래도록 유지될 수 있기 때문이다. 이와 관련해서 세종 때의 판중추원사 허조許稠는, "(정몽주는) 그 지조를 고치지 않고 끝내 신하의 절의를 지켰던 것이니, 만약 조정에 있는 자들 모두가 정몽주의 그 마음을 가진다면 '충의로운 신하忠義之臣'라고 일컬을 수 있습니다"[87]라고 말하기도 했다. 인간적 측면에서 해석한다면, 태조 이성계나 태종 이방원이 정몽주에게 미안한 감정을 갖고 있었기 때문일 것이다. 그렇기에 태종 1년에 이미 정몽주에 대한 증직이 있었던 것이다.

정몽주에 대한 이러한 평가는 유교사회를 지향하는 조선의 유학자들에게 크고도 깊은 영향을 미치게 된다. 조선 초중기에 일어난 세조의 왕위 찬탈 사건이나 사화士禍 등 정치적 격변기에서 의리가 그 문제와 관련된 상징어가 된 것도 이런 데서 연유한다고 할 수 있다. 즉 사육신死六臣이나 생육신生六臣 등이 찬탈 세력을 부정하는 주된 이유는 의리라는 관점에서 볼 때 그 권력의 정당성을 도저히 받아들일 수 없었기 때문이다. 또한 고려의 유신遺臣인 길재의 문하에서 김숙자, 김종직, 김굉필, 정여창을 거쳐 조광조로 이어지면서 사림파라는 선비 집단이 이루어지고, 그들이 현실을 개혁하는 과정에서 희생되는 일이 일어난 것도 바로 이처럼 의리라는 가치를 가장 중시했기 때문이다. 조선 중기 이후 이러한 사림이 결국 정치의 주역으로 등장하면서 적어도 명분상으로는 의리가 조선사회의 중심 가치가 되었다. 그러므로 이러한 관점에서 본다면 조선은 하드웨어적인 측면에서는 '정도전의 나라'라고 말할 수 있겠지만, 소프트웨어적인 측면에서는 '정몽주의 나라'라고 말할 수 있을 것이다.

그런데 조선의 선비 가운데 누구보다도 의리를 강조한 인물은 바로 조선 중기의 인물인 남명南冥 조식曺植(1501~1572)일 것이다. 그의 학문과 사상은 '경敬'과 '의義' 두 글자로 집약할 수 있다.

> (남명 선생은) 즐겨 보검을 찼으니, 거기에 새겨놓기를 "안으로 마음을 밝히는 것은 경敬이요, 밖으로 행동을 결단하는 것은 의義다"[88]라고 했다. (…) 최후로 특별히 경의敬義를 드러내 창 벽에 크게 써놓고 일찍이 말하기를 "오가吾家에 이 두 글자가 있는 것은 하늘에 일월이 있는 것과 같으니 만고에 뻗치도록 바뀌지 않을 것이다. 성현의 천만 마디 이야기의 귀결점은 모두 이 두 글자를 벗어나지 않는다"고 했다.[89]

이렇듯이 남명은 "내명자는 경이요, 외단자는 의內明者敬, 外斷者義"라는 글을 칼에 새겨 몸에 지니면서, 또한 자신이 기거하던 방 안에도 경과 의를 크게 써놓으면서 늘 수양의 지침으로 삼았다. 남명이 「패검명佩劍銘」에서 '외단자의外斷者義'라고 한 것은 바로 마주치는 외부 사물과 그것이 처한 상황에 따라 내가 결단함斷으로써 해야 할 일을 선택·판단하는 것이 의리라는 의미를 함축하고 있다."[90] 그렇기 때문에 경이 안으로 마음을 밝고 올바르게 유지하는 것이라면, 의는 이러한 마음을 단호하게 실천하는 것이다. 이처럼 경에 근본을 둔 수양과 의에 바탕을 둔 투철한 실천정신은 그대로 그의 제자들에게 전해졌고, 이러한 정신을 이어받은 그의 제자들은 임진왜란이라는 국난에 직면하여 난국을 극복하는 데 결정적인 역할을 담당했다.[91]

그렇다면 이러한 기상을 바탕으로 한 남명의 삶의 자세에 대해 그와 같은 해에 태어난, 조선을 대표하는 유학자인 퇴계退溪 이황李滉(1501~1570)은 어떤 반응을 보였을까? 이러한 물음과 관련해서는 퇴계가 남명에게 보낸 편지글을 살펴보는 것이 좋을 듯하다.

지난번 이조吏曹에서 유일遺逸의 선비를 채용하도록 천거하자, 성상께서 어진 인재를 얻어 임용하는 것을 기꺼워하시어 특명으로 품계를 뛰어넘어 6품의 관직에 서임敍任하시니, 이것은 실로 우리 동방에 예전에 거의 없던 장한 일입니다. 내 생각으로는, 벼슬을 하지 않는 것은 의義가 아니니 군신의 큰 윤리를 어찌 폐하겠습니까.[92] 그런데 선비가 혹 벼슬하는 것을 어렵게 여기는 것은 다만 과거科擧가 사람을 어지럽게 하고 번거롭게 여러 관직을 거치는 것은 자신을 더욱 보잘것없게 만들기 때문이니, 이것이 그 몸을 깨끗이 하고자 하는 선비가 종적을 감추고 숨어서 나아가는 것을 달갑게 여기지 않는 까닭입니다. 그런데 지금은 산림山林에서 천거된 것이니 과거처럼 혼탁한 것도 아니고, 품계를 뛰어넘어 육품의 관직을 주는 것이니 번거롭게 여러 관직을 거치는 것처럼 더럽혀지지도 않습니다. (…) 나는 천성이 질박하고 고루한 데다 스승과 벗의 인도를 받지 못하여 소싯적부터 한갓 옛것을 사모하는 마음만 있었습니다. 몸에는 질병이 많아 친구들이 혹 권하기를, "하고 싶은 대로 즐겨야 병이 나을 수 있다" 했지만, 집이 가난하고 어버이가 늙으셨기 때문에 억지로 과거를 보아 이득과 녹봉을 취하게 되었습니다. (…) 이리하여 벼슬길에 나아가기도 하고 들어앉기도 하며 공부를 멀리하기도 하고 가까이하기도 했으니, 내 학문의 이른 경지를 스스로 더듬어보니 남보다 나은 점이 없었습니다. 이 때문에 스스로 더욱 만족하지 못하고 지쳐서 서울에 누웠는데, 세월은 흘러가니 돌아가기를 원하는 한결같은 마음이 흐르는 물처럼 도도했습니다. 이럴 때에 멀리서 그대의 '높은 의리高義'를 들으니, 우러러 그 품덕을 본받아 나약한 마음이 흥기되지 않을 수 없었습니다. 영리榮利의 길은 세상에서 다 같이 좋는 바이니, 얻으면 즐거워하고 얻지 못하면 슬퍼하고 한탄하는 것은 사람들이 다 그러할 것입니다. 그대는 산림에서 이러한 의리를 수립할 만한 무슨 일을 하기에 저러한 영리를 잊어버릴 수 있는지 모르겠습니다.[93]

의와 관련해서 퇴계는 남명에 대해 '고의高義', 즉 '높은 의리'라는 표현을 써서 그의 삶을 높이 평가하고 과거를 통해 벼슬길로 나아간 자신은 이득과 녹봉을 취한 것이라며 한껏 낮추었다. 그렇지만 퇴계의 참된 마음이 어찌 거기에 머물러 있었겠는가! "저들이 그 부富를 내세운다면 나는 나의 인仁을 내세우며, 저들이 그 벼슬을 내세운다면 나는 나의 의義를 내세운다."[94] 이것이 퇴계의 정신이다. 다른 한편 이 편지에서 놓치지 말아야 할 부분은 "내 생각으로는, 벼슬을 하지 않는 것은 의가 아니니 군신의 큰 윤리를 어찌 폐하겠습니까"이다. 남명은 관직의 길로 나아가기를 거부하는 산림의 선비로 자신의 좌표를 설정했는데, 이것은 명분으로나마 평생 관직에 머문 퇴계와 비교되는 자세다. 이를 통해서 현실 참여에 대한 퇴계와 남명의 서로 다른 생각을 엿볼 수 있다. 실천의 길은 하나가 아니다. 그렇다면 두 사람은 각자의 생각에 따라 서로 다른 방식으로 사회적 실천을 행한 것이라 평가할 수 있다.

그러면 조선 성리학에서 이황과 조식에게서 비롯되는 영남학파와 쌍벽을 이루는 기호학파의 연원이 되는 인물인 율곡栗谷 이이李珥(1536~1584)는 의리와 관련해서 어떤 생각을 했을까?

이른바 '교화敎化를 밝힌다'는 것에 대하여 말씀드리겠습니다. 경전에 "예로부터 사람은 누구나 죽기 마련이지만 백성이 믿지 않으면 나라가 존립하지 못한다"[95] 하였고, 맹자께서 말씀하시기를, "인仁한 사람치고 자기 어버이를 버려두는 자는 없으며, 의로운 사람치고 자기 군주를 하찮게 여기는 자는 없는 것입니다"[96] 하였으니, 설령 먹는 것이 풍족하고 군비가 충분하다 할지라도 인의가 없다면 어찌 나라가 유지될 수 있겠습니까. 오늘날 풍속이 야박하고 의리가 모두 없어진 것은 참으로 춥고 배고픈 것이 몸에 절박하여 염치를 돌볼 수 없는 데서 나온 것이기도 하지만, 역시 교화가 밝지 않아서 삼강三綱과 사유四維[97]를 진작시키지 못한 데서 비롯된 일입니다.[98]

이것은 국가와 사회의 존립을 위해서 절대적으로 필요한 요소가 바로 도덕성임을 강조한 율곡의 상소문이다. 그중에서 의리가 없어지는 이유에 대한 율곡의 분석이 흥미롭다. 율곡은 유교적 윤리를 진작시키기 위한 사회적 노력이 부족하다는 점을 결정적인 이유로 지적하면서도 경제적인 상황 또한 중요하다는 점을 간과하지 않았다. 훗날에 등장하는 실학의 맹아를 이런 데서도 찾는 것은 견강부회하는 태도인가?

군신의 의리는 하늘이 낸 법도다. 위로는 임금이 없을 수 없고 아래로는 세상을 잊을 수 없는 것이니, 삼태기를 메고 가던 사람이나 장저長沮와 걸닉桀溺이 제 몸만 깨끗이 하고 과감하게 세상을 잊어버린 것을 나는 잘한 짓이라고 할 수 없다. 오로지 주장하는 것도 없고 그저 안 된다고 하는 것도 없는 것이 처신의 올바른 도리義인 것이다. (…) 무턱대고 나아가기만 하여 의를 잊고 녹봉만 따라가는 것은 군자가 하지 않는 일이다. (…) 하물며 벼슬할 만하면 벼슬하고 그만둘 만하면 그만두는 것은 공자의 도이다. (…) 그러니 성인의 마음은 지극히 공정하여 이쪽에 사정을 두지도 않고 저쪽에 야박하게 하지도 않은 것을 여기서 알 수 있다.[99]

이 글에서 율곡은 사회윤리로서 군신 간의 의리를 강조하고 있다. 그러는 한편으로 의리에 입각하여 무조건 관직에 나아가야 한다는 교조적인 생각은 공자와 마찬가지로 거부했다. 이런 입장은 상황 논리에 맞게, 즉 현실의 상황에 따라 가장 올바르게 대응하는 중용의 정신을 강조한 것이다. 그래야만 현실의 이익에 매몰되어 의를 저버리면서도 변명의 목소리를 높이는 일을 방지할 수 있기 때문이다.

의리정신이 가장 극적으로 드러나는 것은 역시 국가가 위급한 상황에 직면했을 때다. 임진왜란은 병자호란과 더불어 조선을 절체절명의 위기로 몰아간 국난이었다. 당시 각처에서 의병이 들고일어나 침입해온 왜군을 상대로 격렬한 전투를 벌였는데, 그중 가장 극적인 죽음으로 의기義氣를 보여준 이들은 중봉重峯 조헌趙憲(1544~1592) 및 그와 죽음을 함께한 700명의 의병이다. 이들이 치른 것은 금산성 전투인데, 그들 최후의 모습은『조선왕조실록』에 다음과 같이 기록되어 있다.

조헌의 군사가 곧장 금산성 밖 10리 되는 곳에 이르러 결진結陣하고 관군을 기다리는데, 적이 후속 부대가 없는 것을 알고는 군사를 잠복시켜 후면을 끊은 뒤 군사를 총동원하여 나와 싸웠다. 조헌이 영令을 내리기를 "오늘은 한 번 죽음이 있을 뿐이니, 의義 한 글자에 부끄러움이 없도록 하라"[100] 하니, 군사들이 모두 호응했다. 한참 동안 힘을 다하여 싸웠는데, 적이 세 번 진격했다가 세 번 패했다. 그러나 조헌의 군사는 이미 화살이 다 떨어진 상태였다. 조헌은 장막 가운데 움직이지 않고 앉아 있었는데, 좌우에서 빠져나가기를 청하자, 조헌이 말하기를 "대장부가 죽으면 그만이지 구차스럽게 살 수는 없다" 하고, 북을 울리며 더욱 급하게 전투를 독려했다. 군사들은 맨주먹으로 육박전을 벌였는데, 한 사람도 자리를 떠나는 이가 없이 모두 조헌과 함께 전사했으며, 영규도 전사했다. (…) 적이 퇴각한 뒤에 문생門生들이 가서 700명의 주검을 거두어 무덤 하나를 만들고, '칠백의사총七百義士塚'이라고 표시했다.[101]

이긍익李肯翊은『연려실기술燃藜室記述』에서 이 일과 관련해서 "문인들이

700명의 시체를 수습하여 한 무덤을 만들어 '칠백의사총'(칠백 의사의 무덤)이라 표시했고, 그 옆에 비석을 세워 '일군순의비一軍殉義碑'(온 군사가 의를 위하여 죽은 일을 기리는 비)라고 했다"[102]고 기록했다. 또한 다음과 같은 내용도 소개했다.

> 문인 김약金籥이 비를 세우기로 계획하고 석공 이춘복李春福에게 돌을 사려고 값을 물으니, 포목 70필이라고 하면서 "무엇에 쓰렵니까?" 하고 물으므로 김약이, "스승이신 조 선생께서 금산에서 순절하셨으므로 비석을 세워 사적을 기록하려 한다"고 하니, 이춘복이 말하기를, "그렇다면 어찌 감히 값을 말하겠습니까. 마땅히 곧 바치겠습니다" 하고 스스로 처음부터 끝까지 힘을 다하여 돌을 다듬고 품삯도 받지 아니했다 (『명신록』, 윤월정이 비문을 지었다).[103]

이러한 금산성 전투가 있고 나서 3년 뒤 어느 날 선조는 조정 대신들과 대화를 나누다가 어느 대신이 '조헌은 조금도 불러남이 없이 힘써 싸웠지만 처음에 계책 없이 경솔히 진격해서 패배를 면치 못했다'고 말하자, 오히려 조헌의 충의를 높이 평가하여 다음과 같이 변호했다.

> 주상이 이르기를, "우리나라가 200년 동안 전쟁을 모르다가 갑자기 강한 왜적을 만났다. 그러므로 견고한 요충지를 빼앗기고 왜적이 마치 무인지경처럼 승승장구했는데도 조헌은 스스로 군졸을 모집하여 의리로써 감동시켰으니, 그 기세가 다른 점이 있다. 병가兵家의 일이란 기세일

뿐이니, 어찌 일괄적으로 논할 수 있겠는가."[104]

이러한 기록을 통해 보건대, 조헌 그리고 그와 함께 순국한 의병 700명의 죽음에 대해서는 일반 백성뿐만 아니라 임금 또한 그 의로움에 깊이 감탄했음을 알 수 있다.

이로부터 300년 뒤에 다시 일본의 침략으로 조선이 쇠망하는 시기에 또 한 명의 선비가 조선 성리학의 의리사상을 행동으로 보여주었다. 바로 한말의 위정척사운동을 대표하는 인물인 성리학자 면암勉菴 최익현崔益鉉 (1833~1906)이다. 1905년 을사조약이 체결되자 최익현은 항일무력투쟁의 전면에 나서게 된다. 그는 1906년 74세의 노구를 이끌고 의병을 모집하여 관군과 일본군에 대항하여 싸웠으나 패하여 체포된 뒤에 일본 대마도對馬島로 압송되었고, 결국 대마도의 옥사에서 순국하고 말았다. 이러한 그의 위정척사운동은 바로 성리학적 의리사상을 토대로 하고 있으며, 한말의 항일의병운동과 일제강점기의 민족운동, 독립운동의 지도 이념으로 계승되었다. 『매천야록梅泉野錄』의 저자이기도 한 매천梅泉 황현黃玹(1855~1910)이 면암 최익현을 위해 지은 제문을 통해서 최익현의 충의忠義를 헤아려볼 수 있다.

아아, 우리 선생은 대의大義를 바르게 펴고 정도正道를 밝히는 학문을 바탕으로 몸을 돌보지 않고 나라를 위해 죽겠다는 뜻을 굳게 품었습니다. 산과 바다를 안방처럼 여기며 귀양을 갔고, 형벌을 받기를 마치 기갈이 들린 듯 기꺼워했으니, 반세기 동안 단 하루도 조정에서 그 일신을 편안히 한 적이 없었습니다. 나라가 위기에 처하여 대의의 깃발을 내걸고 의병을 일으킬 때에는, 강한 적은 안중에도 없이 오직 임금만을 생각했고, 생사는 돌아보지 않은 채 오직 강상만을 생각했습니다. 그러다가 인仁을 이루고 의義를 취하자, 일찌감치 웃음을 머금고 무덤으로 들어갔습니다.[105]

매천 황현 또한 일제에 의해 나라가 망하게 되자 자결했으니, 그의 의리정신 또한 우리가 기억하지 않을 수 없다.

그러나 때로는 역사의 구체적인 상황 속에서 '의리'라는 가치를 내세우면서 이루어진 주장과 선택이 절대적으로 '옳다'고 평가하기 어려운 때도 없지 않다. 예컨대 병자호란 때 국가의 보존을 우선시한 주화파主和派와 오직 '대의'만을 따라야 한다는 척화파斥和派의 대립이 그러하다. 현실적으로나 이념적으로나 척화파의 대의가 시대와 역사를 초월한 '의리정신'의 발휘라고 단정적으로 말하기는 어렵다. 척화파의 의식 속에 오직 '중화中華'만이 자리잡고 있다면 더더욱 그러할 것이다. 마찬가지로 주화파의 입장이 오직 '실리'만을 추구했다고 보기도 어렵다. 나라를 존속케 하고 백성의 고통을 줄이는 일 역시 그 어떤 의리 못지않은 소중한 의리이기 때문이다.

3.
동양적 정의의
의미

　서양철학사에서 '정의론正義論'을 본격적으로 제기한 철학자는 고대 그리스의 철학자인 플라톤이다. 플라톤은 정의를 지혜, 용기, 절제라는 세 가지 기본 덕목이 조화를 이룰 때 성립되는 최고의 덕목으로 보았다. 그런데 이러한 구도는 개인에게만 적용되는 것이 아니라 국가에도 그대로 적용된다. 국가는 지혜의 덕을 가진 지도자, 용기의 덕을 가진 전사, 절제의 덕을 가진 생산자라는 주요한 세 계급이 조화를 이룰 때 정의가 구현된다는 것이 플라톤의 주장이다. 다시 말해서 플라톤에게서는 나라 수준에서의 정의라는 정치철학적 문제와 개인 영혼 차원에서의 정의 곧 내적 조화 및 덕이라는 윤리학적 문제가 분리되지 않는다.[106] 인격적으로 성숙한 개인들이 모인 바람직한 공동체가 되었을 때 비로소 완전한 정의가 실현될 수 있다는 게 플라톤의 생각이며, 바로 이것이 플라톤의 정의론이 지닌 특징이라고 할 수 있다.

　플라톤은 자신의 정의론을 담고 있는 『국가』에서 이러한 의미의 정의만

이 인간에게 참다운 이익이 된다고 주장했다. 그가 정의와 이익을 연결시킨 것은 고대 그리스의 소피스트 중에 '정의란 강자의 이익'이라고 주장하는 인물도 있었기 때문이다. 『국가』에 등장하는, 소크라테스와 정의에 관해서 대화한 트라시마코스가 그 대표적인 예다. 그는 정의란 사실상 권력을 가진 자들이 자신들의 이익을 위해 생각해낸 것에 불과하다고 주장했다.[107] 이런 주장에 내포된 결정적인 문제점은 우리가 살고 있는 현실 속에서는 영원한 '강자'가 없다는 점이다. 그렇다면 이런 주장은 '강자'가 달라지는 데 따라서 '정의'의 기준과 의미도 달라질 수밖에 없다는 상대주의로 흘러가게 된다. 그리고 부정적인 의미에서의 상대주의는 혼란으로 귀결되곤 한다는 것이 가장 큰 문제점이다.

이외에도 보편적인 도덕 법칙에 따르는 것이 정의라는 칸트의 정의론, 최대 다수의 최대 행복이 정의라는 공리주의의 정의론 등이 서양의 대표적인 정의에 관한 이론이다. 그런데 서양에서는 근현대에 들어서면서 정의에 대한 논의가 사회 제도의 변화에 따라 주로 경제 및 법률의 측면과 관련된 자유와 평등의 문제에 초점이 맞추어져 있다. 다시 말해서 생산 수단의 소유 및 부의 분배 등과 관련된 경제 정의 또는 분배 정의, 사법 제도의 정당한 시행 등과 관련된 사법 정의에 대해서 주로 논의한다. 그것은 경제와 법률이 근현대 사회에서 차지하는 비중이 절대적이기 때문일 것이다. 이러한 추세 속에서 점차 주목받는 것이 바로 공정성의 문제다. 이와 관련해서 정의의 문제를 공정성과 연결시켜 '공정성으로서의 정의justice as fairness'라고 제시한 존 롤스의 정의론은 현대의 정의에 관한 대표적인 이론으로 평가받을 만하다.

이제 역사적 현실을 토대로 해서 말한다면, 동양 전통사회에서의 정의는 서양의 정의 개념과 완전히 동일하진 않더라도 소통할 여지는 충분하다. 이와 관련해서는 『순자』에 나오는 다음과 같은 문장을 음미해볼 필요가 있다.

> 속인俗人이 있고, 속유俗儒가 있고, 아유雅儒가 있고, 대유大儒가 있다. 학문을 하지도 않고 정의도 따르지 않으며, 부와 이익만을 귀중히 여기는 것이 속인이다.[108]

> 그러므로 정의로운 신하가 등용되면 조정은 사악해지지 않는다.[109]

이처럼 일종의 보편적인 정의 개념[110]에서 범위를 좀더 좁혀 사회 정의라는 측면에 초점을 맞춘다면, 과거 동양의 사회 정의는 오늘날 서양의 사회 정의와 완전히 같다고 보기 어렵다. 오늘날에는 사회 정의의 실현을 위해서 무엇보다도 자유와 평등의 가치, 책임과 의무 그리고 권리에 대한 인식 등이 중요한 요소로서 보편적으로 확산되고 수용되어야 하지만, 이러한 요소 중에는 동양의 전통사회에서 충분히 구현되지 못한 부분도 있기 때문이다. 그러나 이런 한계점이 있음에도 불구하고, 공자를 비롯한 중국의 철학자들이 지향한 바람직한 사회의 모습에서는 오히려 서양이 근현대에 들어서면서 사회 정의의 핵심으로 강조하는 분배 정의와 소통할 수 있는 요소들이 소박하게나마 포함되어 있다. 예를 들면 『공자가어孔子家語』에는 다음과 같은 공자의 말이 기록되어 있다.

의로움을 말하다

종묘에 쓰는 그릇이나 명분이라고 하는 것은 남에게 빌려줄 수 없는 것이다. 임금이 맡은 직책은 명분만으로도 이미 믿음을 나타내는 것이고, 그 믿음으로써 제기를 지켜내는 것이며, 그 제기로써 예를 저장하는 것이고, 그 예로써 의를 행하는 것이며, 그 의로써 이익을 생산하는 것이고, 그 이익으로써 백성을 공평하게 하는 것이니, 이것이 정치의 대절大節이다. 만약 이를 남에게 빌려준다면 이는 정치를 남에게 주는 것이다. 정치가 사라지면 국가가 이를 따라가는 것이니, 그때는 멈출 수가 없다.[111]

이것은 소박하지만 분명히 분배 정의와 연결될 수 있는 이익, 공평성과 의義의 관계를 보여주는 내용이다. 분배 정의는 옛날이든 지금이든 실질적인 측면에서 정의와 관련하여 핵심적인 부분이다. 왜냐하면 분배 정의가 제대로 실현된 사회는 그렇지 않은 사회와 비교했을 때 정의의 다른 부분 역시 더 잘 이루어져 있다는 것을 역사 속에서나 지금의 현실을 통해서 알 수 있기 때문이다. 그리고 분배 정의와 가장 밀접한 관계에 있는 공평성을 강조하는 사례는 다음과 같은 고대 중국의 기록을 통해서도 확인할 수 있다.

옛날 나라를 잘 지킨 군주는 엄형으로 가벼운 죄도 금했고, 견디기 어려운 형벌로 가벼이 저지르는 죄도 멈추게 했다. 그래서 군주와 소인 모두 바르게 됐고, 도척과 같은 자도 증자와 사어 같은 자와 함께 청렴해졌다. (…) 용맹을 떨치는 자가 신중해지고 큰 도둑이 바르게 되면 천하

는 공평해지고 백성의 성정 또한 바르게 될 것이다.[112]

정직한 사람은 도리에 따라 실천하고 이치에 맞게 말하여 공평무사하며, 편안하다고 방종하지 않고 위태롭다고 행동을 바꾸지 않는다. 옛날에 위나라 헌공이 망명했다가 돌아와서는 교외에 이르러 자신을 따라다닌 자들에게 읍을 나누어준 다음 궁궐에 들어가려 했다. 그러자 태사 유장이 이렇게 말했다. "만약 모두들 사직을 지켰다면 누가 그 무거운 짐을 지고 따라갔겠으며, 또 모두들 따라 나섰다면 누가 남아서 사직을 지켰겠습니까? 임금께서 돌아오셔서 사사로운 은혜를 베푸시니, 잘못된 일이 아니겠습니까!" 이에 임금은 분배하는 일을 그만두었다. 유장은 정직한 사람이다![113]

이제 여기서는 오늘날에도 가장 큰 사회적 비중을 차지하는 경제와 관련해서 분배 정의라는 개념이 유교의 이념에서 어떻게 드러났는가를 살펴보고자 한다. 이때 분배 정의와 밀접한 관계에 있는 복지 등의 문제도 언급될 수 있다. 그런데 사실 유교는 기본적으로 도덕적, 정신적 가치를 강조하기 때문에 경제적, 물질적 이익의 추구에는 부정적인 태도를 보인다는 비판이 제기되는데, 이러한 비판을 받을 만한 여지가 없지는 않다.

선생님께서 말씀하셨다. "선비가 도에 뜻을 두고도 좋지 못한 옷과 거친 음식을 부끄러워한다면, 그런 사람과는 더불어 도를 말할 만하지 않다."[114]

그렇다면 유교는 왜 이런 입장을 강조할까? 그것은 물질적 이익의 추구가 사회 구성원 상호 간의 과도한 경쟁을 유발하고, 나아가 이익의 독과점 현상을 초래해 인간관계의 조화를 깨뜨리고 사회적 위기를 조성한다는 점을 매우 경계했기 때문이다. 이러한 점이 유교의 상공계급에 대한 부정적인 평가와 함께 산업화 및 경제 성장을 가로막는 주요한 요인으로 지목되기도 했다. 개인의 자유 경쟁을 바탕으로 한 부의 축적이 옹호될 때 사회 전체의 경제력이 증대될 터인데, 그러한 부정적 논리는 이에 어긋나기 때문이다. 그러나 유교의 경제관을 좀더 자세히 살펴보면 이런 인식은 맞지 않는다. 유교는 경제를 중요시하며 부의 축적을 반대하지 않는다. 이와 관련해서 『논어』에 나오는 대화를 살펴보자.

자공이 정치에 대해 물으니, 공자께서 말씀하시기를 "양식이 풍족하고 군비가 충분하며, 백성이 나라를 믿는 것이다"라고 하셨다.[115]

양식과 군비는 경제와 직접적으로 관련된다. 그렇다면 백성의 신뢰를 얻기 위해서는 어떻게 해야 하는가? 민생, 즉 백성의 일상이 안정되도록 해야 한다. 그러려면 경제적·사회적 안정이 필수 조건이다. 공자가 '양식이 풍족하고 군비가 충분해야 한다'고 말한 것도 그런 맥락에서 해석해야 한다. 경제와 국방이 지배층을 위해서 있는 게 아니고 백성의 이익을 위해서 존재해야 한다는 것이다. 그렇게 되자면 경제와 관련된 이익이 백성에게 골고루 분배되어야 한다는 것은 당연한 말이 된다. 맹자 역시 기본적인 경제 문제의 해결이 정치의 출발점이자 백성의 최우선 관심사임을 강조한다.

농사철을 놓치지 않으면 곡식을 이루 다 먹을 수 없게 되고, 촘촘한 그물을 웅덩이와 연못에 넣지 않으면 물고기를 이루 다 먹을 수 없게 되며, 도끼와 자귀를 때에 맞게 산과 숲에 들어가게 하면 재목을 이루 다 쓸 수 없게 될 것입니다. 곡식과 물고기를 이루 다 먹을 수 없고 재목을 이루 다 쓸 수 없게 되면, 이는 백성으로 하여금 살아 있는 이를 봉양하고 죽은 이를 장사지내는 데에 유감이 없게 하는 것이니, 살아 있는 이를 봉양하고 죽은 이를 장사지내는 데에 유감이 없게 하는 것이 바로 왕도王道의 시작입니다. 5무畝의 집터에 뽕나무를 심으면 50세 이상 된 이들이 비단옷을 입을 수 있고, 닭이나 돼지, 개와 같은 가축들을 기르면서 새끼 밸 때를 놓치지 않게 하면 70세 이상 된 이들이 고기를 먹을 수 있으며, 100무의 토지를 경작하는 데 그 농사철을 빼앗지 않으면 한 집의 몇 식구가 굶주리지 않을 수 있고, 학교 교육을 신중히 행하여 효도와 공경의 도리를 거듭 가르치면 반백의 노인들이 길에서 짐을 지거나 이지 않게 될 것입니다. 70세 이상 된 이들이 비단옷을 입고 고기를 먹으며, 젊은 백성이 굶주리거나 추위에 떨지 않게 하고서도 천하에 왕 노릇을 못 하는 경우는 없습니다. 개나 돼지들이 사람이 먹을 양식을 먹는데도 단속할 줄 모르고, 길에 굶어 죽은 시체가 나뒹구는데도 창고를 열어 구제할 줄은 모른 채, 백성이 굶어 죽으면 '내가 그런 것이 아니라 농사가 흉년이 들어서다'라고 하는데, 이는 사람을 찔러 죽이고서 '내가 그런 것이 아니라 칼이 그런 것이다'라고 하는 것과 무엇이 다르단 말입니까. 왕께서 그 이유를 농사 탓으로 돌리지 않으신다면 천하의 백성이 왕의 나라로 몰려올 것입니다."[116]

양혜왕이 말했다. "과인은 차분히 가르침을 받들고자 합니다." 맹자께서 대답하셨다. "사람을 죽이는 데 몽둥이를 사용하는 것과 칼을 사용하는 것이 차이가 있습니까?" 왕이 말했다. "차이가 없습니다." "사람을 죽이는 데 칼을 써서 하거나 포학한 정치로 하는 것이 차이가 있습니까?" 왕이 말했다. "차이가 없습니다." 맹자께서 말씀하셨다. "왕의 주방에 살찐 고기가 있고 마구간에는 살찐 말이 있는데, 백성에게는 굶주리는 기색이 있고 들에 굶어 죽은 시체가 나뒹굴고 있다면, 이것은 짐승을 몰아다가 사람을 잡아먹게 한 것입니다. 짐승끼리 서로 잡아먹는 것도 사람들이 싫어하는데, 백성의 부모가 되어 정사를 행하면서 짐승을 몰아다가 사람을 잡아먹게 한다면 백성의 부모 될 자격이 어디에 있습니까. 공자께서는 '처음으로 사람 모양으로 인형을 만든 자는 아마 후손이 끊겼을 것이다'라고 하셨는데, 이는 사람을 본떠서 만들어 그걸 장례에 사용했기 때문입니다. 그런데 어떻게 백성을 굶주려 죽게 한단 말입니까."[117]

분명히 맹자는 소박하지만 백성 누구나 일정한 수준의 경제력을 갖도록 하는 데 관심을 보여주었으며, 특히 지배층의 독점적인 이익 추구를 경계했다. 그런 한편으로 유교에서는 이러한 경제의 중요한 유인 요소인 이윤 추구가 도덕성을 토대로 정당하게 이루어질 것을 요청한다.[118]

공자께서 말씀하셨다. "부귀는 사람마다 바라는 것이나 정당한 방법으로 얻은 것이 아니면 누리지 않으며, 빈천은 사람마다 싫어하는 것이나 정당한 방법으로 얻은 것이 아닐지라도 벗어나려 하지 않는다."[119]

그럼에도 불구하고 부의 잘못된 축적과 그 결과 파생되는 폐단에 대한 경고를 부 자체에 대한 부정적인 평가로 혼동하는 데서 유교에 대한 오해가 생겨난다.

이제 이러한 측면을 토대 삼아 유교 경제관의 특징을 살펴보면, 첫째로는 국부國富의 증대와 이를 통한 민생 안정을 경제의 기본적인 목표로 삼는다.

공자께서 위나라에 가실 때, 염유가 수레를 몰았다. 공자께서 말씀하시기를 "인구가 많구나!"라고 하셨다. 염유가 말하기를 "이미 인구가 많다면 또 무엇을 더해야 합니까?"라고 하니, 말씀하시기를 "부유하게 해야 한다"고 하셨다. 염유가 말하기를 "이미 부유해지면 또 무엇을 더해야 합니까?"라고 하니, 말씀하시기를 "가르쳐야 한다"고 하셨다.[120]

국가의 총체적인 경제 역량을 강화시키는 것은 민생 안정을 위한 기본 토대가 된다. 이 점을 공자는 정확하게 꿰뚫어보았다. 오늘날의 중국은 바로 이런 공자의 정신을 실천하고 있는 셈이다. 물론 화룡점정이 되려면 사람답게 사는 길을 가도록 교육시키는 것 또한 필수적인 일이다.

둘째, 분배의 형평성을 중시한다. 그런데 분배의 형평성은 분배의 투명성을 전제로 할 때 그 본래의 의미가 살아날 수 있다. 이와 관련해서는 의에 내재된 또 다른 의미를 살펴볼 필요가 있다. 『설문해자』에서는 '옥玉'의

특성을 설명하면서 '옥 속의 결이 밖으로 드러나니 그 속을 알 수 있는 것은 의義의 측면이다'[121]라고 했는데, 이것은 의에 '떳떳함'과 '투명성'이라는 의미도 들어 있음을 시사하는 말이다. 이런 의미는 개인으로 보면 맑은 성품과 연결되고, 사회라는 차원에서는 사회적 투명성과 관련을 갖게 된다. 그렇다면 분배 정의와 관련하여 『논어』에 있는 내용을 먼저 살펴보겠다.

(공자의 제자인) 자화(공서적)가 사자로 제나라에 갔다. (공자의 제자인) 염자가 자화의 어머니를 위하여 곡식을 청하니, 공자께서 말씀하시기를 "1부(6말 4되)만 주라"고 하셨다. 더 청하니, "1유(16말)를 주라" 하셨는데, 염자가 곡식 5병(80섬)을 주었다. 공자께서 말씀하시기를 "적이 제나라에 갈 때 살찐 말을 타고 가벼운 갖옷을 입었다. 내가 들으니 군자는 생활이 궁핍한 사람을 도와주고, 부유한 이는 보태주지 않는다고 했다"라고 하셨다.[122]

계씨가 주공보다 부유한데도, 염구가 그를 위해 많은 세금을 거두어들여 부를 더해주었다. 공자께서 말씀하시기를 "우리 무리가 아니니, 소자들아! 북을 울려 그 죄를 성토하는 것이 옳다"라고 하셨다.[123]

내가 듣기로는, 나라를 다스리거나 집안을 이끄는 자는 백성이 적음을 근심하지 않고 빈부가 고르지 않음을 근심하며, 백성이 가난함을 근심하지 않고 백성이 편안하지 못함을 근심한다고 한다. 대체로 균등하면 가난함이 없고, 화목하면 백성이 적지 않고, 평안하면 나라가 기우는

일이 없을 것이다.[124]

이를 통해서 공자가 경제적 불평등의 문제, 다시 말해서 공정한 분배의 문제를 중요하게 생각했음을 알 수 있다. 경제와 관련된 유교의 종합적인 입장이 집약된 문장을 『대학』에서 확인할 수 있다.

이 때문에 군자는 먼저 덕에 있어서 삼가야 하는 것이니, 덕이 있으면 곧 사람이 있고, 사람이 있으면 곧 땅이 있으며, 땅이 있으면 곧 재물이 있고 재물이 있으면 쓸 수가 있다. 덕이라는 것은 근본이고 재물이라는 것은 말단이다. 근본을 외면하고 말단을 중시하면 백성을 다투도록 유도하고 남의 것을 빼앗도록 인도하게 된다. 이 때문에 재물이 모이면 백성은 흩어지고 재물이 흩어지면 백성이 모인다. 이 때문에 말이 거슬러서 나간 것은 또한 거슬러서 들어오고, 재물이 거슬러서 들어온 것은 또한 거슬러서 나간다. (…) 재물을 만드는 데 큰 방법이 있으니 만드는 자는 많고 그것을 먹는 자는 적으며, 만드는 일을 하는 자는 빠르고 그것을 쓰는 자는 느긋하면, 곧 재물은 항상 충분할 것이다. 어진 자는 재물을 가지고 자신을 발전시키며, 어질지 못한 자는 자신을 가지고 재물을 늘린다. 위에서 인을 좋아하는데 아래에서 의를 좋아하지 아니하는 경우는 있지 아니하며, 의를 좋아하는데도 그 일이 잘 마쳐지지 아니하는 경우는 있지 아니하며, 창고의 재물이 자기 재물이 아닌 경우는 있지 아니하다. 맹헌자가 이르기를 "대부의 집안에서는 닭과 돼지를 키우지 않고, 경대부의 집안에서는 소와 양을 기르지 아니하며, 자신의 영지를 가진 집안은 백성으로부터 지나치게 거두어들이는 신하를 두지 아니하니, 지나치게 거두어들이는 신하를 두기보다는 차라리 자기 집안의 것을 도둑질하는 신하를 두는 것이 낫다"고 했다. 이는 국가가 이로운 것을 이로운 것으로 여기지 아니하고 의로운 것을 이로운 것으로 여겨야 됨을 말한 것이다. 국가의 어른이 되어 재물을 쓰는 것에 힘쓰는 자는 반드시 소인으로부터 시작되는 것이다. 소인이 국가를 다스리게 되면 재해가 한꺼번에 이를 것이니, 비록 잘하는 자가 있다 하더라도 또한 어떻게 할 수 없을 것이다. 이 때문에 나라는 이로운 것을 이로운 것으로 여기지 아니하고 의로운 것을 이로운 것으로 여겨야 한다고 한 것이다.[125]

유교의 경제는 곧 '덕의 경제'다. 지도층이 의義라는 도덕을 중심에 두고 경제 문제에서 절제하고 모범을 보일 때 국가 경제는 튼튼해지고 민생은 안정된다. 다시 말해서 지도층의 경제적 청렴성을 강조했다. 이것은 분배 정의의 실현과 관련해서 가장 중요한 사항이다. 『대학』에서는 만약 그 반대의 길로 가게 되면 국가 경제는 위태로워지고 국민은 약육강식의 경쟁에 내몰리게 된다고 경고한다. 전국시대 말기의 저술인 『순자』에도 『대학』과 유사한 내용의 글이 실려 있다.

그러므로 천자는 많고 적은 것을 말해서는 안 되며, 제후는 이해관계를 말해서는 안 되고, 대부는 얻고 잃는 것을 말해서는 안 되며, 사는 재물을 유통시켜 이익을 추구하는 짓을 해서는 안 된다. 나라를 다스리는 임금은 소나 양을 길러 불리는 일은 하지 말아야 하고, 예물을 임금에게 바친 신하는 닭이나 돼지를 길러서는 안 되며, 상경이 된 사람은 집의 울타리가 무너져도 손수 수리해서는 안 되고, 대부는 밭농사를 지어서는 안 된다. 사의 신분 이상의 사람들은 모두 이익을 추구하는 것을 부끄럽게 여기고, 백성과 사업의 경영으로 다투지 않아야 하며, 자기 것을 나누어주고 베푸는 일은 즐기되 재물을 쌓아두는 일은 부끄럽게 여겨야 한다. 그렇게 하면 백성은 재물 때문에 곤궁해지지 않고, 가난한 사람들은 그들의 손을 놀려 일할 수 있게 되는 것이다.[126]

오늘날에도 경제에서 토지가 차지하는 비중은 크지만, 전통사회는 기본적으로 농업 중심의 경제 체제이기 때문에 토지 문제가 더욱 중요할 수밖에 없었다. 그렇기 때문에 토지 분배와 관련된 토지제도를 잘 마련하고 이를 토대로 공정하게 세금을 징수하는 일이 국가 경제에서 가장 중요한 문제가 된다. 그리하여 유교에서는 특히 토지의 사적私的 과점을 억제하기 위해 공평한 토지 분배를 시행할 것을 강조한다. 『맹자』에는 이와 관련된 비교적 자세한 내용이 나와 있다.

하나라는 세대당 전지 50무를 주고 공법貢法을 행했으며, 은나라는 세대당 70무를 주고 조법助法을 행했고, 주나라는 세대당 100무를 주고 철법徹法을 행했는데, 실제로는 모두 10분의 1의 세금을 거둔 것입니다. 철徹은 힘을 합해 함께 일하고 똑같이 나눈다는 뜻이고, 조助는 힘을 빌려 공전公田을 경작한다는 뜻입니다. 용자龍子가 말하기를, "토지를 다스리는 데는 조법보다 좋은 것이 없고, 공법보다 나쁜 것이 없다. 공貢이란 수년간의 소출의 평균을 계산하여 일정액의 세금을 내게 하는 것인데, 이렇게 할 경우, 풍년에는 곡식이 넘쳐나서 많이 거두어도 학정이 되지 않는데 적게 취하게 되고, 흉년에는 토지에 거름을 내기에도 부족한데 반드시 일정액을 꼭 채워 세금을 취해가는 일이 벌어진다. 백성의 부모가 되어서, 백성으로 하여금 원망스러운 눈으로 1년 내내 부지런히 노동해도 제 부모를 봉양할 수 없게 만들고, 거기다 빚까지 내서 일정액의 세금을 채워 내게 함으로써 늙은이와 어린아이들의 시체가 산골짜기에 나뒹굴게 한다면, 어떻게 백성의 부모 될 자격이 있겠는가" 하였습니다. 벼슬하는 자에게 대대로 녹봉을 주는 세록世祿은 등나라가 본래부터 시행하고 있습니다. 『시경詩經』에 "우리 공전公田에 비를 주사 사전私田에도 미쳤으면" 했는데, 오직 조법助法에만 공전이 있으니, 이를 통해 살펴보면 주나라도 조법을 행했던 것을 알 수 있습니다.[127]

이와 같이 하夏·은殷·주周 삼대의 토지제도 및 그것과 연계된 조세제도를 등나라 문공에게 설명한 맹자는 이어서 정전제井田制에 대해 언급한다.

등문공이 필전을 시켜 맹자에게 가서 정전제를 묻게 했는데, 맹자께서 말씀하셨다. "자네의 군주가 장차 인정仁政을 행하기 위해 신하 가운데 자네를 선택하여 실무를 주관하게 했으니, 자네는 반드시 힘써야 할 것이다. 대체로 인정은 반드시 토지의 경계를 정하는 데서부터 시작되는데, 경계를 정하는 것이 바르지 않으면 정전井田이 균등하지 않고 녹봉이 공평하지 않게 된다. 그러므로 포악한 임금과 탐관오리들은 반드시 경계를 정하는 일을 태만히 하게 되어 있다. 경계를 정하는 일이 바르게 되면 토지를 나누어주고 녹봉을 정하는 일은 가만히 앉아서도 정해질 수 있는 것이다. 등나라는 국토가 좁고 작지만 나라 안에는 장차 위정자가 될 사람도 있고 농민이 될 사람도 있을 것이다. 위정자가 없으면 농민을 다스릴 수 없고 농민이 없으면 위정자를 받들 수 없는 것이다. 시골에는 9분의 1의 세금을 거두면서 조법助法을 행하고, 서울에는 10분의 1의 세금을 거두면서 공법貢法을 행하되 직접 세금을 납부하게 하라. 경卿 이하에게는 반드시 규전圭田이 있어야 하는데, 규전은 50무로 하라. 그리고 각 세대주의 아직 결혼하지 않은 동생에게는 25무를 주어라. 죽어서 장사지내거나 이사를 하더라도 마을을 벗어나는 일이 없도록 해야 할 것이다. 마을에서 정전을 함께 경작하고 있는 이들이 나가고 들어올 때 서로 함께하고, 도적을 지키고 망을 볼 때 서로 도우며, 병들었을 때 서로 도와준다면 백성이 친하고 화목해질 것이다. 사방 1리가 1정井으로 1정은 900무다. 그 한가운데에 공전이 위치하고 여덟 집은 모두 사전 100무씩을 받는다. 이들이 공전을 공동 경작하는데, 공전의 일을 마친 뒤에 사전의 일을 다스리도록 해야 하니, 이는 위정자와 농민의 신분을 구별하기 위함이다. 이것이 정전제의 대략이니, 이를 시세와 환경에 맞게 조절하는 일은 임금과 자네에게 달려 있다."[128]

이처럼 중국 주나라 때 시행되었다는 토지균분제인 정전제를 맹자는 이상적인 토지제도로 평가했으며, 우리나라의 여러 유학자도 이상으로 삼았던 토지제도가 바로 정전제다. 예컨대 다산 정약용은 공동 소유·공동 경작 방식의 토지제도 개혁 방안인 여전제閭田制를 제안했는데, 그 또한 정전제의 영향을 받은 것으로 보인다.

이제 경제 관련 측면에서 나타나는 특징을 고려할 때 유교가 지향하는 사회 역시 그 나름으로는 사회 정의를 실현하기 위한 노력을 기울였음을 알 수 있다. 그런데 오늘날에 이르러 사회 정의의 중요한 척도가 되는 것은 분배의 공정성 곧 분배 정의의 문제와 아울러 그것과도 연계되는 복지의 문제다. 복지는 국가라는 공동체의 구성원인 국민에게 인간다운 삶을 살아갈 수 있는 개인적·사회적 상태를 구축하는 것을 의미한다. 이를 실현하기 위해서는 교육, 노동, 의료, 환경 등의 민생 분야에서 공정하고 보편적인 서비스를 제공하는 것이 필수 사항인데, 이를 뒷받침하는 기초가 되는 것은 인권과 사회 정의, 그중에서도 관건은 역시 분배 정의라고 할 수 있다. 그렇게 본다면 복지도 넓은 의미에서는 정의와 관련된 문제로 규정할 수 있을 것이다.

이러한 복지와 관련해서 동양사회는 고대에서부터 비롯되는 오랜 전통을 지니고 있다. 유교는 가족이라는 공동체로부터 출발해서 지역사회, 국가, 세계라는 공동체를 아우르는 공동체 의식을 강조하기 때문에, 그 공동체의 구성원은 결국 '하나의 가족天下一家'이라는 생각으로 귀결된다. 그렇기 때문에 이웃의 어려움과 고통을 함께 감당하고 기쁨을 나누고자 하는 일종의 사회적 의식이 자연스럽게 작동했다고 볼 수 있다. 이러한 정신이 사회관계의 기초로 자리잡으면서 유교사회에서는 공동체의 구성원 모두가 '함께 사람답게 살아가는 길'을 추구하게 된다. 이러한 정신은 오늘날의 복지와도 직접 연결될 수 있는 부분이다. 이와 같이 바람직한 공동체 정신이 발휘되는 이상적인 사회의 모습을 유교 경전인 『예기』에서는 다음과 같이 묘사했다.

> 위대하고 올바른 도가 행해졌을 때는 천하가 모든 사람의 것天下爲公이어서 어질고 능력 있는 사람을 뽑아서 모든 백성에게 믿음을 가르치고 화목하게 살았다. 그러므로 그 시대에는 내 부모, 내 자식만 부모 자식으로 여기지 아니하고, 늙은이는 평안하게 일생을 마칠 수 있도록 돌보았으며, 장정들은 모두 맡은 일이 있었고, 어린아이는 건강하게 잘 자랄 수 있었다. 과부, 홀아비, 고아, 병든 자를 불쌍히 여겨 전부 봉양했다. 남자들은 다 직업이 있었고, 여자들은 시집가서 돌볼 가정이 있었다. 그 시대에는 재물을 헛되이 낭비하는 것을 미워했으나, 자기만 위하여 쌓아두지는 않았다. 직접 일하지 않는 것은 미워했으나, 자기만을 위하여 일하지는 않았다. 이런 까닭에 간사한 꾀가 통용될 수 없었고, 도적질하거나 난을 일으킬 수 없었다. 그래서 사람들은 밤에 잘 때에도 문을 닫아걸지 않았다. 그런 시대를 일컬어 '대동大同'이라고 한다.[129]

여기에는 공공성의 강조, 능력에 근거한 공정한 인사, 천하일가天下一家 사상, 복지사회, 사회적 역할 곧 일자리, 소유의 공공성, 노동의 보편성 등과 관련된 것이 들어 있다. 흥미로운 점은, 앞서 언급된 존 롤스가 정의론에서 공정한 기회 평등의 원칙을 강조하고, 또한 사회적 약자들에게도 사회적·경제적 이익이 돌아가도록 하는 것이 정의justice라는 입장을 주장한 것은 대동大同사상과 기본 방향에서 여러 유사성을 지니고 있다는 것이다.

요순과 같은 성인이 이끌어주는 이러한 대동세상이 현실 속에서 실제로 존재하는 것이 어려워서인지 『예기』에서는 대동과 관련된 내용 다음에 '소강小康'이라는 사회와 관련된 내용이 나온다.

지금 시대는 위대하고 올바른 도가 이미 사라졌다. 천하를 자기 집안의 것天下爲家으로 만들고, 자기 부모만을 부모로 여기고 자기 자식만을 자식으로 여기고, 재물과 힘을 자기만을 위하여 사용하게 되었다. 천자나 제후들은 세습을 당연한 것으로 알고, 성곽과 해자를 파서 굳게 지켰다. 예의를 벼리로 삼아 군주와 신하 사이를 바로잡고, 아버지와 아들 사이를 돈독하게 하고, 형제 사이를 화목하게 하고, 부부 사이를 화합하도록 한다. 제도를 마련하고 마을을 세웠으며, 용기와 지혜를 가진 자를 높이고 공은 자신의 것으로 삼았다. 그러므로 간사한 꾀가 여기서 일어나게 되었고, 전쟁도 여기에서 일어나게 되었다. 대도는 사라졌으나 다행스럽게도 우왕, 탕왕, 문왕, 무왕, 성왕, 주공이 예로써 좋은 정치를 했다. 이 여섯 군자 가운데 예로써 삼가지 않은 이가 없었다. 예로써 의를 드러냈으며, 예로써 그 믿음을 이루었고, 예로써 그 허물을 드러냈으며, 예로써 법을 어질게 했으며, 예로써 겸양을 가르쳐 백성에게 떳떳함이 있도록 했다. 만약 이 예를 따르지 않는 자가 있으면 백성이 재앙으로 여겨 비록 천자라 할지라도 버림을 받았다. 이를 일러 '소강'이라 한다.[130]

소강의 시대는 본격적인 소유所有의 사회이자 사유私有의 사회다. 그렇다고 이러한 사회의 모습을 비판만 할 필요는 없다. 도덕과 윤리 규범이 지켜지는 사회도 사회 정의라는 차원에서 일정한 의미를 지닐 수 있기 때문이다.

오늘날 우리가 바라는 정의로운 사회의 모습은 아마도 동양적 정의가 내포된 이러한 '대동'과 '소강'의 정신을 조화시키는 데서도 찾을 수 있으리라. 그렇다면 길은 다시 '오래된 미래'로 연결되는 것이다.

의로움을 말하다

4.
맺는 말

  우리 사회에서 많이 쓰이는 민주주의, 자본주의 등의 말에 포함된 '주의主義' 곧 '주요한 뜻'이라는 표현은 꽤 흥미로운 의미를 포함하고 있다. 국립국어원의 표준국어대사전에는 이 말이 첫째, 굳게 지키는 주장이나 방침, 둘째, 체계화된 이론이나 학설이라는 뜻으로 간략하게 풀이되어 있다. 그렇다면 예컨대 민주주의는 '국민이 나라의 주인'이라는 뜻을 가장 중요하게 생각하고 기본으로 받아들이는 주장이 되며, 자본주의는 '자본'이 사회에서 가장 중요하고 결정적인 역할을 담당한다는 뜻을 받아들이는 주장이 된다. 물론 여기서의 '~주의'는 영어의 '-ism'에 상응하는 표현이므로, '독트린doctrine'이나 '이데올로기Ideologie'와도 유사한 의미를 가지고 있다. 그런데 어떤 것이든 간에 이러한 유의 표현에는 '우리의 것만이 옳다'는 신념이 밑바닥에 자리잡고 있다. 그렇기 때문에 자연히 '주의'와 '주의' 곧 '의義'(나의 옳음)와 '의義'(너의 옳음)의 대립 및 갈등이 발생할 수밖에 없다. 이 구도에서는 '나의 옳음'을 절대적으로 주장하면 할수록 그 대립과 갈등이 더더욱 커진다. 그러므로 맹목적인 '옳음'에만 매달려서는 안 된다. '무엇이 옳은가'에 대한 지혜롭고 신중한 접근이 요구된다. 그러기 위해서는 무엇보다 열린 마음으로 대화하고 이해할 수 있는 개인적 차원, 사회적 차원의 역량을 키워나가는 것이 중요하다. 이것 역시 일종의 수기치인修己治人에 해당되는 일이다. 개인적 차원에서 말한다면 지성과 도덕성의 배양 및 유기적 소통 속에서 그 실천적 역량을 개발하는 것이 중요하며, 사회적 차원에서는 그러한 개인의 역량이 자연스럽게 발휘될 여건을 마련할 필요가 있다. 이렇게 될 때 '무엇이 옳은가'에 대한 사회적 합의가 이성적이고 합리적인 방식에 따라 도출될 가능성이 높아질 것이며, 결과적으로 맹목적인 '옳음의 대결'에서 빚어지는 인간 사회의 비극을 훨씬 더 감소시킬 수 있을 것이다.

의로움을 말하다

2장

義

원전과 함께 읽는 의

의義는 자기 자신의 위의威儀다. 아我와 양羊의 뜻을 따른다.

「의義」

위의는 '위엄이 있고 엄숙한 태도나 차림새'라고 풀이된다. 의에 대한
『설문해자』의 설명은 갑골문의 풀이 중에서 일부분을 반영하고 있다. 특
히 '羊' 부분을 동물로 해석함으로써 '깃털 장식'으로 여기는 입장과 차이
를 보인다. 북송 초기에 『설문해자』를 교정한 서현徐鉉(916~991)은 "의는
선善과 같은 뜻이다. 그러므로 양羊을 따른다"[1]는 설명을 덧붙였다. 선은
'양良' 곧 '착하다' '어질다' 또는 '호好' 곧 '좋다' '옳다' '마땅하다'라는 뜻이
므로, 종합한다면 도덕적 정당성을 지닌다는 의미로 풀이할 수 있다. 그렇

다면 의를 '자기 자신의 위의'라고 풀이하는 것은 단순히 외적으로 드러나는 겉모습만을 말하는 것은 아니다. 내적인 자기 절제와 수양을 바탕으로 외적으로 드러나는 상태인 내외합일內外合一一 곧 내면의 정신과 외면의 모습이 상호 유기적으로 통합된 상태를 의미한다. 이런 상태를 추구하는 이유는 바로 실천하기 위해서다. 그런데 여기서 주목해야 하는 것은 '자기 자신'으로부터라는 점이다. 모든 실천, 행위의 첫걸음은 바로 자기 자신을 올바르게 세우는 것이기 때문이다.

【상서 1】 원문 2

> 왕께서는 힘써 큰 덕을 밝히시어 백성에게 치우치지 않는 중정中正의 길을 보여주십시오. 의로써 일을 바로잡으시고 예로써 마음을 바로잡으셔야 후손들이 넉넉한 삶을 살아가게 됩니다.

「중훼지고仲虺之誥」

『상서』는 『서경書經』이라고도 한다. 유학의 주요한 경전 중 하나다. 『상서』「중훼지고」는 상商(은殷)나라 탕 임금의 좌상左相인 중훼가 하夏나라의 걸 임금을 물리치고 돌아오는 탕 임금에게 아뢴 말이라고 한다. 주 내용은 탕 임금이 덕을 더욱 잘 닦아서 하늘의 뜻에 따라 나라를 다스려주기를 청한 것이다. 그것은 상나라가 중국 역사에서 무력, 즉 쿠데타로 집권한 최초의 국가이기에 무엇보다도 왕조의 정당성 확보가 중요했고, 그 방법은

결국 올바른 정치로써 민심을 얻는 것이기 때문이다. 이 문장에서 주목할 것은 바로 '의로써 일을 바로잡는다以義制事'는 말이다. 모든 정치 행위는 바른 도리에 따라 이루어져야 하며, 그러려면 어떤 경우라도 사심私心은 버리고 모든 일을 공정하게 처리해야 한다는 뜻이다. 이와 관련해서 의가 '금지하다' '절제하다' '마름질하다'의 뜻을 가진 '제制'와 연계되어 쓰이는 데 유념해야 한다. 요컨대 의에는 '규제'의 의미가 포함되어 있다.

왕께서 이르시기를, "너는 법에 따라서 일하는데, 벌은 은나라 법에 따라 정하라. 은나라와 같이 마땅한 형벌과 마땅한 죽임으로써 하고, 네 멋대로 행하지 말라"고 했다.

「강고康誥」

「강고」는 주周나라 무왕의 아들인 성왕이 숙부인 강숙康叔에게 새로운 봉지를 내려줄 때 숙부인 주공周公이 성왕을 대신해서 한 당부의 말이다. 여기서 의는 '마땅한 형벌과 마땅한 죽임義刑義殺', 즉 형벌 및 죽임과 연계되어 쓰이고 있다. 국가의 형벌은 누구라도 인정할 수 있는 '보편타당한 기준'에 따라 올바르게 결정되는 것이 마땅하다. 그것이 '필요악'인 형벌의 정당성을 확보하는 제일의 조건이다. 그렇지 않고 자의적으로 형벌이 적용된다면 그것은 더 이상 형벌로서의 자격을 상실한 한갓 '불의한 공권력의 남

용'에 불과한 게 된다. 의義라는 글자에 포함된 '我'가 무기를 의미하므로 이
미지(상징)의 측면에서 볼 때 의와 형刑, 살殺이 함께 있는 것은 그렇게 부
자연스러운 모습은 아닐 것이다.

【주역1】 원문 4

「문언전」에서 말하기를 "원元은 선의 우두머리요, 형亨은 아름다
운 것의 모임이며, 이利는 마땅함에 조화되는 것이요, 정貞은 일
의 줄기다. 군자는 인을 본받아서 행해야 다른 사람의 우두머리
가 될 수 있으며, 모이는 것을 아름답게 해야 충분히 예에 합치
할 수 있으며, 사물을 이롭게 해야 충분히 의로움과 조화될 수
있으며, 바르고 굳게 함이 일의 근간이 될 수 있다. 군자는 이 네
가지 덕을 행하는 사람이다. 그러므로 건乾은 원형이정元亨利貞이
라고 말한다"고 했다.

「건괘 문언전文言傳」

『주역』의 「건괘 문언전」에서 의와 관련된 대표적인 문장은 '이로움利이
라는 것은 의로움義이 조화를 이룬 것이다利者義之和也'와 '사물을 이롭게
하는 것이 충분히 의로움과 조화를 이룬다利物足以和義'는 부분이다. 이것
과 관련된 해설 하나를 살펴보자.

'이利'는 가을에 만물이 생육生育을 완성하여 이루는 것을 말한다. 주자는 『주역본의周易本義』에서 "이는 사물을 낳아 이룸이니 사물이 제각기 마땅함을 얻어 서로 방해하지 않으므로 계절로는 가을이요, 사람에게는 의에 해당되어 자기 분수의 조화를 얻음이 된다利者生物之遂, 物各得宜, 不相妨害, 故於時爲秋, 於人則爲義而得其分之和"고 했다. 사람들에게 있어서 다툼은 대부분 이익의 충돌이나 쟁탈에서 발생하는데, 자신들의 이익만을 도모하다가 결과적으로는 누구에게도 별다른 실익實益이 없게 될 가능성이 크다. 그러므로 자신의 욕심을 버리고 모든 사람이 다 같이 지켜야 할 의무나 정의에 따라야 비로소 진정한 이익을 얻을 수 있다. 이런 점은 바로 천도가 만물의 생육을 완성하여 이루어주는 '이'를 본받아야 할 것이다. 왜냐하면 천도는 사사로운 이익私利이 아닌 공공적인 이익公利을 행하여 모든 사물이 각각의 마땅함을 얻게 만들어주고 서로 조화하게 만들어주기 때문이다.[2]

'화和'는 '합合'의 뜻이다. 정이천은 『이천역전伊川易傳』에서 "의로움에 조화하여야 사물을 이롭게 할 수 있으니 어찌 그 마땅함을 얻지 못하고서 사물을 이롭게 할 수 있겠는가和於義乃能利物, 豈有物不得其宜而能利物者乎"라고 했다. 주자는 『주역본의』에서 "사물로 하여금 각각 그 이로운 바를 얻게 한다면 의로움에 맞지 않음이 없다使物各得其所利則義无不和"고 했다. 말하자면 다른 사물을 이롭게 하는 것은 결국 자기에게도 이롭다는 것을 의미한다.[3]

이 해설에서 먼저 눈에 띄는 부분은 대표적인 성리학자인 주자나 정이천이 '의義'를 '의宜'로 풀이하는 점이다. 『중용』에서도 "의義라는 것은 마땅함이다"[4]라고 규정하는 것을 보면 두 글자는 아주 오래전부터 이 같은 관계를 유지한 것으로 보인다. 주자는 이 부분에 대한 주석에서 "의宜는 사리를 분별하여 각기 마땅한 바가 있게 하는 것이다"[5]라고 풀이했다. 이 풀이는 바로 '의義'의 정의定義로도 볼 수 있다. 그리고 유학에서 특히 공부나 수양과 관련해서 주시하는 개념은 바로 '이利'다. 그것은 대개 부정적인 측면이 강조되고 있지만, 「건괘 문언전」에서는 오히려 우리가 궁극적으로 추구해야 할 '이利'가 무엇인가를 논하는 '긍정의 철학'을 보여주고 있다. 그리고 이러한 논조의 연장선상에서 '이利'와 '의義'를 대립적인 관계로 간주하는 데서 벗어나, 그 관계를 전환시켜 조화의 관계로 승화시키고 있다. 그런 측면에서 본다면 '역易'의 주요한 정신은 바로 화해와 조화라고 할 수 있다.

【주역 2】 원문 5

> 직直은 그 바름이고, 방方은 그 마땅한 것이니, 군자는 경敬으로써 안을 바르게 하고 의義로써 바깥을 반듯하게 하여, 경과 의를 세우니 덕은 외롭지 않다. 곧고 반듯하고 크니, 익히지 아니하여도 이롭지 않은 것이 없다는 것은 그 행하는 바를 의심하지 않는 것이다.
>
> **「곤괘 문언전」**

『주역』「곤괘 문언전」에는 성리학적 사유와 관련해서 중요한 계기를 마련하는 내용이 있다. 그것은 바로 '경이직내敬以直內'와 '의이방외義以方外'다. 여기서 '경'은 지속적으로 올바름을 유지하는 마음가짐으로 일종의 자아 억제 능력을 말하며, '직'은 사사로움이 없는 마음을 뜻한다. 또한 '의'는 외재 표현을 담당하는 내재적 역량을 말하며, '방'은 마땅한 이치를 의미한다. 그렇기 때문에 경은 안을 바르게 하고, 의는 바깥을 곧게 한다고 말한다. '경으로써 안을 바르게 한다敬以直內'는 것은 바른 마음正心을 말하고, '의로써 바깥을 반듯하게 한다義以方外'는 것은 올바른 행동義行을 말한다.[6] 여기서 의는 외적 행동의 규준規準이자 이러한 규준을 가능케 하는 자아의 내적 역량이라는 의미까지도 포괄하고 있다. 그렇기 때문에 경과 함께 의가 나란히 언급되는 것은 지극히 자연스러운 일이다. 중국의 주자는 물론이고, 조선에서도 이황의 '경敬사상'이나 '내명자경內明者敬, 외단자의外斷者義'로 표현된 남명 조식의 '경의敬義사상'도 모두 이러한 『주역』의 사상에 뿌리를 두고 있다.

【예기 1】 원문 6

큰 도道가 행해지면 천하는 함께共 살아가는 곳이 된다. 현명한 사람과 능력 있는 사람을 뽑아 쓰며, 신의를 잘 지키고 화목하도록 애쓴다. 그래서 사람들은 오직 자기 어버이만 어버이로 모시거나 오직 자기 자식만 자식으로 사랑하지 않았다. 노인은 여생은 잘 보낼 수 있게 되고 젊은 사람들은 일할 것이 있게 되며, 어린이들은 잘 자라게 되고, 홀아비·과부·고아와 의지할 데 없거나 병든 사람들도 모두 보살핌을 받게 된다. 남자에게는 직분이 있고 여자에게는 시집갈 곳이 있다. 재화가 쓸모없이 땅에 버려지는 것은 싫어하지만 또한 그 재화가 반드시 개인에게만 간직되도록 하지는 않는다. 자신의 능력을 발휘하지 않는 것은 미워하지만 또한 그 능력을 반드시 자신만을 위해서 쓰도록 하지는 않는다. 이렇기 때문에 간사한 꾀는 막혀서 생기지 않고 도둑질이나 세상을 어지럽히는 일은 생겨나지 않아서, 대문을 닫지 않고 살 수 있게 된다. 이러한 상태를 '대동大同'이라고 부른다.

「예운禮運」

유교의 이상사회, 곧 유토피아를 묘사한 대표적인 글은 바로 『예기』「예운」 편의 첫머리에 나오는 이 문장이다. 물론 중심이 되는 개념은 '대동'이다. 말 그대로 '크게 하나 되는 것' 또는 '크게 화평한 상태'를 뜻한다. 달리 표현하자면 유교가 지향하는 정의사회를 나타내는 말이기도 하다. 이러한 대동의 세상이 실현되려면 사적 소유의 제한, 능력에 따른 인재 선발, 보편적 복지의 시행 등 사회적 평등을 토대로 공공성을 우선으로 하는 사회가 되어야만 한다. 이렇게 될 때 온 천하는 누구의 것도 아닌 모든 사람의 것이 되고, 또한 모두가 사람답게 살아가는 세상이 될 수 있는 것이다. 이상사회를 소박하게 표현한 이 글은 특히 근대에 이르러 중국의 전통사회를 개혁하고자 노력한 캉유웨이康有爲·담사동譚嗣同·쑨원孫文 등에게 큰 영향을 미쳤다.

그러므로 나라에 환난이 있을 때, 군주는 사직을 지키다 죽는

것을 의義라고 말하고, 대부가 종묘를 지키다 죽는 것을 바른 일

正이라 말한다.

「예운」

이것은 군주를 비롯해서 국가의 지도층이 추구해야 할 올바름義에 대

해서 논한 글이다. 국가 지도자의 자리는 어떤 것일까? 최고의 영예를 누

리고 권력을 행사하는 자리인가 아니면 가장 큰 책임을 짊어진 자리인가?

『예기』「예운」편에서는 군주의 무한 책임을 강조하고, 지도층의 결연한 자

세를 촉구하는 글이 나온다. 국가의 존망이 걸린 문제에 직면해서는 죽음

으로써 책임을 지겠다는 결연한 태도야말로 동서고금을 막론하고 지도자

라면 마땅히 갖춰야 할 기본자세다. 이와 같은 내용이 『예기』'곡례 하曲禮

下」편에서는 '국군사사직國君死社稷' 곧 '나라의 군주는 사직을 위해 목숨

을 바친다', 『춘추공양전』에서는 '국멸군사지國滅君死之'7 곧 '나라가 멸망하

면 군주는 나라를 위해 죽는다'로 표현되어 있다. 그런데 국가가 외적의 침

략을 받아 위급한 상황에 맞닥뜨렸을 때 맹자는 두 가지 길을 제시하고 있

다. 첫째는 백성의 안전을 위해 영토를 내어주고 이주하는 방안이다. 여기

에는 조건이 따른다. 그 군주가 민심을 얻어서 백성이 그 군주와 함께 움직여주는 경우다. 다른 하나는 사직을 끝까지 지키다가 사직과 함께 죽는 방안이다. 바로 앞서 거론된 내용과 같은 것이다. 맹자는 이것을 '효사물거效死勿去'라고 표현했다.[8] 곧 '목숨을 바치더라도 떠나지 않는다'는 뜻이다. 주자는 "이런 태도야말로 나라의 군주가 사직을 위해 죽는 떳떳한 법도이다"[9]라고 풀이했다. 그렇다고 주자가 무조건 죽음을 택하라고 강조하는 것은 아니다. 주자는 "대개 나라를 옮겨서 살기를 도모하는 것은 권도이며, 바른 것을 지켜서 죽음을 기다리는 것은 의리이니, 자신을 살피고 역량을 헤아려 잘 선택하여 대처하는 것이 옳다"[10]고 말했다. 현실적인 상황을 정확하게 판단해 최선의 선택을 하라는 뜻이다. 그런데 어떤 선택을 하더라도 중요한 것은 지도자의 올바른 책임의식이다. 그것이 밑바탕에 깔려 있어야 선택의 정당성을 확보할 수 있다.

【예기 3】 원문 8

그러므로 성인은 천하를 한집안으로 여기고 중국을 한사람으로 여기는 것은 어떤 다른 뜻이 있어서 그런 것이 아니다. 반드시 사람의 감정을 잘 알아서 그 올바른 것義을 제시하고 그 이로운 것利을 밝히며, 그 걱정스러운 것患을 잘 헤아린 뒤에야 그렇게 할 수 있다. 그렇다면 무엇을 사람의 감정이라고 하는가? 기뻐하고, 화내고, 슬퍼하고, 두려워하며, 아끼고, 미워하고, 욕심 부리는 일곱 가지 마음이다. 이것은 배우지 않아도 할 수 있다. 무엇을 사람이 따라야 할 올바른 것이라고 하는가? 어버이는 자애롭고 자식은 효도하며, 형은 어질고 아우는 공손하며, 남편은 의롭고 아내는 잘 따르고, 어른은 은혜롭고 어린이는 순종하며, 임금은 어질고 신하는 충성스러운 것, 이 열 가지를 사람이 따라야 할 올바른 도리義라고 말한다. 신의를 잘 지키고 화목하도록 애쓰는 것을 사람이 추구해야 할 이로운 일利이라고 말한다. 서로 다투고 빼앗으며, 서로 죽이는 것을 사람의 큰 근심患이라고 말한다. 그러므로 성인이 사람의 일곱 가지 정을 다스리고 열 가지 도리를 닦으며, 신의를 잘 지키고 화목하도록 애쓰며, 사양하는 일을 높이고 서로 다투고 빼앗는 일을 없애고자 한다면, 예를 버려두고서 무엇으로 그렇게 할 수 있겠는가?

「예운」

여기서는 예라는 도덕적 규범을 바탕으로 인간과 관련된 일이 올바르게 펼쳐질 때 유교가 지향하는 이상적인 사회가 될 수 있다는 점을 밝히고 있다. 이때 의는 무엇보다 기본적인 인간관계에서 우러나는 바람직한 자세와 관련되어 있다. 예를 들면 어버이는 자녀에게 자애로운 것이 마땅한 일이며, 자녀는 어버이에게 효도하는 것이 마땅하다. 이처럼 부모와 자식, 형과 아우, 남편과 아내, 어른과 어린이, 임금과 신하라는 사회적 인간관계 속에서 인간이 마땅히 따라야 할 기본 도리를 충실히 지켜나갈 때 가정과 사회는 올바르게 유지될 수 있다. 그런데 '열 가지 도리를 닦는다修十

義'는 것은 이러한 의가 무엇인가를 단순히 아는 데서 그치지 않는다. 이를 알고 마음가짐을 잘 갖는 데서 더 나아가 올바로 실천할 때 '닦는다修'는 뜻이 다 발휘되는 것이다.

【예기 4】 원문 9

> 그러므로 성왕은 의라는 기본 도리와 예라는 질서 체계를 잘 밝혀서, 그것으로 사람의 감정을 다스렸다. 따라서 사람의 감정은 이를테면 성인이 가꾸어야 하는 밭이다. 예를 닦아서 이 밭을 갈고, 의를 펴서 여기에 심고, 학문을 익혀서 김을 매고, 인을 근본으로 해서 곡식을 모으고, 음악을 퍼뜨려서 안정되게 한다. 그러므로 예는 의에서 비롯되는 열매實다. 의에 맞추어 합당하면 비록 예가 선왕 때는 있지 않았더라도 의로써 일으킬 수 있다. 의는 사리에 합당하게 나누어진 것이며 인이 알맞게 절도를 갖춘 것이니, 사리에 합당하게 맞추고 인을 밝히게 되면, 의를 얻는 자는 강해진다. 인은 의의 뿌리이며 순리順理의 본바탕이니, 인을 얻는 자는 존귀하게 된다.
>
> 「예운」

　

『예기』에서는 성왕聖王의 정치에 절대적으로 필요한 요소로 예를 강조하는 한편 예와 의, 인의 긴밀한 관계에도 주목했다. 먼저 '예는 의에서 비롯되는 열매다禮也者, 義之實也'라는 말은 '의가 예의 근본이다'라는 뜻이기보다는 구체적인 상황에서 의라는 것이 예라는 규범을 정립할 수 있는 선행 과정의 역할을 한다는 의미로 봐야 한다. 다시 말해서 의에 의한 실제적인 가치판단이 예를 세우는 추동력이 된다는 뜻이다. 그렇기 때문에 "의에 맞추어 합당하면 비록 예가 선왕 때는 있지 않았더라도 의로써 일으킬 수 있다"고 표현한 것이다. 『예기집설禮記集說』에서 이 부분과 관련해 "예는 의에 따라 확정적으로 이루어지는 것이며, 의는 예의 권도權度다. 예는 일정하여 바뀌지 않으나 의는 때에 따라서 마땅하게 이루어지는 것이다"[11]라고 설명했다. 의가 고정적인 상황과 관련 있는 개념이라기보다는 변화하는 현실의 상황과 긴밀하게 연계되는 개념이라는 의미다. 다시 말해서 의는 변화하는 현실에서 올바르게 판단하고 행동하는 것과 관련된 개념이다. 그렇기 때문에 "의는 사람의 심정이 알맞게 이루어지는 것인데, 일에 따라서 마땅하게 이루어져서 때에 알맞게 적용되는 것이다"[12]라고 설명하기도 한다. 한편 '인은 의의 뿌리다仁者, 義之本也'라고 했다. 이를 통해 볼 때 이 글의 저자는 인을 의의 바탕이나 토대로 인식하고 있음을 알 수 있다. 그렇다면 의라는 이성적이고 합리적인 사고와 행위는 감성적인 부분까지도 포괄하는 인이라는 더 넓은 세계에 뿌리를 두고 있을 때 그 균형 잡힌 의미가 살아날 수 있다. 이런 설명을 종합하면, 의는 인이라는 뿌리를 바탕으로 예라는 열매를 맺는 나무의 근간, 즉 줄기에 해당된다. 이 줄기가 꿋꿋하게, 제대로 자기 자리를 지킬 수 있을 때 인이라는 넓은 뿌리는 예라는 아름다운 열매를 맺을 수 있게 된다.

음악은 같게 하는 일을 하고, 예는 달리하는 일을 한다. 같으면 서로 친하고, 다르면 서로 공경한다. 음악이 지나치면 제멋대로 하게 되고, 예가 지나치면 떠나가게 된다. 마음을 모으고 겉모습을 가다듬는 것은 예악의 일이다. 예의가 확립되면 귀천의 구분이 있게 되고, 음악이 잘 다듬어지면 상하가 화목하게 된다. 좋아하고 싫어하는 것이 분명하게 되면 현명한 사람과 어리석은 사람이 구별된다. 형벌로 난폭함을 금하고 관직에 어진 인물을 등용한다면 정치가 제대로 이루어진다. 인으로써 아끼고 의로써 바로잡는다. 이와 같이 한다면 백성을 다스리는 일이 제대로 실행될 것이다.

「악기樂記」

예악을 바탕으로 하는 나라를 다스리는 것은 유교정치가 이상으로 삼고 있는 통치 방식이다. 그렇다고 예악만으로 나라를 다스릴 순 없다. 그렇기 때문에 법과 제도를 갖추어서 정치가 치우침 없이 이루어지도록 해야 한다. 그런데 정치는 궁극적으로 백성의 삶이 제대로 영위되도록 하는 것을 목적으로 삼아야 한다. 그러기 위해서는 예악, 법과 제도 외에 더 근본적인 요소를 필요로 한다. 그것은 바로 인仁과 의義라는 도덕적 원칙이다. 인으로 백성을 아끼고, 의로써 잘못된 일을 바로잡을 때 비로소 백성을 위한 참된 정치가 실행될 수 있다.

이러한 까닭에 군자는 올바른 마음으로 돌아가서 그 뜻을 온화하게 하고, 사물을 잘 헤아려서 일이 제대로 이루어지도록 한다. 그러기 위해서는 마음을 흐트러지게 하는 소리와 어지러운 빛이 총명함을 가리지 않도록 하고, 음란한 음악과 사특한 예가 마음에 접하지 않도록 하며, 나태하고 좋지 않은 기운은 몸에 머무르지 않도록 해야 한다. 이와 같이 해서 우리의 몸과 마음이 모두 바른 이치에 따라서 그 올바름義을 실천하도록 해야 한다.

「악기」

여기서는 군자가 올바르게 자신을 지키는 방법을 논하면서 예禮와 악樂을 중심으로 설명하고 있다. 곧 '수신과 관련해서 학자가 실천해야 할 핵심적인 방법'[13]에 관한 글이다. 유교에서는 이른바 몸과 마음을 이분법적으로 보지 않는다. 몸(신체)과 마음(정신)은 상호 유기적으로 연결되어 있기 때문에 그저 몸만 바르게 또는 마음만 바르게 하는 것은 있을 수 없다. 그렇기 때문에 『맹자』에서는 "군자의 본성은 인의예지가 마음속에 뿌리를 내리고 있어서, 그것이 밖으로 드러나는 모습은 환하게 얼굴에 나타나고 등에 듬직하게 드러나며, 온몸에 펼쳐져서 온몸이 말하지 않아도 남들이 저절로 알게 된다"[14]고 했고, 대학에서는 "덕은 몸을 윤택하게 하니, (덕이 있으면) 마음이 넓어지고 몸이 여유롭게 펴진다"[15]고 했다. 심지어는 "마음이 있지 않으면 보아도 보지 못하고, 들어도 듣지 못하며, 먹어도 그 맛을 알지 못한다"[16]라고도 했다. 그렇다면 군자는 어떻게 해서 이렇듯 몸과 마음이 당당할 수 있을까? 그것은 몸과 마음이 모두 바른 이치에 따라서 그 올바름을 실천하기行其義 때문이다. 의는 이처럼 우리가 당당한 존재로 살아가게 하는 원동력이 된다.

【예기 7】 원문 12

> 명령을 내서 백성이 기뻐하면 이를 화합한다和고 말하며, 상하가 서로 친하면 이를 인하다仁고 말한다. 백성이 원하는 것을 구하지 않아도 이것을 얻게 되면 이를 신뢰한다信고 말하며, 천지의 해로움을 제거하면 이를 의롭다義고 말한다. 의와 신, 화와 인은 패도와 왕도 모두의 수단이니, 백성을 다스리고자 하는 뜻이 있어도 이러한 수단이 없다면 정치가 제대로 이루어지지 않는다.
>
> 「경해經解」

여기서는 정치의 기본 원칙에 대해서 논하고 있다. 그것은 바로 백성과 화합하고和 서로 가까이 지내며仁, 백성이 바라는 것은 얻을 수 있다는 믿음을 주고信 세상에 해로운 것은 마땅히 없애야 한다는 원칙을 제대로 지켜나가는 것義이다. 흥미로운 것은 왕도정치든 패도정치든 간에 이러한 원칙을 필요로 한다는 점이다. 그렇기 때문에 기본 원칙이 되는 것이다. 이러한 기본 원칙 중에 가장 강한 느낌이 드는 것은 역시 의다. 여기서 의는 세상의 해로움을 제거하는 원칙이자 기준이 되고, 그러한 것을 실행하는 실천 행위 그 자체의 의미까지도 포함하고 있다. 의라는 글자 속에 '무기我'가 들어 있다는 것을 다시 상기시키는 문장이다.

【예기 8】 원문 13

공자께서 말씀하셨다. "군자는 이익을 모두 차지하지 않고 백성에게 남긴다." 『시』에 이르기를 "저기엔 남은 벼 다발 있고 여기엔 떨어진 벼 이삭 있으니, 과부 같은 이들 차지로다"[17]라고 했다. 그러므로 군자는 관직에 나아가게 되면 농사를 짓지 않고, 사냥을 하게 되면 물고기는 잡지 않으며, 계절에 따라 음식을 먹을 때에는 색다른 것을 찾지 않는다. 대부는 양의 가죽에 앉지 않고 사士는 개 가죽에 앉지 않는다. 『시』에 이르기를 "순무나 무를 캐는 일은 뿌리만을 위한 것이 아니니, 언약을 어기지 않았을진대 그대와 죽도록 함께하리라"[18]라고 했다. 그러나 이렇게 해서 백성을 막아도 백성은 오히려 의로움을 잊고 이로움만을 다투어서 그 몸을 망치고 만다.

「방기坊記」

일반적으로 이익, 특히 물질적 이익을 추구하는 인간의 마음은 그야말로 온 우주를 다 주어도 만족하지 않을 정도다. 그렇다면 어떻게 이런 상황을 변화시킬 수 있을까? 공자는 여기서 무엇보다도 지도층의 절제를 강조했다. 이를 통해서 상하 간의 신뢰를 회복하고 화합할 수 있도록 해야 한다. 그러나 그렇게 해도 현실적으로 이익을 앞에 두고 서로 다투는 일을 모두 그치게 할 수는 없다. 사람은 자기 자신을 망치게 된다고 해도 당장 눈앞의 이익에 골몰하여 다른 것은 잘 보지 못하기 때문이다. 『예기』에서는 지도층의 절제 외에 또한 예를 통해서도 이런 상황을 개선하고자 하더라도 이 또한 쉽지 않다는 점을 밝히고 있다. "이러한 것으로 백성에게 보여도 백성은 오히려 이익만을 다투고 의로움을 잊어버린다."[19]

【예기 9】 원문 14

공자께서 말씀하셨다. "인이란 온 세상을 밝히는 것이고, 의란 온 세상을 바로잡아나가는 것이며, 보답하는 것은 온 세상에 이익이 되는 것이다."

「표기表記」

공자는 "의란 온 세상을 바로잡아나가는 것이다義者, 天下之制也"라고 했는데,[20] 사실 이러한 의를 따른다는 것은 현실적으로 손해가 될 수도 있다. 왜냐하면 의에는 규제 또는 제재의 의미도 포함되어 있어서, 아무리 당장 이익이 된다고 하더라도 의라는 기준에 따라서 취하지 말아야 할 경우도 있기 때문이다. 이처럼 우리의 사고나 행동, 행위가 바르게 되도록 제어 장치의 역할을 하는 것이 바로 의다.[21] 그렇다고 의라는 원리를 모든 경우에 무조건적으로 적용하는 것도 문제가 될 수 있다. 『예기』에서는 "문 안의 다스림은 은혜로움이 의로움을 가리고, 문 밖의 다스림은 의로움이 은혜로움을 끊는다"[22]고 했다. 집안과 관련된 일은 은혜로움을 위주로 처리해나가야지 여기에 사회에 적용되는 엄격한 기준을 끌어들이지 말아야 하며, 사회에서 일을 해나갈 때는 의로움이라는 기준을 위주로 처리해나가야지 사사로운 인정에 이끌려서는 안 된다는 의미다.[23]

【 예기 10 】 원문 15

인은 사람다움人이며, 사람이 따라야만 하는 길道은 의로움義이다. 인의 덕이 두터운 자가 의리가 부족하면 친하기는 해도 존경하지 않는다. 의리에 두터운 자가 인이 부족하면 존경하기는 해도 친하지 않는다. 도에는 지극함이 있고 의로움이 있고 잘 궁구함이 있다. 지극한 도仁로는 진정한 왕이 될 수 있고 의로운 도로는 패자가 될 수 있다. 잘 궁구하는 도로는 실수하는 일이 없게 된다.

「표기」

공자의 말로써 여기서는 인과 의의 차이점을 헤아려볼 수 있다. 인이 기본적인 인간다움과 인간관계를 긍정하고 포용하는 역할을 한다면, 의는 그러한 것을 더 엄격하게 구분하고 가치 평가를 수행하는 역할을 담당한다. 그렇기 때문에 인을 따르면 왕도정치를 실현하는 왕이 될 수 있으며, 의를 따르면 천하의 혼란을 바로잡는 패자가 될 수 있다. 그런데 왕도와 패도를 대립적인 관계로만 보는 시각에서는 '의로운 도로는 패자가 될 수 있다'는 이 구절을 문제삼을 수 있다. '의'라는 덕을 오직 힘을 바탕으로 강권 통치를 하는 '패자'와 결부시키다니, 『춘추』를 편찬한 공자가 살아 돌아온다면 참으로 유감스럽게 생각할 수도 있을 것이다. 그래서인지 『예기집설』에서는 "의로운 도로는 패자가 될 수 있다'는 내용은 공자의 말씀이 아니다"라는 석량 왕씨의 말을 기록해두었다.[24]

【예기 11】 원문 16

공자께서 말씀하셨다. "군자가 말하는 의란 귀한 사람이건 천한 사람이건 모두가 세상에서 자신의 할 일이 있는 것이다. 천자는 직접 농사를 지어서 기장밥과 울창주를 만들어 상제를 섬긴다. 그러므로 제후는 천자를 보필하고자 부지런히 힘쓴다."

「표기」

의는 치우침도 사사로움도 없는 바른 상태를 지향한다. 이러한 의가 일에 적용되면 그 일이 올바르게 이루어지도록 적절하게 조절하고 제어하는 역할을 하게 된다. 그런데 여기서는 의와 관련해서 한 걸음 더 사회적인 차원으로 나아간다. 사람들이 모두 각자 자신의 할 일이 있게 되는 상태를 의라고 말한 것이다. 천자는 천자로서 마땅히 할 일이 있고 제후는 제후로서 마땅히 할 일이 있다. 당연히 일반 백성은 일반 백성으로서 마땅히 할 일이 있게 된다. 공자는 이처럼 역할 분담이 적절히 이루어지는 사회를 바람직하다고 보았다. 이러한 할 일은 봉건사회라고 하여 아랫사람이 윗사람을 일방적으로 섬기기만 하는 구조가 되어서는 안 된다. 다시 말해서 천자는 제후의 섬김만을 받고 제후는 백성의 섬김만을 받아서는 안 된다는 것이다. "아랫사람은 윗사람을 잘 섬겨야 한다는 것만 알고 윗사람이 아랫사람에게 솔선수범해야 한다는 것은 알지 못한다면, 어찌 혈구지도絜矩之道[25]이겠는가! 그러므로 천자가 온 힘을 다 쏟고 공경하는 마음을 다하여 상제를 섬기게 되면, 제후 역시 천자를 보필하고자 모든 노력을 다하게 된다."[26] 이와 같이 지도층이 제대로 된 책임의식을 갖고 마땅히 해야 할 바를 제대로 해나갈 때 더 바람직한 사회로 나아갈 수 있다는 것이다.

⑴ 선비는 금이나 옥을 보배라 하지 않고 충신忠信을 보배로 여긴다. 토지를 얻기를 바라지 않고 의를 확립하는 것을 토지로 여긴다. 재화를 많이 축적하는 것을 바라지 않고 많이 배우는 것을 부자로 여긴다. 이러한 선비를 얻는 것은 어려우나 선비 자신

은 벼슬을 가벼이 여기며, 벼슬을 가벼이 여기니 함께 정사를 논의하기가 쉽지 않다. 때가 아니면 자신을 드러내지 않으니, 또한 얻는 것이 어렵지 않겠는가? 의가 아니면 화합할 수 없으니, 또한 함께 정사를 논의하기가 어렵지 않겠는가? 힘든 일을 먼저 앞세우고 벼슬을 그다음으로 여기니, 또한 벼슬을 가벼이 여기는 것이 아니겠는가? 이렇게 하는 것이 선비에 가까운 사람이다.

「유행儒行」

(2) 선비는 재화가 주어지고 좋아하는 것이 넘치도록 있을지라도 이익 때문에 그 의를 이지러지게 하지 않으며, 무리로써 겁을 주고 군사로써 막을지라도 죽음 때문에 그 지켜야 할 것을 바꾸지 않는다.

「유행」

참된 선비는 어떤 자세로 세상을 살아갈까? 『예기』에서 바로 그러한 선비의 모습을 묘사하고 있다. 선비의 가치 지향점은 일반인과는 다르다. 그는 세속 사람들과 달리 재물이나 관직에 가치를 두기보다는 인간답게 살아갈 수 있는 정신적 가치를 중요하게 생각한다. 그러니 세속적 가치는 그에게 어떠한 영향도 끼칠 수 없다. 재물이나 출세의 유혹도, 죽음의 겁박도 그의 삶의 길을 바꿀 수 없다. 그 길이 가야 할 바른길이라면 오직 그 길을 갈 뿐이다. 이것이 바로 선비의 기상이다. 『맹자』에서는 "천하의 넓은 거처에 머물고, 천하의 바른 자리에 서며, 천하의 큰 도를 행한다. 뜻을 얻게 되면 백성과 함께 그 도를 따르고, 뜻을 얻지 못하면 그 도를 홀로 행한다. 부유함과 귀함이 그러한 마음을 어지럽힐 수 없고, 가난함과 천함이 그러한 마음을 바꿀 수 없으며, 위엄과 무력이 그러한 마음을 굽히게 할 수 없다. 이러한 사람을 대장부라고 말한다"[27]고 했는데, 바로 이러한 기상을 지닌 인물이다. 의에 초점을 맞추어서 조금 더 살펴보자. '의가 아니면 화합할 수 없다非義不合'는 것은 바로 군신유의君臣有義와 관련된다. 군신유의는 군주에 대한 신하의 맹목적인 의리를 말하는 것이 아니다. 말 그대로 군주와 신하 사이는 의로 맺어진 관계다. 다시 말해서 군주가 올바른 마음으로 올바른 정치를 해나갈 때 신하가 스스로 최선을 다할 수 있는 관계다. 그렇기에 군주가 올바르지 않아서 신하로서 더 이상 어떻게 할 도리가 없다면 선비는 어떤 것에도 연연하지 않고 아무런 미련 없이 떠날 수 있어야 한다. 그러한 존재가 바로 진정한 선비다.

【논어 1】 원문 18

공자께서 말씀하셨다. "제사를 받들어야 할 귀신이 아닌데 제사를 지내는 것은 아첨이고, 의義를 보고도 행하지 않는 것은 용기가 없는 것이다."

「위정爲政」

『논어』에서 의義가 첫째로 나오는 곳은 제1편인 「학이學而」에 실려 있는 다음의 문장이다. "유자는 '약속이 의에 가까우면 그 말을 이행할 수 있고, 공손함이 예에 가까우면 치욕을 멀리할 수 있으며, 의지하는 사람이 그 친할 만한 사람을 잃지 않으면 주인으로 받들 만하다'고 말했다."[28] 유자는 공자의 제자인 유약이다. 여기에 나오는 의에 대해 주자는 "의라는 것은 일의 마땅함이다"[29]라고 주를 달았다. '일의 마땅함'이란 '사리에 합당하여 당연히 해야 할 일'이라고 풀이할 수 있다. 여기서도 의는 실천과 긴밀히 연결되어 있다. 믿음 곧 신뢰는 말로 이루어지는 약속이 구체적으로 실천될 때 생겨난다. 그런데 이때도 전제가 되는 것이 있다. 그것은 의에 맞아야 한다는 것이다. 무엇이든 약속하고, 약속했기 때문에 무조건 실행하는 것이 아니라, 의라는 기준에 부합되는 약속을 하고 또한 그것을 올바르게 실천해야만 한다. 그럴 때 진정한 의미에서 '신의信義'가 생겨날 수 있다.

위에서 제시된 원전 문장 가운데 '의를 보고도 행하지 않는 것은 용기가 없는 것이다見義不爲, 無勇也'라는 글에 들어 있는 의의 의미도 앞의 논의에서 언급된 것과 기본적으로 다르지 않다. 그런데 여기서 생각해볼 것은 두 가지 측면이다. 첫째는 '의를 보다見義'라는 표현이다. 물론 '견見'의 의미는 광범위하지만, 일차적으로는 '시각적으로 보다'라는 뜻이므로 '즉각적으로 파악하다'에 초점을 맞출 수 있다. 이러할 때 실천 곧 행위와의 연계성이 더 긴밀하게 드러나는 듯하다. "이로움을 보면 의를 생각한다"[30]거나 "이득이 되는 것을 보면 의를 생각한다"[31]고 할 때도 마찬가지다. 그러나 우리는 의를 보고는 즉각적으로 반응하지 않으면서 이득에 대해서는 얼마나 즉각적으로 강하게 반응하는가! 그렇기 때문에 공자는 의와 관련해서는 즉각적으로 행동할 것을 강하게 촉구했던 반면, 이득과 관련해서는 의라는 원칙에 따라 심사숙고할 것을 권유했다. 그렇다면 이득과 관련해서 그렇게 행동해야 하는 이유는 무엇일까? 이에 대해 주자는 '(이익을 얻게 될 때) 의에 합당한가를 생각하게 되면 얻는 것이 구차하지 않을 것이다'[32]라고 말했다. 유학의 가르침은 결코 '모든 이익을 버리라'는 것이 아니다. 구차하지 않게, 떳떳하게 이익을 추구하기를 요청한다. 적어도 이익 때문에 의로움을 저버리는 일은 하지 말아야 한다.[33] 그렇게 올바른 방식으로 얻는 이익이야말로 개인적 차원에서든 사회적 차원에서든 긍정적으로 수용할 수 있는 것이다. 한편 주자는 해당 문장에 대해서 "알고도 행하지 않는 것, 이러한 것이 용기가 없는 것이다"[34]라고 주를 달았다. 만약에 '알다知'를 '이성적으로 잘 헤아려서 분별하다'라는 의미로 이해한다면, 실천의 역동성이라는 측면에서는 '보다見'라는 표현에 비해 좀더 약화되는 느낌이 들게 된다. 둘째는 용기勇와 관련된 것이다. 참된 용기는 그저 과감하고 결단력 있게 행동하는 차원에 머무르지 않는다. 그것을 넘어서서 의라는 합리적인 원칙에 따라 이루어져야 한다. 이와 관련해서 공자 문하에서 용기 또는 용맹으로는 결코 누구에게도 뒤지지 않는 자로와 공자의 대화를 한번 보자.

자로가 물었다. "군자도 용감함을 숭상합니까?" 공자께서 말씀하셨다. "군자는 의로움義을 으뜸으로 삼는다. 군자가 용감하기만 하고 의로움이 없으면 난을 일으키고, 소인이 용감하기만 하고 의로움이 없으면 도적이 될 것이다."[35]

여기서 공자는 용감하기만 하고 의가 없을 때의 폐해, 곧 만용蠻勇의 문제점을 지적하면서, 실천과 관련해서 의라는 도덕적 준칙(사회적 규범)의 중요성을 강조했다. 다시 말해서 '용기'처럼 실천 행위와 관련된 개념은 기본적으로 의의 하위 개념 혹은 종속 개념으로 자신의 위상을 정립할 때 그 본래의 가치를 제대로 발휘할 수 있다는 것이다.

【논어 2】 원문 19

> 공자께서 말씀하셨다. "군자는 천하의 일에 대해서 오로지 주장하는 것도 없고 그저 안 된다고 하는 것도 없다. 오직 의義를 따를 뿐이다."
>
> 「이인里仁」

여기서 공자는 군자가 일을 처리하는 태도에 관해 논했다. 군자는 어떤 일에 대해 일체의 선입견이나 고정관념을 갖지 않고 오직 의라는 원칙에 따라 대처할 따름이다. 이때 의는 도덕적 정당성뿐만 아니라 합리성도 갖추고 있는 원칙으로 해석하는 것이 적절할 터이다. 서양철학의 용어로 말한다면, 의는 행위의 선택과 관련된 학문인 윤리학뿐만 아니라 진리 인식과 관련된 인식론의 측면에서도 일정한 의미를 지니는 개념이다. 그런데 실제의 일 처리와 관련해서는 의라는 원칙만으로는 부족하다. 그렇기 때문에 공자는 "군자는 의를 바탕으로 삼아서, 예로 실행하고 겸손한 태도

로 표현하고 신뢰로 완성하니, 이런 사람이 바로 군자다"[36]라고 말했다. 공자는 예의禮와 겸손遜, 신뢰信야말로 구체적으로 일을 해나가는 데 필수적인 요소로 보았으며, 이 모든 것의 바탕에는 의로움義이 일이관지一以貫之해야 한다는 점을 강조했다. 그런 의미에서 주자는 "의라는 것은 일을 제어하는 근본이다"[37]라고 주를 달았다.

【 논어 3 】 원문 20

공자께서 말씀하셨다. "군자는 의로움에 밝고, 소인은 이로움에 밝다."

「이인」

『논어』를 보면 서로 대비되는 두 인물 유형이 등장한다. 바로 군자와 소인이다. 공자는 자기 제자들이 군자가 되기를 바랐다. 군자의 인간상은 단순히 도덕적인 인격자에 머무르지 않는다. 군자는 세상에 대한 책임의식을 바탕으로 구체적인 사회 참여를 지향하는 존재다. 그러니 단순한 수도자와도 명백하게 구분된다. 앞서 보았듯이 군자가 따라야 할 제1강령은 바로 의(의로움)다. 의에 민감하게 반응하고, 그것을 지향하는 자세가 자연스러우면서도 한결같이 유지되는 인간이 군자다. 그런 차원에서 본다면, 군자는 한편으로는 세속적인 존재이면서 다른 한편으로는 수도자다. 반면 소인은 자기 이익에 민감하게 반응하는 인간으로, 그러한 까닭은 욕망

을 지나치게 추구하기 때문이다. 그런 의미에서 소인은 철저한 속물이다. 이러한 군자와 소인의 위치가 선천적으로 결정되어 있는 것은 아니다. 우리는 삶의 순간순간 의로움과 이로움 사이에서 스스로의 선택에 의해 군자가 되기도 하고 소인이 되기도 한다. 이때 자기 마음의 기미를 잘 헤아려 단호하게 잡아나가는 것이 중요하다. 그런데 이익의 문제가 비교적 단순한 고대사회에서도 군자 되기가 쉽지 않았거늘, 이익관계가 종횡으로 뒤얽힌 현대사회에서는 어떻겠는가! 현대의 자본주의 사회는 이런 맥락에서 본다면 소인 되기를 권하는 사회라고 해도 지나친 말이 아닐 것이다.

【논어 4】 원문 21

> 공자께서 자산子産에 대해서 평하시기를, "그에게는 군자의 도가 네 가지 있었는데, 몸가짐이 공손했고恭, 윗사람을 섬기는 데 공경스러웠고敬, 백성을 돌보는 데 은혜로웠고惠, 백성을 부리는 데 올바르게 했다義"고 말씀하셨다.
>
> 「공야장公冶長」

자산은 정鄭나라의 뛰어난 정치가이자 외교가였다. 원문에서 보듯이, 공자는 그를 매우 긍정적으로 평가했다. 평가와 관련된 내용을 요약하면, '수기치인修己治人' 곧 개인의 수양으로부터 정치라는 사회활동에 이르기까지 보여준 자산의 모습이다. 정치란 무엇인가? 공자는 '정치란 바르게 하는 것이다'³⁸라고 간결하게 규정했다. 모든 것이 바르게 되려면 무엇보다 정치를 담당하는 이가 바른 사람이 되어야 한다. 다시 말해서 사람다워지기 위한 수양을 제대로 한 자가 정치가가 되어야 한다. 그런 의미에서 본다면 공자의 군자 개념과 플라톤의 철인왕哲人王, philosopher king 개념은 친연성을 가진다. 이런 조건을 제시하는 이유는 다른 데 있지 않다. 인간적으로 성숙해야만 올바른 사고와 행동을 통해서 자기 이익을 넘어설 수 있기 때문이다. 그리고 정치가는 이처럼 자기 이익에 갇히지 않을 때 진정으로 국민을 위하는 정치를 할 수 있다. 정치가의 의로움은 다른 것이 아니다. 오직 국민의 올바른 뜻을 헤아려 조금의 사심도 없이 바른 정치를 해나가는 것이다.

【논어 5】 원문 22

공자께서 말씀하셨다. "덕을 닦지 못하는 것과 학문을 강마하지 못하는 것, 의를 듣고도 실천하지 못하는 것과 착하지 아니한 것을 고치지 못하는 것이 나의 근심이다."

「술이述而」

공자의 이 말은 이중적인 의미를 담고 있다. 이 말을 통해서 우리는 먼저 자기완성의 길을 향한 공자의 성실한 자세를 읽을 수 있다. 타고난 자질에 끊임없는 노력이야말로 공자를 성인聖人이라 일컫게 한 주된 요인이다.

또 하나는 제자들의 분발을 촉구하는 스승의 간절한 바람을 우회적으로 표현한 것이다. 공자의 제자들도 현실적으로 여러 문제로 고민이 많았을 듯싶다. 공자의 가르침을 따르는 현재의 공부가 앞날을 보장해줄지도 알 수 없는 상황이었다. 그러다보면 자연히 스승의 가르침을 소홀히 여기는 일도 생겼다. 자신의 가르침이 사람답게 살아가는 길이고, 사람답게 살 수 있는 사회를 만드는 길이라 확신하는 공자로서는 몹시 안타까운 일이었을 것이다. 그 안타까움을 오히려 이런 방식으로 표현한 데서 교육자로서의 공자의 탁월성을 엿볼 수 있다. 그런데 여기서 우리가 주목하려는 바는 의와 관련된 것이다. '의를 듣고도 실천하지 못한다聞義不能徙'는 것은 다른 세 가지 사항과 함께 학습과정에서 끊임없이 각성할 것을 강조한 말이다. 올바른 일을 실천하는 것과 관련해서 선행되는 일은 무엇이 옳은가를 아는 일이다. 이러한 인식능력은 선천적인 요인도 중요하지만 후천적으로 삶 속에서 끊임없이 계발되는 것이 더 중요하다. 그렇기 때문에 공자는 "여럿이 종일 모여 의에 대한 말은 한마디도 않고 잔꾀나 부리기 좋아한다면 참으로 곤란하다"[39]고 말한 것이다.

【 논어 6 】 원문 23

공자께서 말씀하셨다. "거친 밥을 먹고 물을 마시며 팔베개를 하고 누워도 즐거움이 또한 그 속에 있으니, 의롭지 않으면서 부유하고 존귀하게 되는 것은 나에겐 뜬구름과 같다."

「술이」

의로움을 말하다

공자는 우리에게 꽤나 어려운 명제를 던져놓았다. 그대는 가난을 어떻게 받아들이는가? 부귀는 어떻게 여기는가? 누구나 부귀를 원하지 가난이나 빈천貧賤에 직면하고 싶어하지 않는다. 그런데 공자는 여기에 조건을 달고 있다. "부귀는 사람들이 바라는 것이지만, 정당한 방식으로 얻은 것이 아니라면 누리지 않는다. 빈천은 사람들이 싫어하는 것이지만, 정당한 방식으로 얻은 것이 아니라도 벗어나려 하지 않는다."[40] 정당한 방식으로 부귀를 얻는 것도 어려운데, 한발 더 나가 부당하게 빈천의 상태에 빠지더라도 벗어나려 애쓰지 말라는 공자의 요청! "선비가 도에 뜻을 두고도 좋지 못한 옷과 거친 음식을 부끄러워한다면, 그런 사람과는 더불어 도를 말할 만하지 않다."[41] 이처럼 세속적 가치에 대한 공자의 태도는 단호하고도 엄격하다. 괜히 성인이라 일컫겠는가, 가난 속에서도 진정한 즐거움을 추구하는 삶, 불의에 의해 얻은 부귀는 마치 뜬구름처럼 가벼이 여기는 삶,[42] 바로 안빈낙도安貧樂道의 삶을 살아가기에 성인이 아니겠는가! 덧붙여진 주자의 설명은 성인과 우리 사이를 더욱 멀어지게 하는 듯하다. "성인의 마음은 한 덩어리 천리여서 비록 극도의 곤궁에 처하더라도 즐거움이 없는 때가 없다. 의롭지 못하면서 부귀한 것을 마치 일정한 형체가 없는 뜬구름과 같이 보아서, 무관심하여 내 마음에 흔들리는 바가 없는 것이다."[43] 오늘날 우리가 선택할 수 있는 최소한의 올바른 길은 다른 것이 아니다. 개인이든 기업이든 국가든 정당한 노력의 대가만을 추구하는 합리적인 사회활동, 경제활동이 바로 그것이다. 문제는 현실적으로 그것조차 쉽지 않다는 데 있다. 그렇기 때문에 개인이든 사회든 끊임없는 공부가 필요하고 수양을 위한 노력이 요청되는 것이다.

번지樊遲가 농사짓는 법을 배우기를 청하니, 공자께서 말씀하셨다. "나는 늙은 농부만 못하다." 채소 기르는 법을 배우기를 청하니, 공자께서 말씀하셨다. "나는 늙은 원예사만 못하다." 번지가 나가자, 공자께서 말씀하셨다. "한갓 소인이로구나, 번수樊須(수須는 번지의 이름)는. 윗사람이 예의를 좋아하면 백성이 감히 공경하지 않을 리 없고, 윗사람이 의리를 좋아하면 백성이 감히 복종하지 않을 리 없으며, 윗사람이 신의를 좋아하면 백성이 감히 진실하지 않을 리 없다. 이렇게 되면 사방의 백성이 어린 자식을 포대기에 싸서 업고 찾아올 것인데, 농사짓는 법을 배워 어디에다 쓰겠는가."

「자로子路」

이 장면에는 여러모로 흥미로운 부분이 많다. 먼저 스승으로서 공자가 제자들에게 기대한 일에 대해 생각해볼 수 있다. 번지는 농사를 지으며 살겠다는 비교적 소박한 꿈을 지닌 제자다. 그런데 공자는 자신의 제자가 실용적인 지식을 익혀서 자기 한 몸만 돌보는 데 만족하는 존재가 되길 바라지 않았다. 한 사회를 이끄는 지도자가 되어 많은 사람에게 도움을 주는 인물이 되길 원했다. 그런 기대감이 실망감으로 바뀌었기에 호구지책糊口之策에만 골몰하는 '소인(일반 백성)'이라는 표현을 쓴 것이다. 공자의 교육 목표는 군자를 기르는 것인데, 군자는 도덕성을 갖춘 지도자를 지향한다. 공자는, 이러한 지도자가 예와 신과 더불어 의라는 원칙에 따라서 사회를 이끌어갈 때 그 사회는 올바른 정치가 이루어져서 백성이 살기 좋은 사회가 될 것으로 보았다. 다시 말해서 도덕정치의 효과를 공자는 믿어 의심치 않았다. 예를 들면 지도자가 의를 좋아한다는 것은 마땅히 이루어져야 하는 방향에 합치되도록 일을 올바르게 처리한다는 것이니,⁴⁴ 이렇게 되면 백성은 그 지도자를 진심으로 믿고 따르지 않을 리 없게 된다. 그런 사회의 모습이 어떠할지를 한번 생각해보라!

자로가 공자를 따라가다 뒤처졌는데, 길에서 지팡이에 대바구니를 멘 노인을 만났다. 자로가 물었다. "노인께서는 우리 선생님을 보셨습니까?" 노인이 말했다. "사지四肢를 부지런히 놀리지도 않고 오곡五穀을 분별하지도 못하는데, 누구를 선생이라 하는가?" 하고는 지팡이를 꽂아놓고 김을 매었다. 자로가 두 손을 모으고 서 있으니, 노인은 자로를 자기 집에 하룻밤 묵게 하고는, 닭을 잡고 기장밥을 지어 먹이며, 그의 두 아들까지 인사를 시켰다. 이튿날 자로가 떠나와서 공자에게 아뢰니, 공자께서는 "은자隱者로구나" 하시고, 자로로 하여금 다시 가서 만나보게 하셨는데, 자로가 도착해 보니 노인은 떠나고 없었다. 자로가 말했다. "벼슬하지 않는 것은 의義가 없는 것이다. 장유長幼의 예절도 없앨 수 없는데, 군신의 의리를 어찌 없앨 수 있단 말인가? 자기 몸을 깨끗이 하려고 큰 인륜을 어지럽히는 것이다. 군자가 벼슬하는 것은 그 의를 행하는 것이니, 도가 행해지지 않을 것은 이미 알고 있는 바다.”

「미자微子」

여기서는 사회적 차원에서의 의의 실천과 관련된 문제를 언급하고 있다. 은자는 도가적 삶을 추구하는 사람이므로 사회적 차원에서의 활동에 큰 의미를 두지 않는다. 그렇다고 하더라도 최소한의 인간적인 도리와 예의를 완전히 저버리지는 않는다. 자로는 이것을 실마리로 삼아 은자를 비판했다. 사회를 존립케 하는 기본 틀인 군신의 의리를 따르는 기본자세는 출사하는 것이다. 그러므로 ‘벼슬하지 않는 것은 의가 없는 것이다不仕無義.’ 유교의 관점에서 보면 사회적 활동을 배제하는 것은 올바른 삶의 자세가 아닌 것이다. 유교는 어떤 상황에서라도 자신의 사회적 의무를 완수하기 위해 최선을 다할 것을 요구한다.

벼슬하는 것은 군신의 의리를 행하기 위함이므로 비록 도가 행해지지 아니함을 알고 있더라도 벼슬하는 것을 없앨 수 없다. 그런데 의라고 말했기에, 일의 가부와 자신의 거취는 또한 애당초 구차스러워서는 안 되는 것이 있다. 그러므로 비록 몸을 고결하게 하여 윤리를 어지럽히지도 않지만 또한 의를 잊고 봉록을 따르는 것도 아니다.[45]

의로움을 말하다

물론 유교에서도 은거의 삶을 말하지만, 도가적 은거와는 다르다. 사회적 상황에 따라 활동의 준비가 되기도 하고, 미래 세대를 위한 대비가 되기도 하는 삶이다. 그것은 오히려 더 어려운 일이기도 하다. 그렇기 때문에 공자는 "은거해서는 자신의 뜻을 추구하고, 의를 행하여 그 도를 펼쳐나간다'고 하니, 내가 그런 말은 들었지만 그런 사람은 아직 보지 못했다"[46]고 말한 것이다.

맹자께서 양혜왕을 만나셨는데, 왕이 말했다. "노인장께서 천리를 멀다 여기지 않고 오셨는데, 앞으로 우리 나라를 이롭게 할수 있겠습니까?" 맹자께서 대답하셨다. "왕은 어찌하여 꼭 이익을 말씀하십니까. 또한 인의仁義가 있을 뿐입니다. 왕께서 '어떻게 하면 우리 나라를 이롭게 할까' 하시면, 대부들은 '어떻게 하면 우리 집안을 이롭게 할까' 할 것이며, 사士와 일반 백성은 '어떻게 하면 내 자신을 이롭게 할까' 할 것이니, 이런 식으로 윗사람과 아랫사람이 서로 이익을 취한다면 나라가 위태로워질 것입니다. 만승萬乘의 전차를 가진 천자의 나라에서 그 군주를 시해하는 자는 반드시 천승을 가진 공경公卿의 집안이고, 천승의 제후국에서 그 군주를 시해하는 자는 반드시 백승을 가진 대부의 집안입니다. 만승에서 천승을 갖고 천승에서 백승을 갖는 것이 많지 않은 것은 아니지만, 진실로 의리를 마침내 어기고 이익을 우선시하게 되면, 모조리 빼앗지 않고는 만족하지 못을 것입니다. 인(仁)한 사람치고 자기 어버이를 버려두는 자가 없으며, 의로운 사람치고 자기 군주를 하찮게 여기는 자는 없을 것입니다. 왕께서는 또한 인의를 말씀하시면 되지, 어찌하여 꼭 이익을 말씀하십니까."

「양혜왕 상梁惠王上」

『논어』와 『맹자』의 주요한 차이점 중 하나는, 『논어』에서는 대체로 인과 의가 분리되어 거론된 반면, 『맹자』에서는 인과 의가 결합되어서 '인의'로 표현되었다는 점이다. 이것을 의에 초점을 맞추어서 말한다면, 공자에게서 인으로 대표되는 인간의 도덕성이 맹자에 와서는 인과 더불어 의 또한 동등한 비중과 의미를 지니는 도덕성으로 강조되었다는 의미다. 이것은 공자가 활동하던 춘추시대 말기보다 맹자가 활동하던 전국시대 중엽이 사상적인 측면에서 실천성이 더 부각되었다는 점과도 관련성이 있어 보인다. 도가와 묵가를 격렬히 비판하는 한편, 유가 자체적으로도 실천성을 강화할 필요가 있었기 때문에 실천과 관련해서 가장 밀접한 관계가 있는 의를 인과 함께 전면에 내세운 것이라고 해석할 수 있다. 위에 제시된 원문은 『맹자』에 처음으로 나오는 문장이다. 그런데 『맹자』 첫머리부터 맹자는 이익에 가장 주요한 관심을 두고 있는 양혜왕에게 인의의 도덕이 가장 중요하다는 점을 역설하고 있다. 현실의 국가 지도자인 양혜왕이 국익, 곧 나라를 부강하게 하고 국방력을 강화하는 효과적인 방법을 모색하는 것은 오늘날의 관점에서도 매우 자연스러워 보인다. 오늘날에도 여전히 세계 각국은 경제 발전을 도모하고 국방력을 증대시켜 자국의 이익을 극대화하고 있기 때문이다. 그러나 맹자는 관점을 달리했다. 어떤 명분을 내세우든 간에 오직 이익만이 최고라고 여겨서 이를 추구하는 사회는 바로 '만인의 만인에 대한 투쟁'만 유발시키는 것으로 보았다. 이러한 관점은『맹자』의 다른 곳에서도 찾아볼 수 있다.

송경宋牼이 초楚나라에 가려고 하는데, 맹자께서 석구石丘에서 그를 만나셔서 말씀하셨다. "선생은 어디를 가려 하십니까?" "나는 진秦나라와 초나라가 전쟁을 준비하고 있다고 들었는데, 내가 장차 초나라 왕을 만나서 설득하여 전쟁을 그만두게 하려고 합니다. 초나라 왕이 좋아하지 않는다면, 내가 장차 진나라 왕을 만나서 설득하여 전쟁을 그만두게 하려고 하니, 두 왕 중에 내 뜻과 맞는 사람이 있을 것입니다." "청컨대 나는 그 상세한 것은 묻지 않겠거니와 다만 그 취지를 듣고 싶은데, 앞으로 어떻게 그들을 설득하려 하십니까?" "나는 장차 전쟁이 이롭지 못하다는 것을 말할 것입니다." "선생의 뜻은 크지만 선생이 내세운 명분은 적절하지 않습니다. 선생이 이익으로 진나라 왕과 초나라 왕을 설득하면, 진나라 왕과 초나라 왕은 그 이익에 기뻐하여 삼군三軍의 군대를 물릴 것이니, 그렇게 되면 삼군의 군사들은 군대를 물리는 것을 즐거워하고 그 이익에 기뻐할 것입니다. 신하 된 자는 이익을 생각하여 그 임금을 섬기고, 자식 된 자는 이익을 생각하여 그 부모를 섬기며, 아우 된 자는 이익을 생각하여서 그 형을 섬길 것이니, 그렇게 되면 임금과 신하,

아버지와 아들, 형과 아우가 마침내 인의仁義를 버리고 이익을 생각하여 서로 대하는 것이니, 그렇게 하고도 망하지 않은 경우는 있지 아니합니다. 선생이 인의로 진나라 왕과 초나라 왕을 설득하면, 진나라 왕과 초나라 왕은 그 인의에 기뻐하여 삼군의 군대를 물릴 것이니, 그렇게 되면 삼군의 군사들은 군대를 물리는 것을 즐거워하고 그 인의에 기뻐할 것입니다. 신하 된 자는 인의를 생각하여 그 임금을 섬기고, 자식 된 자는 인의를 생각하여 그 부모를 섬기며, 아우 된 자는 인의를 생각하여 그 형을 섬길 것이니, 그렇게 되면 임금과 신하, 아버지와 아들, 형과 아우가 마침내 이익을 버리고 인의를 생각하여 서로 대하는 것이니, 그렇게 하고도 왕도정치를 이루지 못하는 경우는 있지 아니합니다. 어찌하여 꼭 이익을 말씀하십니까."⁴⁷

맹자는 도덕 지향 정치와 이익 지향 정치의 대비를 통해 정치의 기본과 또 그러한 기본이 확립되어 있지 않은 공동체에서 드러나는 부정적인 측면을 적시했다. 이런 관점에서 너와 나를 함께 생각하는 마음, 무엇을 마땅히 해야 하는가 하는 행동 원리는 돌아볼 만한 가치가 있다. 이러한 자세가 현대에 서서 과거를 살피고 이로써 미래를 열어가는 지혜로움이라고 할 수 있다. 다른 한편으로 맹자는 도덕을 강조하고 우선시하는 자신의 주장이 현실을 도외시한 맹목적인 도덕절대주의, 도덕이상주의가 아니라는 점도 설파했다.

맹자께서 말씀하셨다. "힘을 가지고 인仁을 표방하는 자는 패권을 차지하니 패권을 차지하면 반드시 큰 나라를 가지게 된다. 덕德을 가지고 인을 행하는 자는 왕업王業을 이루니 왕업을 이루는 것은 큰 것을 필요로 하지 않는다. 탕湯은 70리를 가지고 왕업을 이루었고, 문왕文王은 100리를 가지고 왕업을 이루었다. 힘을 가지고 남을 복종시키는 자에게는 사람들이 마음으로 복종하는 것이 아니다. 힘이 모자라기 때문이다. 덕을 가지고 남을 복종시키는 자에게는 사람들이 속마음이 기뻐서 진실로 복종하는 것이니, 70 제자가 공자께 복종하는 것과 같은 것이다. 『시경』에서 말하기를, '서쪽에서 동쪽에서 남쪽에서 북쪽에서 복종하지 않음이 없다' 하였으니, 이것을 말한 것이다."[48]

춘추시대의 이른바 '오패五霸'[49]는 자신의 당대에만 천하를 호령했다. 그러나 탕왕과 무왕은 은과 주라는 수백 년간을 지속한 국가를 세우는 결과를 낳았다. 이것이 이른바 패도정치와 왕도정치의 차이다. 이처럼 인간의 기본 도리가 지켜지는 나라는 자연스럽게 국가 발전이 이뤄진다고 주장하는 것이 맹자의 정치철학의 주요한 특징이다.

【 맹자 2 】 원문 27

제선왕齊宣王이 물었다. "은나라의 탕왕이 하나라의 걸왕을 추방하고, 주나라의 무왕이 은나라의 주왕을 정벌했다고 하는데, 그러한 일이 있었습니까?" 맹자께서 대답하셨다. "전해지는 기록에 남아 있습니다." "신하가 그 군주를 시해함이 옳은 일입니까?" "인을 해치는 자를 적賊이라 하고 의를 해치는 자를 잔殘이라 하니, 이런 잔적한 인물을 일개 필부一夫라 합니다. 일개 필부인 주를 베었다는 말은 들었으나 군주를 시해했다는 말은 듣지 못했습니다."

「양혜왕 하」

맹자는 과격한 인물인가? 표면상으로만 보면 그럴 수도 있다. 그러나 그의 강조점은 다른 데 있지 않고 군주, 즉 왕이 왕다운 왕이 되라는 데 있다. 그렇다면 왕다운 왕은 어떤 인물인가? 왕王은 글자 그대로 하늘과 땅 그리고 그 사이에 살고 있는 사람에 대해서 무한 책임을 지는 존재다. 그러한 왕은 모든 일을 인의의 덕성에 의거하여 실행해야 한다. 유교에서 대표적인 성왕으로 일컬어지는 순 임금에 대한 맹자의 언급을 살펴보자.

맹자께서 말씀하셨다. "사람이 금수와 다른 점이 별로 없는데, 일반인은 그마저도 버리고 군자는 그것을 보존한다. 순 임금은 온갖 사물의 이치에 밝으셨고 인륜을 잘 살피셨으니, 자연스럽게 인의仁義를 따라 행하신 것이지, 의식적으로 인의를 행하신 것은 아니다."[50]

순 임금이 성왕이 된 까닭은 어찌 보면 단순하다. 왕으로서 본래 해야 하는 일을 했을 뿐이다. 그런데 군주라는 존재가 이러한 자기 역할이나 책임을 다하지 못할 때, 맹자는 단호함을 보였다. 이른바 '혁명론'을 내세운

의로움을 말하다

것이다. 맹자의 혁명론은 '진정한 군신유의란 무엇인가'라는 질문을 던지게 한다. 맹자의 관점에 따른다면, 군주와 신하 사이에 성립하는 '의리'는 단순한 형식 논리, 혹은 기계적인 논리에 따라 작동하는 것이 아니며, 인의라는 가치에 비춰봤을 때 그 정당성을 지녀야 군주와 신하 사이의 의리가 진정한 의미를 발휘할 수 있게 된다.

공손추가 말했다. "감히 여쭙겠습니다. 선생님께서는 어떤 점이 장점입니까?" 맹자께서 말씀하셨다. "나는 말을 알며, 나는 나의 호연지기浩然之氣를 잘 기른다." 공손추가 말했다. "감히 여쭙겠습니다. 무엇을 호연지기라 합니까?" 맹자께서 말씀하셨다. "말하기 어렵다. 이 기氣는 지극히 크고 지극히 굳세니, 곧은 마음으로 길러서 상하게 하지 않으면 하늘과 땅 사이에 꽉 차게 된다. 이 기는 의義와 도道에 짝이 되는 것이니, 이것이 없으면 줄어들게 된다. 이 기는 의를 많이 모을 때 생겨나는 것이지 의로운 일을 한번 했다고 해서 갑자기 얻을 수 있는 것이 아니다. 행한 것에 자기 마음에 만족스럽지 않은 것이 있으면 이 기는 줄어들게 된다. 그러므로 나는 '고자告子가 애당초 의를 알지 못한다'고 말한 것이니, 그는 의를 마음 밖에 있는 것으로 여기기 때문이다. 반드시 호연지기를 기르는 일을 하고자 한다면, 효과를 미리 기대하지 말고 마음에 잊지도 말며, 조장助長 곧 억지로 부추겨

서 자라게 하지도 말아야 하니, 송나라 사람처럼 하지 말아야
한다. 송나라 사람 중에 곡식의 싹이 자라지 않는 것을 안타깝
게 여겨서 뽑아올린 자가 있었다. 비틀거리며 돌아와 집안사람
들에게 '오늘은 피곤하다. 나는 곡식의 싹이 자라는 걸 도와주었
다'고 말했다. 그 아들이 달려가서 보니, 곡식의 싹은 말라 있었
다. 세상에는 곡식의 싹을 자라도록 억지로 조장하지 않는 이가
적다. 유익함이 없다고 여겨 내버려두는 자는 곡식의 싹에 김을
매지 않는 자이고, 조장하는 자는 곡식의 싹을 뽑아올리는 자이
니, 무익할 뿐만 아니라 또한 해치는 일이다."

「공손추 상公孫丑上」

호연지기는 『맹자』에 나오는 말 가운데 가장 널리 알려지고 쓰인다. 이
런 호연지기는 의義는 긴밀히 연결되어 있다. '이 기는 의와 도에 짝이 되
는 것' '이 기는 의를 많이 모을 때 생겨나는 것'이라는 표현에서 보듯이 호
연지기의 생성과 유지에 결정적인 역할을 하는 것이 의다. 호연지기와 의
의 만남은 바로 '진정한 용기의 탄생' 곧 '의를 실천할 수 있는 용기인 의기
義氣의 탄생'이다. 맹자가 말한 바와 같이 맹자 자신이 이러한 용기를 지닌
인물이다. 그렇기 때문에 힘보다는 도덕, 지배층의 이익보다는 백성의 이
익을 먼저 내세울 수 있었던 것이다. 그런데 호연지기를 기르는 방법과 관
련해서 맹자가 강조한 것은 방기해서도 안 되지만 조장하는 일도 없어야
한다는 점이다. 그런 점에 주목한다면, 맹자는 공자의 후계자답게 '중용의

수양론'을 말한 셈이다.

(1) 맹자께서 말씀하셨다. "사람은 모두 남에게 차마 하지 못하는 마음이 있다. 옛날 선왕들은 남에게 차마 하지 못하는 마음이 있어서 곧 남에게 차마 하지 못하는 정치를 펼쳤다. 남에게 차마 하지 못하는 마음으로 남에게 차마 하지 못하는 정치를 펼친다면 천하를 다스리는 것은 손바닥 위에 놓고 움직이는 것처럼 쉬울 것이다. 사람에게는 모두 남에게 차마 하지 못하는 마음이 있다고 말하는 것은, 지금 사람들이 갑자기 어린아이가 우물에 빠지려는 것을 보고는 모두 깜짝 놀라고 측은하게 여기는 마음을 갖는 것을 보면 알 수 있다. 이것은 어린아이의 부모와 교분을 맺으려고 해서도 아니고, 마을 사람이나 친구들에게서 좋은 평판을 얻고자 해서도 아니며, 구하지 않았을 때 그 비난하는 소리를 듣기 싫어서 그렇게 한 것도 아니다. 이를 통해 살펴본다면, 측은하게 여기는 마음惻隱之心이 없으면 사람이 아니며, 부끄러워하고 미워하는 마음羞惡之心이 없으면 사람이 아니며, 사양하는 마음辭讓之心이 없으면 사람이 아니고, 옳고 그름을 가리는 마음是非之心이 없으면 사람이 아니다. 측은하게 여기는 마음은 인의 단서이고, 부끄러워하고 미워하는 마음은 의의 단서이며, 사양하는 마음은 예의 단서이고, 옳고 그름을 가리는

마음은 지의 단서다. 사람이 이러한 사단을 가지고 있는 것은 사지를 가지고 있는 것과 같다. 이 사단을 가지고 있으면서도 스스로 할 수 없다고 말하는 자는 자신을 해치는 자이고, 자기 임금은 할 수 없다고 말하는 자는 자기 임금을 해치는 자다. 나에게 있는 이 사단을 모두 넓혀서 채울 줄 알면 마치 불이 처음 타오르고 샘물이 처음 솟아나오는 것과 같을 것이니, 참으로 이것을 채울 수 있다면 온 세상을 보호할 수 있겠지만, 참으로 이것을 채우지 못한다면 부모를 섬길 수도 없을 것이다."

「공손추 상」

(2) 공도자가 말했다. "고자는 '성은 선善한 것도 없고 불선不善한 것도 없다'고 했으며, 어떤 사람은 '성은 선하게 될 수도 있고 선하지 않게 될 수도 있어서, 이 때문에 문왕과 무왕이 일어나면 백성이 선을 좋아하고, 유왕幽王과 여왕厲王이 일어나면 백성이 포악함을 좋아한다'고 했으며, 어떤 사람은 '성이 선한 사람도 있고 성이 선하지 않은 사람도 있으니, 이 때문에 요堯가 임금이 되어도 그 아들인 상象이 있었고, 고수瞽瞍가 아버지가 되어도 순舜이 있었으며, 주紂가 형의 아들이고 또 임금이었는데도 미자微子 계啓와 왕자 비간比干이 있었다' 했으니, 지금 성이 선하다고 말씀하시니, 그렇다면 저들은 모두 틀린 것입니까?" 맹자께서 말씀하셨다. "그 정情이 선하다고 할 수 있으니, 그래서 선하다는 것이다. 불선을 행하는 것은 타고난 재질의 탓이 아니다. 측은하게

여기는 마음을 사람마다 모두 가지고 있으며, 부끄러워하고 미워하는 마음을 사람마다 모두 가지고 있고, 공경하는 마음을 사람마다 모두 가지고 있으며, 옳고 그름을 가리는 마음을 사람마다 모두 가지고 있다. 측은지심惻隱之心은 인仁이고, 수오지심 羞惡之心은 의義이며, 공경지심恭敬之心은 예禮이고, 시비지심是非 之心은 지智다. 인의예지는 외부로부터 나에게 녹아 들어오는 것이 아니라 내가 본래 가지고 있던 것인데, 그것을 생각하지 않을 뿐이다. 그러므로 '구하면 얻고 놓아두면 잃어버린다'고 하는 것이니, 때로 얻은 것과 잃어버린 것의 차이가 두 배 혹은 다섯 배가 되기도 하여 헤아릴 수 없게 되는 것은 그 재질을 다 발휘하지 못했기 때문이다. 『시경』에서는 '하늘이 백성을 낳으시니, 사물이 있으면 법칙이 있도다. 백성은 떳떳한 마음을 본래 가지고 있으니, 이 아름다운 덕德을 좋아한다'고 했다. 공자께서 '이 시를 지은 사람은 도道를 아는구나. 그러므로 사물이 있으면 반드시 법칙이 있는데, 사람들은 떳떳한 마음을 본래 가지고 있기 때문에 이 아름다운 덕을 좋아하는 것이다'라고 말씀하셨다."

「고자 상告子上」

「공손추 상」에서 맹자는 인간의 본성을 이루는 것이 인의예지이며, 이러한 본성이 현상적 마음으로 드러난 것을 사단四端 곧 네 가지 마음으로 보았다. 또한 이러한 것은 선천적으로 내재화된 것으로 여겼다. 그리고 사람들이 이런 마음을 제대로 발휘할 수 있게 되면 온 세상을 좋은 세상으로 만들 수 있을 만큼 크나큰 영향력을 발휘한다는 것이 맹자의 관점이다. 이것이 맹자의 성선설性善說의 핵심 내용이다. 사실 맹자는 여기서 엄밀한 논증으로 자기주장을 내세우기보다는 감성적 호소로 설득하는 듯하다. 그런데 맹자가 「고자 상」에서 '측은지심은 인의 단서'라고 하지 않고 '측은지심은 인'으로 표현한 것은 더 직접적으로 성선을 강조하기 위한 어법으로 보인다. 맹자의 성선설 외에도 「고자 상」에 나오듯이 전국시대 중기인 당시에 이미 본성의 선악에 대한 다양한 주장이 있었다. 그리고 전국시대 말기에 이르러 순자의 성악설性惡說이 등장했다.

【 맹자 5 】 원문 30

그렇다면 천하를 다스리는 일만은 유독 밭을 갈면서 할 수 있는 것인가? 대인大人의 일이 있고, 소인小人의 일이 있는데, 또한 한 사람의 몸으로서 수많은 기술자가 하는 능력을 갖추고 있다고 해서 만약 반드시 스스로 만들어 쓰게 한다면, 이는 천하 사람들을 이끌어다 길에 내놓는 것이다. 그러므로 '때로 마음을 쓰는 경우도 있고, 때로 힘을 쓰는 경우도 있으니, 마음을 쓰는 사람은 남을 다스리고, 힘을 쓰는 사람은 남에게 다스림을 받는다'고 말한 것이다. 남에게 다스림을 받는 사람은 남을 먹여주고, 남을 다스리는 사람은 남이 먹여주는 것이 천하에 두루 통하는 마땅한 원칙이다.

의로움을 말하다

대인은 맹자가 내세우는 이상적인 인간상이다. 그가 해야 할 가장 중요한 일은 세상이 올바르게 되도록 하는 것이다. 이와 관련해서 그가 직접적으로 해야 할 일은 군주가 올바른 길로 가도록 하는 것이다.

맹자께서 말씀하셨다. "사람들을 편들거나 꾸짖을 것이 못 되고, 정치를 일일이 논란할 것도 못 된다. 오직 대인만이 임금의 그릇된 마음을 바로잡을 수 있다. 임금이 인하면 인하지 않은 사람이 없고, 임금이 의로우면 의롭지 않은 사람이 없으며, 임금이 바르면 바르지 않은 사람이 없으니, 한번 임금을 바르게 하면 나라가 안정된다."[51]

그러기 위해서는 그 자신이 먼저 올바르게 되어야 한다. "대인인 자가 있으니, 자기를 바르게 하고 남이 바르게 되도록 하는 자다."[52] 그것을 위한 최선의 방도는 바로 의義를 준거로 삼는 것이다.

맹자께서 말씀하셨다. "대인은 말을 할 때도 반드시 믿도록 해야 한다고 하지 않으며, 어떤 일을 할 때도 반드시 결과가 있어야 한다고 하지 않는다. 오직 의가 있는 곳을 따를 뿐이다."[53]

흥미로운 것은 맹자가 사이비 예와 의를 언급하고 있다는 점이다. "예가 아닌 예와 의가 아닌 의를 대인은 하지 않는다."⁵⁴ 겉으로 보기에는 예절 바른 것 같고 말하는 것은 의와 관계되나 실제 마음과 행동이 이와 다르다면, 그것은 바로 사이비 예와 의일 뿐이다. 이런 표리부동한 일을 하지 않는 존재가 바로 대인이다. 그런 의미에서 대인은 『중용』에서 강조하는 '성誠'의 표상이 되는 존재로 이해할 수 있다.

【 맹자 6 】 원문 31

(1) 맹자께서 말씀하셨다. "스스로를 해치는 자와는 함께 도를 말할 수 없고, 스스로를 버리는 자와는 함께 행할 수 없다. 말로써 예의를 비난하는 것은 스스로를 해치는 것이라 하고, 내 자신은 인에 머물거나 의를 따를 수 없다고 하는 것은 스스로를 버리는 것이라 한다. 인은 사람이 머무는 편안한 집이고, 의는 사람이 가야 하는 바른길이다. 편안한 집을 비워두고 거처하지 않으며, 바른길을 버려두고 따라가지 않으니, 참으로 슬픈 일이다."

「이루 상離婁上」

(2) 맹자께서 말씀하셨다. "인은 사람의 마음이고 의는 사람의 길이다. 그 길을 버려두고 따라가지 않으며, 그 마음을 잃어버리고도 찾을 줄 모르니, 슬픈 일이다. 사람들은 닭이나 개를 잃어버리면 찾을 줄 알면서, 마음을 잃어버리고도 찾을 줄 모른다.

의로움을 말하다

학문의 길은 다른 것이 아니다. 그 잃어버린 마음을 찾는 것일 뿐이다."

「고자 상」

(3) 제나라 왕자인 점墊이 물었다. "선비는 무엇을 일삼습니까?" 맹자께서 말씀하셨다. "뜻을 고상히 가져야 한다." "뜻을 고상하게 갖다는 것은 무슨 말입니까?" 맹자께서 말씀하셨다. "인과 의에 뜻을 두는 것일 뿐이다. 한 사람이라도 죄 없는 사람을 죽이면 인한 것이 아니며, 자기 소유가 아닌데 그것을 가지면 의로운 것이 아니다. 머물러 살아야 할 곳은 어디인가? 인이 그곳이며, 길은 어디에 있는가? 의가 그것이다. 인에 머물며 의를 따른다면 대인의 일이 갖추어진 것이다."

「진심 상盡心上」

맹자는 인의예지를 사람이라면 누구나 갖고 있는 본성이라고 주장한다. 그러니 이에 의거해서 사는 것은 사람에게는 당연하고도 자연스러운 일이다. 하지만 현실은 어떤가? 맹자는 이를 안타까워했다. 공부의 궁극적인 목적도 다른 데 있지 않다. 그러한 본성의 발현을 통해 인간답게 살아가는 것이다. 대인도 다른 존재가 아니다. 진정으로 인간답게 사는 존재일 뿐이다.

맹자께서 말씀하셨다. "생선도 내가 먹고 싶은 것이고, 곰 발바
닥도 또한 내가 먹고 싶은 것이지만, 두 가지를 모두 얻을 수 없
다면 생선을 포기하고 곰 발바닥을 가질 것이다. 삶 또한 내가 원
하는 것이고, 의義 또한 내가 원하는 것이지만, 두 가지를 모두
얻을 수 없다면 삶을 포기하고 의를 선택할 것이다. 삶도 내가 원
하는 것이지만, 원하는 것 중에는 삶보다 더 큰 것이 있기 때문에
구차하게 삶을 얻으려고 하지 않는 것이다. 죽음도 내가 싫어하
는 것이지만, 싫어하는 것 중에는 죽음보다 더한 것이 있기 때문
에 죽음의 근심도 피하지 않는 경우가 있는 것이다. 가령 사람이
원하는 것 중에 삶보다 더 큰 것이 없다면, 삶을 얻을 수 있는 경
우에는 무슨 방법인들 쓰지 않겠으며, 가령 사람이 싫어하는 것
중에 죽음보다 더한 것이 없다면, 죽음의 근심을 피할 수 있는
경우에는 무슨 짓인들 하지 않겠는가. 이렇기 때문에 살 수 있다
하더라도 그 방법을 쓰지 않는 것이 있고, 이렇기 때문에 죽음의
근심을 피할 수 있다 하더라도 하지 않는 것이 있다. 그러므로 원
하는 것 중에는 삶보다 더 큰 것이 있으며, 싫어하는 것 중에는
죽음보다 더한 것이 있다. 오직 현명한 사람만이 이러한 마음을
갖고 있는 것이 아니라 사람들이 모두 이러한 마음을 갖고 있지
만, 현명한 사람만이 이러한 마음을 잃어버리지 않을 수 있다.

「고자 상」

『맹자』에 나오는 문장 중에서 의義의 가치를 가장 강력하게 드러낸 것은 바로 "삶 또한 내가 원하는 것이고, 의 또한 내가 원하는 것이지만, 두 가지를 모두 얻을 수 없다면 삶을 포기하고 의를 선택할 것이다"라는 문장이다. 인간에게는 때로 삶보다 더 중요하게 지켜야 할 것이 있다. 맹자는 그 대표적인 것으로 의를 내세우고 있다. 인간은 생명의 보존이라는 원초적인 본능을 넘어서서 그보다 더한 가치를 추구하는 존재라는 것이다. 다시 말해서 인간에게 '산다'는 것은 단순히 '생물학적으로 살아간다'는 것으로만 규정될 수 없고, '가치 있게 살아간다'는 것이 더 중요하다는 의미다. 그리고 '가치 있게 살아간다'는 것은 바로 '인간답게 살아간다'는 뜻이다. 그러할 때 인간은 자신의 진정한 존재 가치를 느끼게 된다. 이런 가치를 추구하는 사람이야말로 참으로 지혜로운 인물이다.

맹자께서 송구천宋句踐에게 말씀하셨다. "그대는 유세하기를 좋아하는가? 내가 그대에게 유세에 대해서 말해주겠다. 남이 알아주더라도 또한 마음이 흔들리지 않고, 남이 알아주지 않더라도 또한 마음이 흔들리지 않아야 한다." "어떻게 해야 마음이 흔들리지 않을 수 있습니까?" "덕을 높이고 의義를 즐거워하면 마음이 흔들리지 않을 수 있다. 그러므로 선비는 곤궁해도 의를 잃지 않으며, 출세해도 도道에서 벗어나지 않는다. 곤궁해도 의를 잃지 않기 때문에 선비가 자신의 본래 모습을 얻고, 출세해도 도에서 벗어나지 않기 때문에 백성이 희망을 잃지 않는 것이다. 옛 사람들은 뜻을 얻으면 혜택이 백성에게 더해지고, 뜻을 얻지 못 하면 자신을 닦아 세상에 드러나니, 곤궁하면 홀로 자신을 선하 게 만들고, 출세하면 천하 사람들을 모두 선하게 만든다."

「진심 상」

이것은 후대의 모든 유자儒者들에게 삶의 기본 지침이 되는 말이다. 이 것을 실천하지 못한다면, 그 어떤 경우라도 선비라 할 수 없다. 특히 조선 시대의 꼿꼿한 선비정신의 원천을 찾는다면 다른 어떤 것보다 바로 이런 기상일 것이다. 그렇다면 의는 무엇보다 먼저 자기 자신을 지키는 당당한 원칙이다.

【 맹자 9 】 원문 34

맹자께서 말씀하셨다. "『춘추』에는 의로운 전쟁을 기록한 것이 없지만, 저것이 이것보다 나은 경우는 있다. '정征'이란 윗사람이 아랫사람을 치는 것이니, 대등한 나라끼리는 서로 정벌하지 못 하는 것이다."

「진심 하」

역사적 사실에 대하여 그 선악과 정사正邪를 엄정하게 서술함으로써 역사를 통해 '정의란 무엇인가'의 기준을 제시한, 춘추필법春秋筆法으로 유명한 『춘추』는 노魯나라를 중심으로 춘추시대의 역사를 연대기적으로 기술한 역사책으로, 공자가 지었다고 알려져 있다. 『춘추』의 저자가 공자라는 내용이 처음 등장하는 문헌은 다름 아닌 『맹자』다.

세상이 쇠퇴하고 도의가 미약해지자 삿된 말과 거친 행동이 일어나니, 신하가 그 임금을 시해하는 자가 있는가 하면 자식이 그 아비를 죽이는 자도 나타나게 되었다. 공자께서 이런 세태를 우려하여 『춘추』를 지으셨으니, 이는 천자天子의 일이다. 그런 까닭에 공자께서 말씀하시기를, "나를 알아주는 자도 오직 『춘추』 때문이며, 나를 벌하는 자도 오직 『춘추』 때문일 것이다"라고 하셨다.[55]

이후 사마천은 이런 주장을 『사기』 「공자세가孔子世家」에 포함시킴으로써 이 주장은 역사적 사실로 받아들이게 되었다. 이 『춘추』와 관련해서는 『춘추좌씨전』 『춘추공양전』 『춘추곡량전』이라는, 이른바 '춘추삼전春秋三傳'이라는 세 해설서가 있다. 이 해설 부분을 제외하고 『춘추』 경문만을 보면 그 내용은 매우 단순하다. 한 가지 흥미로운 사실은 『춘추』 경문에는 '의義'라는 글자가 보이지 않는다는 점이다. 왜 공자는 그 글자를 쓰지 않았을까? 이 물음에 대한 간접적인 대답이 바로 여기에 나오는 맹자의 말이다. 예를 들면 '정征'은 천자가 의롭지 못한 제후를 치는 것이다. 그런데 춘추시대에는 이미 주周나라 천자의 권위와 힘이 미약했다. 그런 까닭에 의롭지 못한 제후에 대한 천자의 정벌은 이미 불가능해졌다. 따라서 『춘추』에 기록된 전쟁은 모두 제후국 사이에 일어난 것이므로 맹자는 '의로운 전쟁'이 없다고 한 것이다. 다른 모든 상황도 이와 크게 다를 바 없었을 것이다. 그렇기 때문에 '의義'라는 글자를 쓸 필요가 없었을 것으로 추측해 본다.

【 맹자 10 】 원문 35

맹자께서 말씀하셨다. "사람은 모두 차마 하지 못하는 것을 가지고 있는데, 그것을 차마 하는 것에까지 확충시킨다면, 그것이 인仁이다. 사람은 모두 하지 않는 것이 있는데, 그것을 하는 데까지 확충시킨다면, 그것이 의義다. 사람이 남을 해치려고 하지 않는 마음을 확충시킬 수 있다면 인을 이루 다 쓰지 못할 것이며, 사람이 담을 뚫거나 넘어가서 도둑질하지 않으려는 마음을 확충시킬 수 있다면 의를 이루 다 쓰지 못할 것이다. 사람이 '너'라고 무시하여 낮추어 하는 말을 듣지 않으려는 마음을 채울 수 있다면 가는 곳마다 의를 하지 않는 것이 없을 것이다. 선비가 말해서는 안 될 때 말을 하면, 이것은 말로써 이익을 얻으려는 것이고, 말을 해야 할 때 말을 하지 않으면, 이것은 말을 하지 않는 것으로 이익을 얻으려는 것이니, 이는 모두 담을 뚫거나 넘어가서 훔치는 것과 같은 종류다."

「진심 하」

의로움을 말하다

의義의 실천을 가로막는 가장 큰 장애물은 무엇일까? 맹자는 올바르지 않은 이익을 추구하는 마음으로 보았다. 이러한 마음은 결국 자기 자신을 해치는 일과 같다. 자기 자신을 올바르게 지키려는 정신이 살아 있다면 이러한 잘못된 이익에 이끌려서 자기 자신을 해치는 일은 하지 않을 것이다. 그런 의미에서 본다면, 의는 무엇보다도 자기 자신을 지키는 바른길이 된다.

【 대학장구 1 】 원문 3 6

> 윗사람이 늙은이를 늙은이로 대접하면 백성도 효도하는 마음을 일으키며, 윗사람이 연장자를 연장자로 대접하면 백성은 공경하는 마음을 일으키며, 윗사람이 외로운 사람을 불쌍히 여기면 백성은 배반하지 아니하는 것이니, 이 때문에 군자는 혈구지도絜矩之道가 있다.
>
> 「전10장傳十章」

『대학』은 지도자를 위한 텍스트다. 여기서 특별히 강조하는 것은 지도자가 갖추어야 할 기본자세다. 내 마음을 토대로 다른 사람의 마음을 헤아리는 혈구지도絜矩之道가 이에 해당된다. 지도자는 이러한 자세를 바탕으로 백성을 존중하고 배려해야 한다. 백성에 대한 이러한 인격적인 대우는 사회적 불평등과 불공정을 시정하는 길이기도 하다. 이 글에 대한 주자의 주석 역시 기본 맥락에서는 이와 크게 다르지 않다. "이로써 군자는 마땅히 같은 것을 토대로 삼아 남의 사정을 잘 헤아려서, 너와 나 사이에 각자 분수와 소원을 얻도록 하니, 이렇게 되면 위아래와 사방이 치우침이 없고 올바르게 되어 천하가 평화로워질 것이다."[56] 그렇다면 '혈구지도'를 바탕으로 우리는 정의사회와 복지에 대한 유교적 방식의 해결책을 제시해볼 수도 있을 것이다.

【대학장구 2】 원문 37

이 때문에 군자는 먼저 덕에 있어서 삼가야 하는 것이니, 덕이 있으면 곧 사람이 있고, 사람이 있으면 곧 땅이 있으며, 땅이 있으면 곧 재물이 있고 재물이 있으면 쓸 수가 있다. 덕이라는 것은 근본이고 재물이라는 것은 말단이다. 근본을 외면하고 말단을 중시하면 백성을 다투도록 유도하고 남의 것을 빼앗도록 인도하게 된다. 이 때문에 재물이 모이면 백성은 흩어지고 재물이 흩어지면 백성이 모인다. 이 때문에 말이 거슬러서 나간 것은 또한 거슬러서 들어오고, 재물이 거슬러서 들어온 것은 또한 거슬러서 나간다. (…) 재물을 만드는 데 큰 방법이 있으니 만드는 자는 많고 그것을 먹는 자는 적으며, 만드는 일을 하는 자는 빠르고 그것을 쓰는 자는 느긋하면, 곧 재물은 항상 충분할 것이다. 어진 자는 재물을 가지고 자신을 발전시키며, 어질지 못한 자는 자신을 가지고 재물을 늘린다. 위에서 인을 좋아하는데 아래에서 의를 좋아하지 않는 경우는 있지 아니하며, 의를 좋아하는데도 그 일이 잘 마쳐지지 않는 경우는 있지 아니하며, 창고의 재물이 자기 재물이 아닌 경우는 있지 아니하다. 맹헌자가 이르기를 "대부의 집안에서는 닭과 돼지를 키우지 않고, 경대부의 집안에서는 소와 양을 기르지 아니하며, 자신의 영지를 가진 집안은 백성으로부터 지나치게 거두어들이는 신하를 두지 아니하니, 지나치게 거두어들이는 신하를 두기보다는 차라리 자기 집안의 것을 도둑질하는 신하를 두는 것이 낫다"고 했다. 이는 국가는 이로운 것을 이로운 것으로 여기지 아니하고 의로운 것을 이로운 것으로 여겨야 됨을 말한 것이다. 국가의 어른이 되어 재물을 쓰는 데 힘쓰는 자는 반드시 소인으로부터 시작되는 것이다. 소인이 국가를 다스리게 되면 재해가 한꺼번에 이를 것이니, 비록 잘하는 자가 있다 하더라도 또한 어떻게 할 수 없을 것이다. 이 때문에 나라는 이로운 것을 이로운 것으로 여기지 아니하고 의로운 것을 이로운 것으로 여겨야 한다고 한 것이다.

「전10장」

『대학』의 저자는 이 글에서 도덕적 사회, 도덕적 국가에 대한 열망을 경제적 문제와 관련해서도 그대로 드러내고 있다. 그렇다면 그 이유는 무엇일까? 한마디로 정리하면, 그렇게 하는 것이 바로 지도층과 백성이 함께 사는 상생의 길이기 때문이다. 다시 말해서 지도자가 재화 곧 이익을 우선하고 덕을 외면하는 것은 백성도 똑같이 그렇게 하도록 유도하는 것이며, 그렇게 되면 결국에는 공멸의 길을 자초하게 되는 것이다. 그렇다면 상생의 길은 무엇인가? 답은 간단하다. 지도층부터 경제적인 문제에 있어서 절제와 분수를 지키는 것이다. 그리고 이익을 우선할 것이 아니라 사람답게 올바로 사는 길을 추구해야 한다. 그렇게 할 때 백성도 의로운 것이 진정으로 이로운 것임을 알게 된다. 그렇다면 상생의 길은 곧 의로 나아가는 것이므로 『대학』의 저자 역시 '의義의 국가' '정의가 살아 있는 사회'를 지향했다고 말할 수 있다.

【중용장구】 원문 38

> 인仁이란 사람다움이니 친족과 가까이 지내는 것이 으뜸이고, 의義란 마땅함宜이니 어진 사람을 높이는 것이 으뜸이다. 친족과 가까이 지내는 것의 순서와 어진 사람을 높이는 것의 등급이 예가 생겨나는 바탕인 것이다.
>
> 「제20장第二十章」

『중용』에서 인은 인간관계에서 가장 기본이 되는 가족 사이에 이루어지는 자연스런 배려와 관심에서 출발하는 주관적 측면이 강조되는 덕목으로 볼 수 있다. 의義는 이러한 인과 비교한다면 더 객관적이고 합리적인 측면이 강조되는 덕목이다. 그렇기 때문에 '의란 마땅함이다'라고 말한 것

이다. 여기서 의는 개인적 차원의 도덕성이라는 의미도 포함하고 있지만, 무엇보다도 사회적 기준이나 규범의 성격이 강하게 드러난다고 말할 수 있다. 예禮는 이러한 인과 의가 좀더 조화와 균형을 이루어서 구체적인 실천으로 이어지도록 하는 역할을 맡는다. 그렇다면 적어도 『중용』에서는 인과 의가 분리되어 작용하지 않도록 인이 의를 돌아보고 의가 인을 돌아보는 상호 소통의 계기를 가져야 한다는 점을 강조한 것으로 이해할 수 있다.

【순자 1】 원문 39

뜻이 닦이면 부유하거나 지위 높은 사람 앞에서 굽히지 않을 수 있고, 도의가 중후해지면 임금이나 장관도 가볍게 보게 된다. 안으로 돌이켜 보게 되면 밖의 사물은 경미한 것들이기 때문이다. 예부터 전하는 말에 "군자는 외물을 자신의 뜻에 따라 움직이지만 소인은 외물에 의해 움직여진다"고 한 것은, 이것을 뜻하는 말이다. 몸은 수고롭다 하더라도 마음이 편안한 일이라면 하고, 이익은 적다 하더라도 의로움이 많은 일이라면 한다. 올바르지 못한 임금을 섬겨 뜻대로 출세하는 것은, 곤경에 빠진 임금을 섬기며 의로움을 따르는 것만 못한 일이다. 그러므로 훌륭한 농부는 장마가 지거나 가뭄이 든다고 해서 밭을 갈지 않는 법이 없고, 훌륭한 장사꾼은 손해를 본다고 해서 장사를 하지 않는 일이 없으며, 군자는 가난하고 궁핍하다고 해서 도를 게을리하지

2장 원전과 함께 읽는 의

않는 것이다.[57]

「수신修身」

군자는 주체적인 인간이다. 그렇기 때문에 외적인 것에 좌우되지 않는다. 그는 오직 인간으로서 마땅히 가야 할 길만 따른다. 그것은 바로 의라는 길이다. 순자는 공자나 맹자와 마찬가지로 의義와 이利의 관계를 기본적으로 대립적인 것으로 본다. 또한 누구 못지않게 의를 강조했다. 그렇기 때문에 의를 저버리는 것에 대해서는 강한 어조로 질타한다. 맹자는 "인을 해치는 자를 적이라 이르고, 의를 해치는 자를 잔이라 이르며, 잔적한 사람을 일개 필부라 이른다"[58]고 말했는데, 순자 역시 "이익을 지키려고 의로움을 버리는 것을 더할 나위 없는 악행이라고 말한다"[59]고 비판했다. 이러한 점에서 본다면 맹자와 마찬가지로 순자 역시 틀림없이 공자를 따르는 유학자다.

【순자 2】 원문 40

『서경』에 "자기만 좋아하는 일을 하지 말고 임금의 도리를 따를 것이며, 자기만 싫어하는 일을 하지 말고 임금의 길을 따르라"고 한 것은, 군자란 공의公義로써 사욕私欲, 즉 사사로운 욕심을 이겨낼 수 있음을 말한 것이다.

「수신」

여기서 의와 관련된 중요한 개념이 등장한다. 그것은 바로 공의이다. 공의, 즉 공정한 도의道義야말로 진정한 의라고 할 수 있다. 이것은 바로 사욕, 즉 사사로운 욕심의 극복을 통해 도달할 수 있으며, 이것이야말로 왕도의 본령이다. 그런 의미에서 본다면 참된 왕은 바로 '정의의 왕'이라고 불러도 좋을 것이다.

군자는 사람들의 덕을 숭상하고 사람들의 훌륭함을 드러내지만, 아첨하는 것은 아니다. 올바르고 곧게 일러주고 사람들의 잘못을 지적하지만, 비방하는 것은 아니다. 자기의 빛나고 훌륭한 점이 우 임금, 순 임금에 비길 만하고 하늘과 땅의 원리에 합치된다고 말하는 것은, 과장된 표현이 아니다. 때에 따라 굽히고 뻗고 하며 부드럽게 따르는 것이 창포나 갈댓잎 같지만, 두려워서 그러는 것이 아니다. 굳고 강하고 용맹하고 과감하며 뜻대로 하지 않는 일이 없지만, 교만하고 포악해서 그러는 것이 아니다. 의로움으로 변화하고 호응하는 것은, 일의 옳고 그름에 잘 대처할 줄 알기 때문에 그러한 것이다. 『시경』에 "왼쪽이면 왼쪽으로 군자는 마땅하게 행동하고, 오른쪽이면 오른쪽으로 군자는 올바름을 지키네"라고 했다. 이것은 군자가 의로움을 근거로 굽히고 뻗고 하면서 변화하고 호응하기 때문에 그러하다는 것을 말한다.

의와 관련된 고정관념 중 하나는 의를 고착된 것으로 보는 관점이다. 예를 들어 "환난을 두려워하지만 의로움 때문에 죽는다 해도 피하지 않고, 이익을 바라기는 하지만 그릇된 일은 하지 않는다"[60]는 말은 표면상으로만 보면 융통성 없어 보일 정도로 고지식한 것으로 의의 의미를 읽을 수도 있다. 그러나 이 글에서 보는 바와 같이 의가 반드시 그런 것만은 아니다. 의로움을 원칙으로 하면서도 상황의 변화에 적절히 대응할 줄 아는 것이 진정한 의미에서 의의 실천이라 할 수 있다. 그렇다면 참된 의는 지혜와 합리성 또한 함축하고 있다고 말할 수 있다.

【순자 4】 원문 42

군자가 마음을 수양하는 데는 성실함보다 더 좋은 것이 없다. 성실함을 다하면 다른 사고가 나지 않을 것이다. 오직 인만 지키고, 오직 의만 행해야 한다. 성실한 마음으로 인을 지키면 그것이 겉으로 드러나고, 그것이 겉으로 드러나면 신묘해지며, 그것이 신묘해지면 사람들을 교화시킬 수 있다. 성실한 마음으로 의를 행하면 조리가 서고, 조리가 서면 모든 것이 분명해지며, 모든 것이 분명해지면 사람들을 훌륭하게 변화시킬 수 있다.

「불구」

여기서는 의와 실천의 긴밀한 관계를 잘 보여주고 있다. 또한 의에 따른 실천이 이치에 맞아서 긍정적인 결과를 가져온다는 것은 의에 포함된 합리적인 측면을 강조한 것으로 이해할 수 있다.

> 의로움이 있는 곳만 찾아가고 권세에 기울지 않으며, 이익을 돌보지 않고 온 나라를 그에게 주겠다 하더라도 눈길을 바꾸지 않고, 죽음을 무겁게 여기고 의로움을 지키며 굽히지 않는 것은 바로 선비와 군자로서의 용기다.
>
> 「영욕榮辱」

순자는 의와 이를 대비시키면서 의를 따르는 것이 군자의 용기임을 강조하고 있다. 이 점에서는 공자와 맹자의 노선을 충실히 따르고 있다. 그런 한편으로 순자는 도덕적 행위의 선택이 바람직한 결과를 이끌어낸다는 섬을 강조하기도 한다. 곧 "의로움을 앞세우고 이익을 뒤로하는 사람은 영예롭고, 이익을 앞세우며 의로움을 뒤로하는 사람은 치욕을 당한다"[61]는 말이 그것이다. 이를 통해 순자가 동기주의에 일방적으로 매몰되어 있지 않다는 점도 알 수 있다. 그렇다고 법가法家처럼 결과주의만을 강조하지도 않는다. 그런 측면에서 보자면 순자는 이상과 현실을 조화시키려고 노력한 인물로 평가할 수 있다.

젊은 사람은 어른을 섬기고, 신분이 낮은 사람은 신분이 높은
사람을 섬기며, 못난 사람은 현명한 사람을 섬기는 것이 천하에
통용되는 올바른 사회적 원칙이다.

「중니仲尼」

『맹자』 「등문공 상」에서도 '천하에 통용되는 올바른 사회적 원칙天下之
通義'이라는 표현이 나오는데, 여기 『순자』에서와 동일한 뜻으로 쓰였다. 우
연의 일치일까? 아니면 순자는 맹자의 주장을 비판했으므로 당연히 맹자
를 깊이 연구했고, 따라서 그것과 관련된 부수적인 결과일까?

왕자는 그렇지 않다. 어짊이 천하에 드높고, 의로움이 천하에 드
높으며, 위세도 천하에 드높다. 어짊이 천하에 드높기 때문에 온
세상에서 친하게 지내려 하지 않는 이 없고, 의로움이 천하에 드
높기 때문에 온 세상에서 귀하게 여기지 않는 이 없으며, 위세가
천하에 드높기 때문에 온 세상에서 감히 아무도 대적하지 못한
다. 아무도 대적하지 못하는 위세로써 사람들을 복종케 하는 도
리를 보조하니, 싸우지 않고도 승리하고, 공격하지 않고도 얻게

되며, 군대를 동원하지 않고도 천하를 복종시킨다. 이것이 왕도
를 아는 사람이다.

「왕제王制」

맹자는 위력에 의한 정치를 패도정치라 하여 배척하지만, 순자는 그렇
지 않다. 순자는 인의와 함께 현실적인 힘의 중요성을 배제하지 않는다. 그
것은 순자가 맹자보다 현실적인 측면에서 정치에 더 접근했음을 의미한다.

【순자 8】 원문 46

물과 불은 기운이 있으나 생명은 없고, 풀과 나무는 생명이 있으
나 지각이 없고, 새와 짐승은 지각이 있으나 의로움이 없다. 사
람에게는 기운도 있고 생명도 있고 지각도 있고 의로움도 있다.
그래서 천하에서 가장 존귀한 것이다. 힘은 소만 못하고 달리기
는 말만 못한데, 소와 말은 어째서 사람에게 부림을 받는가? 그
것은 사람은 여럿이 힘을 합쳐 모여 살 수 있으나, 소나 말은 여
럿이 힘을 합쳐 모여 살 수 없기 때문이다. 사람은 어떻게 여럿이
힘을 합쳐 모여 살 수 있는가? 그것은 구분할 수 있기 때문이다.
그런 구분은 어떻게 행할 수 있는가? 그것은 의로움이 있기 때
문이다. 그러므로 의로움으로써 사람들을 구분하면 화합하고,
화합하면 하나로 뭉치며, 하나로 뭉치면 힘이 많아지고, 힘이 많

으면 강해지며, 강하면 만물을 이겨낼 수 있다. 그러므로 사람들은 집을 짓고 살 수 있다. 그러므로 사철의 질서를 따라 만물을 성장케 하여 온 천하를 함께 이롭게 하는 것은, 다름 아니라 바로 구분과 의로움을 지니고 있기 때문이다.

「왕제」

만물 가운데서 인간이 가장 존귀한 존재가 된 궁극적인 원인을 순자는 의가 있기 때문이라고 보았다. 이 경우 의는 정의에 가깝다. 인간은 사회를 구성하는 존재라는 점에서 여타 존재와는 다른 존재 위격을 갖는다. 이러한 사회는 특히 정의라는 원칙에 따라 구성될 때 가장 이상적인 사회가 될 수 있다. 그렇다고 이 정의가 인간 자신만을 위한 것은 아니다. 순자는 오히려 진정한 정의가 온 천하와 만물을 이롭게 한다고 보았다. 그런 의미에서 정의는 휴머니즘의 가치를 지니는 동시에 우주론적 차원의 효과를 이끌어내는 에너지이기도 하다.

【순자 9】 원문 47

온 나라 사람들로 하여금 예의를 중시하게 한다면 아무도 그를 해칠 수 없다. 한 가지 의롭지 않은 일을 행하고, 한 사람의 죄 없는 사람을 죽이면 천하를 얻을 수 있다 하더라도, 인덕이 있는 사람은 그런 일을 하지 않는다. 굳건히 그의 마음과 나라를 견지

하는 것이 그처럼 단단한 것이다. 그와 더불어 정치를 하는 사람들은 바로 모두가 의로운 선비다. 그들이 나라 안에 반포하는 법률이란 바로 모두가 의로운 법이다. 임금이 민첩하게 여러 신하를 거느리고 향하는 목표는 바로 모두가 의로운 뜻이다. 이렇게 되면 백성이 임금을 우러르는 것도 의로움 때문이고, 그래서 기본 법도가 확정되는 것이다. 기본 법도가 확정되면 나라가 안정되고, 나라가 안정되면 천하가 안정된다. 공자는 송곳을 꽂을 만큼의 땅조차 갖지 않았으나, 성실히 의로움으로 뜻을 세우고 의로움으로 행동하며, 그것을 말로 드러내 천하에 널리 펴자, 명성은 천하에 숨길 수 없게 되어 후세에까지도 전해진 것이다. 지금이라도 천하에 이름이 알려진 제후들이 성실히 의로움으로 뜻을 세우고 법칙과 제도도 의로움을 따르며, 그것을 정치하는 일로 드러내고, 거듭하여 그것을 신하들을 귀하고 천하게 만드는 일과 사람들을 죽이고 살리는 일에까지 적용시켜서, 처음부터 끝까지 한결같이 들어맞게 하면 되는 것이다. 그렇게만 한다면 명성이 갑자기 천지 사이에 퍼지는 것이, 어찌 해와 달이나 천둥이 울리는 것만 못하겠는가? 그러므로 온 나라가 의로움으로 모든 일을 하면 하루 만에 명성이 드러난다 했는데, 탕 임금과 무왕의 경우가 그러하다. 탕 임금은 박을 근거로 하고, 무왕은 호를 근거로 일어났는데, 모두 사방 100리 넓이의 땅이었다. 그러나 천하를 통일하고 제후들을 신하로 삼으니, 서로 내왕하고 연락할 수 있는 사람들이라면 복종하지 않는 이가 없었다. 그것은 다름이 아닌 의로움으로 모든 일을 했기 때문이다. 이것이 이른바 '의로움이 행해지면 왕자가 된다'는 것이다.

「왕패王覇」

바람직한 정치의 목표는 무엇인가? 그것은 바로 정의를 실천함으로써 정의로운 사회를 구현하는 것이다. 순자는 중국 고대의 성왕들이 그러했다고 보았으며, 공자도 바로 그런 뜻을 가지고 노력했기 때문에 그 이름이 후세에 전해진 것으로 여겼다. 그러므로 천하의 제후들에게 권한다. "의로움이 행해지면 왕자가 된다."

【순자 10】 원문 48

온 나라 사람들로 하여금 공리功利를 중시하게 하고, 그의 의로움을 내세워 자신의 신의로써 일하는 데 힘쓰지 않고 오직 이익만을 추구한다. 안으로는 그의 백성을 속이는 일을 꺼리지 않으면서 작은 이익을 추구하고, 밖으로는 그의 동맹국을 속이는 일을 꺼리지 않으면서 큰 이익을 추구한다. 안으로는 그들이 가지고 있는 땅과 재물을 바르게 정돈하지 않고 늘 남이 가지고 있는 것들에만 욕심을 낸다. 그렇게 되면 곧 신하와 백성도 속이려는 마음으로 그의 임금을 대하지 않는 자가 없게 된다. 윗사람은 그의 아랫사람을 속이고 아랫사람은 그의 윗사람을 속이게 되므

로, 곧 위아래 사람들의 사이가 벌어진다. 그렇게 되면 적국이
그 나라를 가벼이 보고 동맹국은 그 나라를 의심하게 된다. 나
라에는 권모만이 날로 행해지고 위태로움과 침략을 면할 수 없
게 되어 궁극적으로는 망할 것이다.

「왕패」

순자는 기본적으로 공리주의의 폐단을 경계한다. 특히 군주가 이익만
내세울 때 초래되는 결과를 강력히 경고한다. 상호 불신의 증대로 내정의
혼란은 물론이고 국가 사이의 관계도 손상되며, 최악에는 국가의 멸망을
초래할 수 있다는 것이다. 그렇다면 왕도의 길은 다름 아닌, '의로써 이익
을 제어하고'[62] 오직 의의 길로 나아가는 것뿐이다.

나라라는 것은 크게 다스리면 커지고, 작게 다스리면 작아진다.
큰 것은 결국에는 왕자가 되며, 작은 것은 결국에는 망하고, 중
간 것은 존속만 한다. 크게 다스리는 사람은 의로움을 앞세우고
이익을 뒤로하며, 친하고 친하지 않은 것을 가리지 않고, 귀하고
천한 것을 상관하지 않으며, 오직 진실로 능력 있는 사람을 구한
다. 이런 사람을 두고 크게 다스리는 것이라 말한다. 작게 다스
리는 사람은 이익을 앞세우고 의로움을 뒤로하며, 옳고 그른 것

을 상관 않고, 굽고 곧은 것을 따지지 않으며, 오직 아양 떨며 자기에게 친근하게 구는 사람을 등용한다. 이런 사람을 두고 작게 다스리는 것이라 말하는 것이다.

「왕패」

나라의 성패를 좌우하는 것은 능력에 따른 인재 등용의 원칙이 지켜지느냐의 여부에 달려 있다. 그리고 이런 원칙이 올바르게 정착되려면 다른 무엇보다 지도자가 개인적인 이익에 사로잡혀서는 안 된다. 지도자는 언제나 의로움을 앞세우고 이익을 뒤로해야지 이익을 앞세우고 의로움을 뒤로 하면 결국 나라가 유지되지 못한다는 것이 순자의 경고다.

【순자 12】 원문 50

간사한 사람이 생겨나는 것은 임금이 의로움을 귀중히 여기지 않고, 의로움을 공경하지 않기 때문이다. 의로움이란 사람들이 악하고 간사한 행동을 못 하도록 막아주는 것이다. 지금 임금이 의로움을 귀중히 여기지도 않고 공경하지도 않는다면 곧 백성도 모두 의로움을 버리려는 뜻을 갖게 되어, 간사함으로 나아가는 마음을 지니게 된다. 이것이 간사한 사람이 생겨나는 까닭이다. 또한 임금이란 백성의 스승이다. 백성이 임금에 화응和應하는 것은, 마치 소리에 산울림이 따르는 것이나 어떤 형상에 그림자가 생기는 것과 같다. 그러므로 사람들의 윗자리에 앉은 이는 의로움을 따르지 않으면 안 된다. 의로움이란 안으로는 사람들을 조절하고, 밖으로는 만물을 조절하는 것이다. 위로는 임금을 편안하게 하고, 아래로는 백성을 조절하는 것이다. 안팎과 위아래 모든 것을 조절하는 것이 의로움의 실정이다. 그러므로 모든 천하를 다스리는 요체는 의로움을 근본으로 하고, 그다음은 신의를 근본으로 삼는다. 옛날에 우 임금과 탕 임금은 의로움을 근본으로 하고 신의에 힘써서 천하가 잘 다스려졌다. 그러나 걸왕과 주왕은 의로움을 버리고 신의를 배반하여 천하를 어지럽혔다. 그러므로 백성을 다스리는 임금은 반드시 예의를 삼가고 충성과 신의에 힘써야만 하는 것이다. 이것이 임금으로서의 위대한 근본이다.

「강국彊國」

의가 여기서는 올바르고 합리적인 규제와 제한, 조절의 기능을 발휘하는 것으로 해석된다. 사회가 조직된 이상 규제가 없을 수 없고 그렇다고 무원칙하며 올바르지 않은 규제는 오히려 공동체의 존립과 발전을 저해한다. 그렇기 때문에 공동체에는 올바르고 합리적인 규제가 필수다. 순자가 "천하를 다스리는 요체는 의로움을 근본으로 한다"고 말한 것은 바로 그러한 의미다.

어떤 사람이 "사람의 본성이 악하다면 예와 의는 어떻게 생겨났는가?" 하고 물었다. 이에 대해 다음과 같이 대답했다. "예의라는 것은 성인의 인위적인 노력에 의해 생겨난 것이지 본디 사람의 본성에서 생겨난 것이 아니다. (…) 성인이 생각을 거듭하고 인위적인 노력을 되풀이한 결과 예의를 만들어내고 법도를 제정했다. 그렇다면 예의와 법도는 성인의 인위적인 노력에 의해 생겨난 것이지 본디 사람의 본성에서 생겨난 것이 아니다."

「성악性惡」

여기서는 순자의 성악설과 관련해서 당연히 제기될 법한 문제가 등장한다. 인간의 본성이 악하다면 인간과 관련되어 나타나는 긍정적인 측면, 즉 예와 의는 어디서 연유하는가 하는 것이다. 순자는 예와 의가 인간이 본성으로 갖추고 있는 데서 연유한다는 맹자의 주장과는 달리 성인의 노력에 의해 후천적으로 이루어진 것으로 본다. 성인은 대체 어떤 존재인가? "어진 덕은 온 천하를 아울러 돌보아주어 걱정할 일이 없으며, 명철하고 통달한 지혜는 하늘과 땅을 두루 감싸며, 만 가지 변화를 잘 다스려 의심할 것이 없게 된다. 혈기는 화평하고 뜻은 넓고 크며, 행하는 의로움은 하늘과 땅 사이에 가득 차니, 이는 인덕과 지혜의 극치다. 이런 사람을 성인이라 한다."[63] 그렇다면 이러한 성인은 타고난 존재인가? 순자는 말한다. "길

거리의 백성이라도 선을 쌓아 완전함을 다하면, 그를 성인이라 한다. 성인
은 선을 추구함으로써 그것을 얻었고, 선을 행함으로써 그것이 이루어졌
으며, 그런 일을 쌓아감으로써 높아졌고, 그런 일을 다한 뒤에야 성인이 되
었다. 그러므로 성인이란 사람들이 노력을 쌓아감으로써 이루어진 것이
다."[64] 순자는 인간이 다른 존재보다 뛰어난 지적인 능력을 바탕으로 후천
적인 노력을 다하면 성인이 된다고 보았다. 그렇다면 성인 역시 후천적인
노력의 결과인 것이다. 이러한 후천적인 노력을 다른 말로 표현하면 그것
은 바로 '공부'다. '일생을 통한 끊임없는 공부', 이것은 다름 아닌 공자가
강조하고 또 강조한 것이 아니던가!

친근한 사람을 친근하게 대하고, 오랜 친구를 오랜 친구로 대하
며, 공이 있는 사람에게는 그 공로를 인정해주고, 수고한 사람
에게는 수고를 위로해주는 것이 인에서 생겨나는 차등이다. 존
귀한 사람은 존귀하게 대해주고, 존경할 만한 사람은 존경하고,
현명한 사람은 현명한 사람으로 대접해주고, 노인은 노인으로
잘 모시고, 어른은 어른으로 잘 모시는 것이 의의 원리다. 이상
의 것들을 실천해 그것이 절도에 맞는 것이 예의 질서다. 인이 있
기 때문에 서로 친근해지고, 의리가 있기 때문에 그것을 실천하
게 되며, 예절이 있기 때문에 일이 이룩되는 것이다. 인에는 머
물러야 할 마을이 있고, 의에는 출입해야 할 문이 있다. 인이라

하더라도 그가 머물러야 할 마을에 머물러 있지 않고 다른 곳에 머물러 있다면 올바른 인이 되지 못한다. 의라 하더라도 그가 출입해야 할 문을 통과하지 않고 다른 길을 이용한다면 올바른 의가 되지 못한다. 은덕은 헤아려나간다 하더라도 그것이 도리에 어긋난다면 인이 되지 못한다. 도리에 맞는 일이라 하더라도 절도가 없다면 의가 되지 못한다. 절도에는 빈틈이 없다 하더라도 조화를 이루지 못하면 예가 되지 못한다. 조화를 이룬다 하더라도 밖으로 드러나지 않는다면 음악이 되지 못한다. 그러므로 인仁·의義·예禮·악樂은 그 목표가 모두 같은 것이다. 군자가 의를 바탕으로 인에 처신한 뒤에야 인하게 된다. 예를 바탕으로 의를 실천한 뒤에야 의롭게 된다. 예의 제도를 마련하여 근본이 되는 인의로 되돌아가 맨 끝의 절도까지 이룩한 뒤에야 예가 이룩된다. 이 세 가지 것이 다 통달한 뒤에야 도가 이룩된다.

「대략大略」

순자의 사상적 정체는 무엇일까? 그를 유학자의 범주에 포함시키려 하지 않은 옛사람들은 편협한 관점을 보여준 것이다. 인간의 본성과 관련해서는 인간의 긍정적인 변화를 강조한 순자의 궁극적인 의도를 고려해야 한다. 그의 제자인 이사와 한비자가 법가라고 해서 순자의 탓으로 돌리는 것도 가혹하다. 총체적으로 평가해야 한다. 이 인용문에서 순자는 인·의·예·악이라는 유교의 기본 원리를 설명하고 있다. 특히 이들의 상호관계를 중시하고 있으며, 이들의 관계가 조화롭게 형성된 것을 이상적인 상태로 여겼다. 그렇다면 의는 여기서 어떤 의미를 가질까? 여기서 의는 절도 있는 실천의 토대가 되는 근본 원리다. 이 원리는 다른 무엇보다도 객관성의 측면이 강조되는데, 인과 비교해봤을 때 이 점이 분명하게 드러난다.

의로움과 이익이라는 것은 사람이라면 둘 다 가지고 있는 것이다. 비록 요 임금과 순 임금이라 하더라도 이익을 바라는 백성의 마음을 없앨 수는 없다. 그러나 그들이 이익을 바라는 마음이 그들이 의로움을 좋아하는 마음을 이길 수 없게 하는 것이다. 비록 걸, 주라 하더라도 백성이 의로움을 좋아하는 마음을 없앨 수는 없다. 그러나 그들이 의로움을 좋아하는 마음이 그들이 이익을 바라는 마음을 이길 수 없게 하는 것이다. 그러므로 의로움이 이익을 이기는 나라는 잘 다스려지는 세상이 되고, 이익이 의로움을 이기는 나라는 어지러운 세상이 된다. 그런데 위에서 의로움을 중히 여기면 곧 의로움이 이익을 이기게 되고, 위에서 이익을 중히 여기면 곧 이익이 의로움을 이기게 된다. 그러므로 천자는 많고 적은 것을 말해서는 안 되며, 제후는 이해관계를 말해서는 안 되고, 대부는 얻고 잃는 것을 말해서는 안 되며, 하급 관리인 사士는 재물을 유통시켜 이익을 추구하는 짓을 해서는 안 된다. 나라를 다스리는 임금은 소나 양을 길러 불리는 일을 하지 말아야 하고, 예물을 임금에게 바치는 신하는 닭이나 돼지를 길러서는 안 되며, 상경이 된 사람은 집의 울타리가 무너져도 손수 수리해서는 안 되고, 대부는 밭농사를 지어서는 안된다. 사의 신분 이상의 사람들은 모두 이익을 추구하는 것을 부끄럽게 여기고, 백성과 사업의 경영으로 다투지 않아야 하며, 자기 것을 나누어주고 베푸는 일은 즐기되 재물을 쌓아두는 일은부끄럽게 여겨야 한다. 그렇게 하면 백성은 재물 때문에 곤궁해지지 않고, 가난한 사람들은 그들의 손을 놀려 일할 수 있게 되는 것이다.

「대략」

오늘날 경제적 불평등이 심화될 때마다 그 핵심적인 사항으로 거론되는 분배 정의의 문제에 대한 순자의 혜안을 엿볼 수 있는 글이다. 현실의 철학자인 순자는 인간을 의로움뿐만 아니라 이익을 추구하는 마음을 가진 존재로 파악한다. 이 같은 양 측면이 잘 조절되어 이른바 '정의가 강물처럼 흐르는 사회'가 된다면 더할 나위가 없을 것이다. 그러나 현실은 대체로 반대의 모습을 보여준다. 사회의 권력과 특권을 보유한 계층이 그 힘을 이용해 이익을 독점하려드는 것이 동서고금의 일반적인 경향이다. 순자는 그러한 현상에 제동을 걸고자 했다. 사회를 구성하는 각 계층의 구성원들이 자신들의 품격에 맞는 경제활동을 하기를 요청한다. 그럴 때 백성

의로움을 말하다

에게 이익이 적절히 분배될 수 있다. 이러한 것을 통해 우리는 순자의 위민정신爲民精神을 읽을 수 있다. 백성은 나라의 근본이고 토대다. 따라서 이러한 백성의 삶을 안정되게 하는 것은 정치의 근본이 되는 일이고 위정자에게는 가장 중요한 책무가 된다. 이와 관련해서 순자는 다음과 같은 경고의 말을 남겼다. "임금이 배라면 백성은 물이다. 물은 배를 띄우기도 하지만 배를 뒤집어엎기도 한다."[65]

【순자 16】 원문 5 4

임금이 의로움을 좋아하면 백성은 누가 보지 않는 곳에서도 스스로를 닦지만, 임금이 부유함을 좋아하면 백성은 죽음을 무릅쓰고 이익을 추구하게 된다. 이 두 가지가 치란治亂의 분기점이다. 백성이 말하기를 "부유해지고자 하는가? 그러면 염치를 버리고 목숨을 다 바쳐 추구하며, 친구들을 버리고 의로움을 등져야 한다"고 한다. 임금이 부유함을 좋아하면 곧 백성의 행동이 그와 같이 되는데, 어찌 어지러워지지 않을 수 있겠는가?

「대략」

선진국은 왜 훨씬 더 우등한 국가가 되었는가? 간단히 말하면, 부유해져서 선진국이 된 것이 아니라, 사회 정의가 구현되면서 정치적으로 안정되고, 그와 함께 경제적으로도 사회 구성원들이 부유해진 것이다. 반면 오늘날 안타깝게도 경제적으로나 정치적으로 후진 상태에서 벗어나지 못하는 대부분의 나라의 공통점은 바로 사회 정의가 제대로 구현되지 못하고 있다는 점이다. 그 사회는 인류의 보편적 도덕성이 결여된 지도층의 부정과 부패가 흘러넘치면서 사회 정의는 실종되고, 결국 사회 구성원 대다수가 아무리 발버둥쳐도 힘겨운 삶에서 벗어나지 못하는 상태에 처해 있다. 그렇다면 우리 사회는 어떤가? 지도층의 도덕적 각성을 촉구하는 2000여 년 전의 이러한 순자의 말이 혹시 지금의 우리에게 보내는 경고는 아닐까?

【 순자 17 】 원문 55

> 들어가서는 효도를 행하고 나와서는 우의를 지키는 것이 사람으로서의 작은 행위다. 위로는 임금과 어버이에게 순종하고 아래로는 손아랫사람들을 두터이 사랑하는 것은 사람으로서의 중간 행위다. 도리를 따르되 임금을 따르지 않으며, 의로움을 따르되 어버이를 따르지 않는 것은 사람으로서의 큰 행위다.
>
> 「자도子道」

진정한 충과 효는 무엇인가. 무조건적인 복종인가? 순자는 그렇지 않다고 본다. 여기서 순자 사상의 급진성이 드러난다. 어떻게 보면 순자는 공자가 차마 표현하지 못한 부분을 더 직설적인 방식으로 말했을 뿐이다. 오직 의를 따르고 지키는 것이 진정한 충이고 효라는 것을! 이미 『춘추좌전』에

의로움을 말하다

서도 말하지 않았던가, '대의멸친大義滅親'! 나라나 백성을 위한 대의를 따르기 위해서는 때로는 부모나 형제의 정도 돌아보지 않는다는 의미인데, 진정한 의로움의 실천을 강조한 말이다.

증자가 병이 나서 아들 증원이 아버지의 발을 잡고 있었다. 증자가 말했다. "원아! 이걸 마음에 새겨두어라! 내 네게 얘기해주마. 물고기와 자라·큰 자라·악어는 깊은 못도 얕다고 생각하고 그 속에 다시 굴을 판다. 매와 솔개는 높은 산도 낮다고 생각하고 그 위에 다시 둥지를 만든다. 그런데 그것들이 잡히는 것은 반드시 먹는 미끼 때문이다. 그러므로 군자는 진실로 이익 때문에 의로움을 해치는 일이 없어야만 한다. 그렇게 하면 치욕스런 일이 닥칠 수 없는 것이다."

「법행法行」

증자가 병석에서 아들에게 남긴 말, 어쩌면 유언이 될지도 모르는 그 말의 핵심은 바로 이익보다는 먼저 의로움을 추구해야 한다는 것이다. 그럴 때 인간으로서의 고귀한 품격을 지켜나갈 수 있다고 증자는 강조했다. 어쩌면 오늘날 이른바 한국의 지도층에게 더할 나위 없는 충고일 것이다.

『춘추』에서 다스리고 있는 것은 다른 사람과 나다. 다른 사람과 나를 다스리는 방법이 인과 의이다. 인으로는 다른 사람을 편안하게 하고, 의로는 나를 바르게 한다. 그러므로 인으로는 다른 사람을 말하고 의로는 나를 말한 것은, 정해진 명칭을 말하여서 구별한 것이다.

「인의법仁義法」

『춘추번로』는 중국 한대漢代의 유학자인 동중서董仲舒가 편찬한 책이다. 이 책에서 그는 춘추공양학을 토대로 음양오행설을 수용해 자연과 인간의 관계를 긴밀하게 연계시킨 천인감응설天人感應說을 주장했다. 여기서는 유가의 주요한 개념인 인과 의에 대해서 풀이하고 있다. 동중서는 처음부터 타인과의 관계에 중심을 두는 타인 지향적인 개념으로 인을 해석하고 있다. 이에 비교해서 의는 분명하게 자신으로부터 출발해야 한다는 점을 강조했다. 그것이 "의로는 나를 바르게 한다"는 말로 표현되었다. 여기서 '바르게 한다'는 것에는 이미 제어와 규제, 교정과 교화의 의미가 내포되어 있다. 그런 까닭에 힘들고 어려운 일이므로, 이러한 것은 마땅히 자신으로부터 시작해야 타인을 향해서도 요구할 수 있는 것이다. 역사적 배경을 고려해서 말한다면, 이것은 "의가 전제 왕조 체제하의 관료들이 자신을 규율하는 원리로서 의식되었음을 보여준다."66

하늘이 사람을 낳을 때에, 사람에게 이로움과 의로움을 행하게 했다. 이로움은 사람의 몸을 기르는 것이며, 의로움은 사람의 마음을 기르는 것이다. 마음은 의로움을 얻지 못하면 즐거울 수 없고, 몸은 이로움을 얻지 못하면 편안할 수 없다. 의로움이란 마음을 양성하는 것이고, 이로움은 몸을 양성하는 것이다. 신체에서는 마음보다 귀한 것이 없다. 그러므로 양성할 때 의로움보다 더 귀중한 것은 없고, 의로움이 사람을 양성하는 것이 이로움보다 크다. (…) 사람은 의로움이 있으면 비록 빈한하다 할지라도 스스로 즐거울 수 있으며, 크게 의로움이 없으면 비록 부유하다 할지라도 스스로를 보존할 수 없다. 나는 이러한 사실로 미루어 보아, 의로움이 사람을 기르는 것이 이로움보다 크고 재물보다 두텁다고 생각한다. 사람들은 이것을 알지 못하여 항상 그와 반대로 행한다. 그래서 모두가 의로움은 잊고 이로움에 따르며, 이치를 버리고 사악함에 달려들어, 그 몸을 해치고 그 집안에 화가 미치게 한다. 이는 사람들의 계획이 충실하지 못한 것이 아니라, 지혜가 밝지 못하기 때문이다.

「신지양중어의身之養重於義」

동중서 역시 의義(의로움)와 이利(이로움)를 비교해서 논의했다. 특히 의

로움은 마음에, 이로움은 몸와 연관지어 설명하면서, '의로움-마음'이 인간에게는 그 어떤 것보다 중요하다는 점을 역설했다. 그러나 어리석게도 인간은 눈앞의 이로움을 좇는 데 급급해하다가 결국에는 환난에 직면한다는 것이 인간사와 관련된 동중서의 진단이다. 동중서와 관련해서 가장 널리 회자되는 말 역시 의와 이에 관한 것이다. "어진 사람은 그 의誼를 바르게 하지 그 이익을 도모하지 않으며, 그 도를 밝히지 그 공을 계산하지 않는다."[67] 『한서漢書』에 실려 있는 이 말은 원래 『춘추번로』에 나오는, "어진 사람은 그 도를 바르게 하지 그 이익을 도모하지 않으며, 그 이치를 닦지 그 공을 세우는 데 서두르지 않는다"[68]는 말에서 연유된 것이다. 여기서 동중서는 분명하게 공리功利를 반대하는 입장을 표명해 유학자로서의 정체성을 보여주었다. 『한서』에 기록된 이 글은 특히 『소학小學』에 실리면서 널리 알려졌다.[69] 심지어 본래 '誼'라고 기록된 것을 '義'로 바꾸어서 표기하는 경우도 있다.[70] 그런데 송대 이후의 성리학자들은 이러한 의리와 이익을 엄격히 구분하는 사고를 이어받아 도덕 실천에 있어 이익에 대한 기대나 고려를 개재시키는 것을 경계했으며, 이처럼 의리와 이익을 구분하는 사유는 성리학의 전개와 더불어 금욕주의의 강화로 구체화되면서 그에 따른 적지 않은 폐단을 초래하기도 했다.[71]

【근사록 1】 원문 59

일의 마땅함宜을 의義라고 말한다.

「제1권 도체道體」

『근사록近思錄』은 원래 남송의 유학자인 주희朱子 곧 주자와 여조겸呂祖謙이 북송 때의 유학자인 주돈이周敦頤·정호程顥·정이程頤·장재張載의 저서나 어록에서 일상 수양에 긴요한 것을 모아 엮은 책으로, 주자학의 대표적인 입문서다. 위에 제시된 글은 주돈이의 저술인『통서通書』에 나오는 내용인데, 주돈이 이전의 유학의 역사에서 가장 많이 쓰인 의義에 대한 규정이기도 하다. 주돈이 역시 의의 실천적 당위성을 나타내기 위해 이러한 전통적인 해석을 받아들인 것으로 보인다.『근사록』에서 정이의 "의義는 의宜라고 해석한다"[72]는 말을 실은 것도 같은 차원으로 이해할 수 있다.

【근사록 2】 원문 60

사물에 있는 것은 이치理가 되고, 사물에 대처하는 것에서는 의
義가 된다.

「제1권 도체」

'사물에 있는 것은 이치가 된다'는 말은 사물의 이치는 인간이 인위적으로 부여한 것이 아니라 객관적으로 존재한다는 의미이고, '사물에 대처하는 것에서는 의가 된다'는 말은 행위자가 사물에 대응해가는 상황에서 이치理를 기초로 하여 의가 선택된다는 것을 뜻한다.[73] 그렇다면 사물의 이치에 맞게 그 사물에 대응하는 행위를 가리켜서 의라고 할 수 있을 것이다. 이것은 의에 내재된 합리성과 공정성을 언급한 것인데, 그렇기 때문

에 의는 결국 우리가 실천할 때 따라야 할 올바른 원칙을 의미하게 된다. 이 문장에 대해서 주자는 "의라는 것은 마음의 제재(마음을 올바르게 제어하는 것)이며, 일의 마땅함(사물과 관련해서 일을 이치에 합당하게 처리하는 것)이다. 저 일의 마땅함이 비록 바깥에 있는 것 같지만, 그 마땅함을 제재하는 것은 마음에 있다. 정자의 한마디 말이 아니었다면, 훗날 사람들이 의는 바깥에 있다는 견해에서 벗어나지 못했을 것이다"[74]라고 평했다.

【근사록 3】 원문 61

> 경敬과 의義를 양편에 끼고서 곧바로 올라가야 한다. 천덕天德에
> 도달하는 것은 이로부터 시작된다.
>
> **「제2권 위학爲學」**

경의敬義는 『주역』 「곤괘 문언전」에 나오는 '경이직내敬以直內, 의이방외義以方外'(경敬으로써 안을 바르게 하고 의義로써 바깥을 반듯하게 한다)에서 나온 말이다. 여기서 경이 마음을 바르게 하기 위한 내적 공부라면, 의는 외적 측면을 단정히 하는 공부다. 의에 대한 설명은 『설문해자』에서 "의義는 자기 자신의 위의威儀다, 己之威儀也"라고 한 해석과 일맥상통하는 내용이다. 이처럼 내외를 아우르는 공부가 흔들림 없이 이루어질 때 우리는 타고난 본래의 덕을 회복할 수 있다는 것이다. 이렇듯 성리학에서는 의가 공부의 한쪽 측면을 담당하는 중요한 방법으로 자리잡고 있다.

"반드시 해야 할 일이 있을 때는 경을 통해서 해야만 합니까?"라고 물었다. 대답하기를 "경은 마음을 함양하는 방면에 사용하는 것이다. 반드시 해야 할 일이 있을 때는 '집의集義'를 써야 한다. 단지 경을 사용하는 것만 알고 집의를 모르면 아무 일도 하지 않은 것과 마찬가지가 된다"고 했다. 또한 "의라는 것은 이理에 들어맞는 것이 아닐까요?"라고 물었다. 대답하기를 "이에 들어맞는 것은 일 쪽에 있고, 의는 마음에 있는 것이다"라고 했다.

「제2권 위학」

여기에는 두 가지 주제가 포함되어 있다. 첫째는 실천 개념으로서의 의의 중요성을 언급한 측면이며, 둘째는 의가 '외적인 것인가 혹은 내적인 것인가' 하는 문제에 대해 거론한 부분이다. 두 번째 것은 맹자 이래로 문제가 되어왔던 주제다.

"경과 의는 어떻게 다릅니까?"라고 물었다. "경은 자기 마음을 보존하는 길이며, 의는 사물에 옳고 그른 것이 있음을 아는 것이다. 도리에 따라 행하는 것이 의다. 만일 경만 지키고 집의를 모른다면, 그것은 아무 일도 하지 않은 것과 마찬가지가 된다. 예컨대 효를 하고자 할 때, 효라는 한 글자만 지키고 있어서는 안 된다. 효를 행하는 방법, 곧 부모를 옆에서 시중드는 데는 어떻게 하면 좋은가, 부모를 겨울에는 따뜻하게 여름에는 시원하게 해드리는 데는 어떻게 하면 좋은가를 알아야만 효의 도를 다할 수 있는 것이다."

「제2권 위학」

어떤 일을 실행하기 위한 기본 마음가짐을 바르게 유지하는 것이 경이라면, 의는 당위적이면서도 구체적인 실행 방도와 관련 있다. 그렇기 때문에 의에 대해서 바르게 알지 못한다면 올바른 실천은 불가능해진다. 이것은 역시 의가 실천 원칙임을 강조한 것이다.

【근사록 6】 원문 6 4

의리의 학문은 깊이 침잠해야만 바야흐로 도달할 수 있다. 얕고 안이하며 경박해서는 성취할 수 없다.

「제3권 치지致知」

성리학은 의리지학義理之學이다. 그러므로 그 의리를 알기 위해서는 진중한 자세로 끊임없이 정진해야 한다. 이러한 점에 주목할 때 유학의 공부, 수양이 일반 종교에서 말하는 이른바 '수도修道' 활동과 별다를 바 없다고도 할 수 있다. 종교로서의 유교가 아니라 유교에 함축되어 있는 종교성의 일단을 이러한 데서도 헤아려볼 수 있을 것이다.

【근사록 7】 원문 65

운동과 휴식, 절제와 발산은 생명을 길러주고, 음식과 의복은 신체를 길러 준다. 위엄이 있는 몸가짐을 유지하고 올바른 일을 행하는 것은 덕을 길러주고, 자기의 경우를 미루어 생각하여 남에게 이를 적용하는 것은 타인을 길러준다.

「제4권 존양存養」

존양의 방법과 범위를 간결하게 설명한 것이다. 존양은 단지 내 마음을 보존하고 길러주는 데서 그치지 않는다. 나를 총체적으로 길러주는 것이다. 나에서 그치는 것이 아니라 타인에게까지 확대될 때 진정한 의미에서 존양의 완성이 이루어진다. 그리고 여기서는 특히 우리의 덕을 길러주는 방법으로 위의威儀(위엄이 있는 몸가짐을 유지하는 것)와 행의行義(의를 행하는 것)를 거론했는데, 『설문해자』에서 "의義는 자기 자신의 위의다"라고 했듯이, 결국 덕을 기르는 데 가장 중요한 요소는 의라는 점을 강조했다.

185
2장 원전과 함께 읽는 의

【근사록 8】 원문 66

명도 선생이 말하기를 "의리義理와 객기客氣는 서로 이기려고 다투는 관계에 있다. 그것이 줄어드는가 많아지는가의 정도 차이만 봐도 군자와 소인을 구별할 수 있다. 의리를 얻는 것이 점점 많아지면 객기는 사라져 적어진다는 것을 자연히 알 수 있다. 이 객기가 다 없어진 사람이 위대한 현인이다"라고 했다.

「제5권 극기克己」

의리가 올바른 마음이라면 객기는 불안정한 기운이라고 할 수 있다. 이러한 의리와 객기의 관계는 의義와 이利, 성리학의 방식으로 말하면 천리天理와 인욕人欲(私欲)의 관계와 병치시킬 수 있을 것이다. 그렇다면 결국에는 '존천리거인욕存天理去人欲',[75] 즉 '올바른 이치를 보존하고 인간의 이기적 욕망을 없애라'는 성리학의 수양법으로 귀결된다.

【근사록 9】 원문 67

현자는 오직 의義만 알 따름이다. 그러면 운명은 그 속에 있다. 중인 이하의 사람은 운명에 의거해서 의를 따른다. 맹자는 "구하는 데에는 원칙이 있고 이를 얻을 수 있는가는 운명에 달렸다. 아무나 구한다고 해서 얻는 데에 도움이 되는 것은 아니다"[76]라

의로움을 말하다

고 말했다. 운명으로는 구한다고 얻을 수 있는 것이 아니라는 점을 알게 되면 스스로 이를 구하려 하지 않을 것이다. 현자의 경우는 도에 따라 구하고 의에 따라 얻으므로, 운명을 말할 필요가 없다.

「제7권 출처出處」

유학자의 운명관을 잘 보여주는 말이다. 의義와 명命을 대비시켜, 주체적이고 확고한 원칙이 있는 존재인 현자는 오직 의만 따른다는 점을 강조하고 있다. 운명을 배제하는 것이 아니라 인간 스스로가 할 수 있는 부분에 최선을 다해야 한다는 입장을 말한 것이다. 이것이 바로 '진인사대천명盡人事待天命'(사람이 할 수 있는 일을 다 하고서 하늘의 명을 기다림)의 자세다.

【근사록 10】 원문 68

맹자는 순 임금과 도척盜跖77을 구분하고 있는데, 그것은 의義(의로움)와 이利(이로움) 사이에 있다. 사이라는 것은 거리가 별로 없고, 그 차이가 털끝만큼의 것임을 말한다. 의로움과 이로움은 다만 공과 사인 것이며, 의로움에서 벗어나는 순간에 이로움이라 말해진다. 저 계산이야말로 이해利害가 있기 때문에 이루어지는 것이다. 이해가 없으면 무슨 계산이 필요하겠는가. 이해는 세상 일반의 인정이다. 사람은 누구든 이로움으로 달려가고 해로움을 멀리하는 것을 알고 있는데, 성인의 경우는 이해는 논의하지 않고, 오직 의로써 마땅히 행할 것이냐 그렇지 않을 것이냐를 볼 뿐이니, 천명은 그 속에 있는 것이다.

「제7권 출처」

맹자는 말했다. "사람이 금수와 다른 점이 별로 없는데, 일반인은 그마저도 버리고 군자는 그것을 보존한다."[78] 그렇다면 사람과 금수가 다른 점은 무엇일까? 주자의 설명을 살펴보자.

사람과 동물은 생겨날 때 천지의 이理를 똑같이 얻어 성性이 되었고, 천지의 기氣를 똑같이 얻어 형체가 되었다. 같지 않은 점은, 오직 사람은 그 사이에 바른 모습과 기운形氣을 얻어 본성을 온전히 유지할 수 있다는 것, 그것이 조금 다를 뿐이다. 비록 조금 다르다고 말하지만, 사람과 동물이 구분되는 이유는 실로 여기에 있는 것이다. 일반 사람들은 이러한 것을 알지 못하여 버리니, 이름은 비록 사람이라 하지만 실제로는 금수와 다를 것이 없고, 군자는 이러한 것을 알아서 보존하니, 이 때문에 늘 삼가고 조심하여 마침내 그 품부받은 올바름을 온전히 유지할 수 있는 것이다.[79]

사람과 금수는 이와 기를 똑같이 얻어서 이루어진 존재다. 다만 다른

의로움을 말하다

점이 있다면, 사람은 더 나은 기를 얻어서 본성을 온전히 유지할 수 있다는 것이다. 그러나 이 결정적인 차이를 인식하지 못하고, 오직 생존과 욕망을 추구하는 차원에서만 살아가는 사람도 적지 않으니, 맹자는 이에 대해 '이름은 비록 사람이라 하지만 실제로는 금수와 다를 것이 없다'고 통렬하게 비판했다. 이러한 유형을 대표하는 인물이 바로 도척이다. 그러나 성왕인 순 임금과 악당인 도척이 구분되는 것은 다만 의로움義과 이로움利, 공과 사의 '사이'라는 '털끝'만큼의 차이라고 말한다. 여기서 어느 쪽으로 방향을 잡느냐에 따라 거대한 결과적 차이가 발생한다. 성인의 특별함은 다른 것이 아니다. 다만 의라는 원칙에 따라 행한 것뿐인데, 참으로 쉽고도 어려운 길이다.

【 근사록 11 】 원문 69

조경평이 "'공자께서 이利를 별로 말하지 않으셨다'라고 『논어』에 나오는데, 거기에 나오는 이란 무슨 이인가요?" 하고 물었다. 선생께서는 "재리財利의 이만은 아니다. 이를 구하는 마음이 있으면 좋지 못하다. 예컨대 뭔가 할 경우 자기에게 편한 점을 구하겠지만, 그것은 모두 이를 구하는 마음인 것이다. 성인은 의義를 이롭다고 여긴다. 의에 비추어 편안한 것이 결국 이다. 불교 등은 모두 이에 의거하므로 문제가 된다"라고 말씀하셨다.

「제7권 출처」

인간은 거의 본능적으로 편리함과 편안함을 따르고자 한다. 그것이 자신을 위하는 길이라고 생각하기 때문이다. 그러나 그렇지 않다는 것이다. 그와 같이 이로움을 추구하는 마음은 결국 자기 자신을 이기적인 존재로 머물게 하는 결과를 초래한다는 것이다. 같은 사회적 존재로서 타인과의 연대와 배려를 당연시하는 유가로서는 최악의 상황인 것이다. 이러한 사태에 맞닥뜨리지 않으려면 어떻게 해야 할까? 오직 의義라는 도덕적이고 합리적인 기준과 원칙에 따라서 판단, 실천하라고 요청한다. 불교 등을 문제삼은 것은, 불교나 도가 사상이 기본적으로 개인(개체)의 깨달음이나 안심입명을 추구하는 경향이 있기 때문이다. 물론 불교나 도가에서는 그러한 비판을 별로 수긍하려 하지 않을 것이다.

【근사록 12】 원문 70

"(같은 문하의) 형칠은 오랫동안 선생님의 가르침을 받았습니다만, 도무지 아는 게 없는 듯하니, 장래에 크게 낭패를 볼 것 같습니다" 하고 사상채謝上蔡가 말하자, 이천 선생은 말씀하셨다. "전혀 아는 게 없다고 말하는 것은 옳지 못하다. 다만 의리義理가 이욕利欲의 마음을 이기지 못해서 그렇게 된 것이다."

「제7권 출처」

이기심과 욕망이 앞서면 잘못된 판단과 행동이 나온다. 이것은 지식이

의로움을 말하다

많고 적음의 문제가 아니라 의리로 표현되는 도덕적 가치를 추구하려는 마음이 얼마나 있는가의 문제다. 예를 들면 서양 역사에서 소크라테스보다 훨씬 더 똑똑하고 지식이 많은 인물이 적지 않았을 것이다. 그러나 그러한 인물 대부분은 이름도 별로 남기지 못하고 사라진 데 비해 소크라테스의 명성은 오늘날까지 크게 전해지고 있다. 그 이유는 무엇이겠는가? 오직 덕과 지혜, 정의를 논의하고 실천했기 때문이다. 소크라테스는 그렇게 하는 것이 인간으로서 올바른 길을 가는 것이라 여겼으리라, 그 길 끝에 독배가 놓여 있을지라도!

【근사록 13】 원문 71

사람들이 가난하고 천한 상태인데도 편안하다고 말은 많이 하는데, 사실은 거기서 벗어날 방법과 힘이 없고 재주도 없어서 시도하지 못하는 경우가 많다. 만일 조금이라도 벗어날 수 있다면, 편안하게 여기지 않을 것이다. 의리를 지키는 것이 이욕을 따르는 것보다 즐겁다는 것을 진실로 알아야 그렇게 할 수 있다.

「제7권 출처」

'가난하고 천한 상태인데도 편안하다'고 말할 수 있는 것은 어떤 경지인가?

공자께서 말씀하셨다. "어질도다 안회여! 한 소쿠리 밥을 먹고 한 표주박 물을 마시며 누추한 골목에 사는데, 남들은 그러한 근심을 견디지 못하지만 안연은 즐거움을 바꾸지 않으니, 어질도다 안회여!"[80]

공자 문하의 제1의 인물인 안연顏淵은 유교 역사에서 복성復聖이라 일컬어지는 인물이다. 그런 인물이 누린 즐거움은 무엇일까? 그것은 아마도 참된 '인간의 길'을 걸어가는 자만이 누릴 수 있는 즐거움이리라. 그런 자는 세속의 사람들이 추구하는 욕망에 전혀 휩쓸리지 않고, 오직 의리만 지키는 이다. '가난하고 천한 상태인데도 편안하다'고 말할 수 있는 것은 바로 그러한 사람에게만 허여할 수 있는 경지다. 그러한 '인간의 길'을 성리학의 방식으로 표현하면 '존천리거인욕存天理去人欲'이라는 성리학적 수양의 목표다.

【근사록 14】 원문 72

세상일 가운데 몹시 염려되는 것은 남들의 비웃음을 두려워하는 일이다. 수레와 말을 갖지 못하거나 좋지 못한 옷과 거친 음식으로 살아야 하고 가난하고 천하게 생활하게 되면, 누구나 남들이 비웃지 않을까 두려워한다. 사람들은 알지 못한다. 살아야 할 때 살고 죽어야 할 때 죽으며, 오늘 많은 급료를 받다가도 내일은 버리며, 오늘은 부귀를 누리다가 내일은 굶주리더라도 개의치 않으며, 오직 의만 따라야 한다는 것을!

여기서 장횡거(장재)는 물질적 재화나 사회적 지위의 문제로 타인의 시선을 의식하는 인간의 심리 상태를 정확하게 지적했다. 이러한 측면에 지나치게 민감하면 마침내 물질만능주의에 빠지거나 허위의식에 젖어들게 되며, 그러다가 점점 본래의 인간다움을 잃어버리게 된다. 그렇다면 인간을 인간답게 하는 것은 무엇일까? 그것은 물질적인 것이 아니라 의로 대표되는 인간의 도덕성이다. 그렇기에 공자는 "선비가 도에 뜻을 두고도 좋지 못한 옷과 거친 음식을 부끄러워한다면, 그런 사람과는 더불어 도를 말할 만하지 않다"[81]고 했던 것이다. 그렇다면 의만 따르고자 할 땐 어떻게 해야 하는가? 장횡거는 말한다. "오직 마음이 넓어야만 남의 비웃음에 개의치 않고 의리를 향해 나아갈 수 있다."[82]

【근사록 15】 원문 73

감정이 격해져서 목숨을 버리는 것은 쉽지만, 조금도 두려워하지 않고 의로 나아가는 것은 어렵다.

「제10권 정사政事」

의는 일시적인 감정으로 이루어지는 것과는 별 관계가 없다. 의는 합리적이면서도 강인한 정신을 토대로 이루어지는 올바른 원칙이다. 그런 까닭에 어떤 상황에서도 흔들리지 않고 굳건하게 의를 향해 나아갈 수 있는 것이다. 그리고 이런 원칙에 따라 사는 사람이야말로 그 사회의 '빛과 소금'의 역할을 한다. 그러므로 이 같은 올바른 원칙을 지키기 위해 어떤 상황이나 조건 속에서도 흔들림 없이 나아가는 삶이 역사의 중심에 서야만 한다.

【도덕경】 원문 74

(1) 큰 도道가 망가지니 인仁과 의義가 있게 되고, 지혜가 나타나니 큰 거짓이 있게 된다. 가족이 화목하지 못하니 효도와 자애가 있게 되고, 나라가 어지러워지니 충신이 있게 된다.

「제18장」

(2) 성스러움을 끊고 지혜로움을 버리면 백성의 이로움은 백배나 많아진다. 인仁을 끊고 의義를 버리면 백성은 효도와 자애를 회복하게 된다. 기교를 끊고 이로움을 버리면 도적이 없어진다. 이 세 가지는 인위적인 것이기에 충분하지 않다. 그러므로 덧붙일 것이 있게 된다. 소박함을 유지하고 사사로운 욕심을 줄여라.

「제19장」

(3) 가장 훌륭한 덕은 덕이라 하지 않으니, 그러기에 덕이 있게

의로움을 말하다

된다. 가장 보잘것없는 덕은 덕을 잃지 않으려 하니, 그러기에 덕이 없게 된다. 가장 훌륭한 덕은 함이 없으니, 무엇을 의도하여 함이 없는 것이다. 가장 보잘것없는 덕은 하되 무엇을 의도하여 한다. 가장 훌륭한 인仁은 하되 무엇을 의도하여 함이 없는 것이다. 가장 훌륭한 의義는 하되 무엇을 의도하여 한다. 가장 훌륭한 예禮는 하되 응하지 않으면 소매를 걷어붙이고 억지로 끌어당긴다. 그러므로 도를 잃은 뒤에 덕이 있게 되고, 덕을 잃은 뒤에 인이 있게 되며, 인을 잃은 뒤에 의가 있게 되고, 의를 잃은 뒤에 예가 있게 된다. 저 예라는 것은 진실하고 믿음직한 마음이 옅어진 결과이며 혼란의 원인이다. 앞서 안다는 것은 도의 겉치레이며 어리석음의 시발점이다. 이렇기 때문에 대장부는 두터운 데를 지키고 있지 얕박한 데 머물러 있지 않는다. 그 참된 모습을 지키고 있지 그 꾸며진 곳에 머물러 있지 않는다. 그러므로 저것을 버리고 이것을 취한다.

「제38장」

현행본『도덕경道德經』5000여 자 가운데 의義라는 글자는 모두 다섯 번 나오는데, 나오는 곳은 바로 위의 원문 세 장이다. 유교에서 최고 덕목으로 여겨지는 인과 의, 지혜, 효도, 자애, 충성 등의 가치 개념이 『도덕경』에서는 양적으로도 적게 언급되거니와, 전혀 다른 부정적 맥락에서 사용된다. 유교에서는 개인의 수양은 물론이고 바람직한 공동체가 이루어지려면 인의 등의 덕목이 강조되고 또한 당연히 실천되어야 한다고 주장한다. 그러나 『도덕경』에서는 오히려 이러한 덕목이 강조되면 될수록 그만큼 개인이나 사회가 불완전한 상태에 있는 것으로 진단한다.[83] 예컨대 유교에서 강조하는 '예禮'를 『도덕경』에서는 인간사회가 가장 타락한 상태에 놓여 있다는 증거로 제시하고 있다. 그런 까닭에 『도덕경』에서는 이러한 기존의 가치 관념에서 벗어날 것을 주장한다. 그런데 그것은 그러한 가치 관념을 전적으로 무시하라는 선동이라기보다는 그러한 단계를 넘어서서 인간의 본래성으로 나아갈 것을 권고하는 진심 어린 메시지로 볼 수 있다. 『도덕경』의 표현을 빌리면, 유위有爲의 경지에서 무위無爲의 경지, 곧 도道의 세계로 나아가라는 의미다. 그렇게 될 때 우리 개개인의 삶은 겉치레에 치우친 데서 벗어나 본래의 진실한 삶이 될 수 있고, 우리가 사는 사회는 불안정하고 빡빡한 데서 안정되고 여유로운 사회로 나아갈 수 있다는 것이 『도덕경』 저자의 일관된 생각이다.

【장자 1】 원문 75

설결齧缺이 왕예王倪에게 물었다. "선생은 모든 존재가 하나같이 옳다고 인정하는 (절대적인 가치를 지닌) 것을 아십니까?" 왕예가 대답했다. "내가 어찌 그것을 알겠나?" "선생은 자신이 그것을 모른다는 사실을 아십니까?" "내가 어찌 그것을 알겠나?" "그렇다면 모든 사물에 대해 아무것도 모른단 말씀입니까?" "내가 어찌 그것을 알겠나? 하지만 그 문제에 대해 일단 말은 해보자. 내가 알고 있다고 했지만 실은 알지 못하는지도 모르고, 내가 모른다고 했지만 실은 알고 있는지도 모른다. 그럼 어디 네게 물어보자. 사람은 습한 데서 자면 허리 병이 생겨 반신불수로 죽지만 미꾸라지도 그렇던가? 나무 위에 있으면 사람은 떨고 무서워하지만 원숭이도 그렇던가? 이 셋 중 어느 쪽이 올바른 거처를 알고 있는 걸까? 또 사람은 소·돼지 따위의 고기를 먹고, 순록은 풀을 먹으며, 지네는 뱀을 먹기 좋아하고, 올빼미는 쥐를 먹기 좋아한다. 이 넷 중에 어느 쪽이 올바른, 즉 진짜 맛을 알고 있다고 하겠는가? 암원숭이는 긴팔원숭이가 짝으로 삼고, 순록은 사슴과 교배하며, 미꾸라지는 물고기와 논다. 모장毛嬙이나 여희麗姬는 사람마다 미인이라고 하지만, 물고기는 그를 보면 물속 깊이 숨고, 새는 그를 보면 하늘 높이 날아오르며, 순록은 그를 보면 기운껏 달아난다. 이 넷 중 어느 쪽이 이 세상의 올바른, 즉 진짜 아름다움을 알고 있을까? 내가 보기에는 천하에서 인의의 발단이나 시비의 길은 어수선하고 어지럽다. 그런데 어찌 내가 그 구별을 알 수 있겠나." 설결이 말했다. "선생은 이해利害에 대해 마음을 두지 않는 듯한데, 그렇다면 지인至人(이상적 인격자)도 물론 이해에는 전혀 마음을 쓰지 않겠지요?" 왕예는 말했다. "지인은 신비스럽다. 큰 못가의 수풀이 타올라도 뜨겁게 할 수가 없고, 황하黃河나 한수漢水 물이 얼어도 춥게 할 수가 없으며, 사나운 천둥이 산을 쪼개고 모진 바람이 바다를 뒤흔들어도 놀라게 할 수는 없다. 그런 사람은 구름을 타고 해ㅏ 달에 올라앉아 이

세상 밖에 나가 노닌다. 삶이나 죽음조차도 그에게 아무런 변화
를 주지 못한다. 그런데 하물며 이해 따위에 그가 흔들리겠는
가."[84]

「제물론齊物論」

『장자莊子』는 『도덕경』과 더불어 도가의 대표적인 문헌이다. 현재 우리
가 보고 있는 『장자』는 33편 체제인데, 내편 7편, 외편 15편, 잡편 11편으
로 구성되어 있다. 대체로 내편이 장자 본래의 사상을 충실히 전달하는 것
으로 보고 있다. 『도덕경』에서와 마찬가지로 장자는 인간 세상에서 중요
시하는 인이니 의니 하는 윤리 덕목의 강조, 옳고 그르다는 시비의 결정,
이해관계의 다툼 등이 모두 인간의 가치관이 편협한 데서 비롯되는 것으
로 파악하고, 이로부터 벗어날 것을 강조한다. 다시 말해서 장자가 보기에
인간은 단지 상대적인 가치를 갖는 것에 불과한 현실의 사태를 절대적인
가치를 갖는 것으로 잘못 인식하기에 세속의 가치관을 벗어나서 절대적인
자유의 경지로 나아가지 못하고 있다.

【 장자 2 】 원문 76

의이자意而子가 허유許由를 찾아가 만나자, 허유가 물었다. "요堯
는 자네에게 무엇을 가르쳐주었나?" 의이자가 대답했다. "요는
내게 '넌 반드시 몸소 인의의 덕을 실천하고, 시비를 분명히 말

하라'고 했습니다." 허유는 말했다. "자네는 어째서 여길 왔나. 저 요가 이미 인의의 덕으로 자네에게 묵형墨刑[85]을 가했고, 시비로 코 베는 형벌을 가했다. 그런데 자네는 저 자유분방하고 변화 많은 도의 세계에서 어찌 노닐 수 있겠느냐. (네게는 이미 그 자격이 없다.)" 의이자가 대답했다. "그렇기는 하지만 저는 그 도의 언저리에서라도 노닐고 싶습니다." 허유는 말했다. "그렇지 않아. 대체 장님은 얼굴 모습의 아름다움을 알지 못하고, 또한 장님은 옷의 아름다운 빛깔이나 무늬를 보지 못하는 거야." 의이자가 말했다. "대체 미인인 무장無莊이 그 미모를 잊게 되고, 장사壯士인 거량據梁이 그 힘을 잊게 되며, 박식한 황제黃帝가 그 지혜를 잊게 된 것은, 모두 (이 천지라는 커다란) 화로 속에서 (도의 힘에 의해) 단련됐기 때문입니다. 그러고 보면 조물자가 저의 묵형을 지워주고, 베어진 코를 붙여주어서 저를 온전한 몸으로 만들어 선생을 따라오게 했는지 어찌 알겠습니까?" 허유는 대답했다. "아, 그랬을지도 모르겠군. 그럼 내 자네를 위해 그 대강을 말해주지. 내 스승, 내 스승이라고 말할 수 있는 도는 만물을 이루어놓으면서도 의義롭게 여기지 않고, 만세萬世에 미치는 혜택을 베풀면서도 어질다 생각하지 않는다. 아득한 옛날보다 더 오래 살면서도 늙었다 하지 않고, 천지를 싣고 감싸서 갖가지 모양을 조각해내면서도 재주라고 여기지 않는다. 이것이 바로 마음을 노닐게 하는 경지일세."

「대종사大宗師」

허유는 요 임금의 양위를 거절하고 유유자적 살아간 인물로 알려져 있다. 그런 허유에게 요 임금 밑에 있던 의이자라는 인물이 찾아와서 도의 세계에서 노닐 수 있도록 가르침을 청하는 것이 위 글의 주된 내용이다. 그런데 여기서 허유가 요 임금의 가르침을 받은 의이자에게 한 말을 보라! "저 요가 이미 인의의 덕으로 자네에게 묵형을 가했고, 시비로 코 베는 형벌을 가했다." 허유는 요의 가르침을 인위적인 방법으로 사람을 세속에 묶어두는 부정적인 요소로 신랄하게 비난한 것이다. 그런데 여기서 유의해서 봐야 할 장면은, 그렇다고 허유가 속세의 사람인 의이자를 끝까지 거부하지는 않았다는 점이다. 그렇기 때문에 도가의 인물인 장자도 유가와 마찬가지로 인간에 대한 희망을 버리지는 않았다고 할 수 있다. 어쩌면 이러한 낙관론은 중국 철학의 공통된 특징이라고도 할 수 있다.

【 장자 3 】 원문 77

안회가 말했다. "저는 얻는 바가 있었습니다." 중니(공자)가 물었다. "무엇 말이냐?" "저는 인의仁義를 잊었습니다." "됐다. 하지만 아직 미흡해." 얼마 후 다른 날, 다시 안회가 중니를 만나서 말했다. "저는 얻는 바가 있었습니다." "무엇 말이냐?" "저는 예악禮樂을 잊었습니다." "됐다. 하지만 아직 미흡해." 다시 얼마 후 다른 날, 또 안회가 중니를 만나서 말했다. "저는 얻는 바가 있었습니다." "무엇 말이냐?" "저는 좌망坐忘하게 됐습니다." 중니는 놀라서 물었다. "무엇을 좌망이라고 하느냐?" 안회가 대답했다. "손

의로움을 말하다

발이나 몸을 잊고, 귀와 눈의 작용을 물리쳐서, 형체를 떠나 지식을 버리고 저 위대한 도와 하나가 되는 것, 이것을 좌망이라 합니다." 중니는 말했다. "도와 하나가 되면 좋다 싫다 하는 차별 따위가 없어지고, 도와 하나가 되어 변하면 한 군데도 집착하지 않게 된다. 너는 정말 훌륭하구나. 나도 네 뒤를 따라야겠다."

「대종사」

여기서 장자는 인의, 예악, 자기 자신, 지식 등의 유위에서 벗어난 무위의 자유로운 세계에 대해 말하고 있다. 여기서 좌망은 다른 것이 아니다. 어떠한 차별도 집착도 무화無化된 삶의 참된 상태일 뿐이다. 그렇기 때문에 『장자』의 다른 곳에서와 마찬가지로 의義는 여기서도 인간의 본래성을 방해하는 저급한 요소일 뿐이다. 이와 같이 의는 도가를 만나면서 완전히 길을 잃어버린 신세가 되었다! 한마디로 말하면, 의의 몰락이다.

곡식 창고에 비축된 곡식이 없으면 흉년이나 기근에 대비할 수 없고, 무기 창고에 준비된 무기가 없으면 설령 의전義戰을 펼치고자 해도 불의를 칠 길이 없고, 성곽이 완벽하게 정비돼 있지 못하면 스스로 지킬 수 없고, 내심 유사시를 대비하지 않으면 급작스런 일에 대처할 길이 없다. (⋯) 그러므로 유사시를 염두에 둔 대비는 나라의 중대한 일이다. 양식은 나라의 보배이고, 무기는 나라의 발톱이며, 성채는 스스로를 지키는 수단이다. 이 세 가지는 나라를 유지하는 도구다.[86]

「칠환七患」

정의는 말로만 되는 것이 아니다. 현실적인 역량을 가져야 한다. 묵자의 공리주의의 한 단면이다. 차별 없는 사랑을 강조하는 묵자의 겸애설兼愛說은 단순한 이상주의적 발언이 아니다. 그것을 뒷받침하는 현실적인 방안에 대한 숙고가 『묵자』에 포함되어 있다.

【묵자 2】 원문 79

옛 성왕은 정사를 펴면서 말하기를, "의롭지 않으면 부유하게 만들지도 말고, 귀한 자리에 앉히지도 말며, 친하게 지내지도 말고, 가까이 두지도 말라"고 했다. 이 말을 듣고 부귀한 자들이 모두 물러나 대책을 논의하기를, '당초 우리가 믿었던 것은 우리가 부귀하다는 점이었다. 지금 군주는 의로운 사람이면 빈천한 자도 꺼리지 않은 채 등용하고 있다. 우리도 의를 행하지 않을 수 없다'고 했다. 군주와 친하게 지내는 사람들도 모두 물러나 대책을 논의하기를, '당초 우리가 믿었던 것은 군주와 친하다는 점이었다. 지금 군주는 의로운 사람이면 친분이 먼 자도 꺼리지 않

의로움을 말하다

은 채 등용하고 있다. 우리도 의를 행하지 않을 수 없다'고 했다. 가까운 곳에서 일하는 사람들도 모두 물러나 대책을 논의하기를, '당초 우리가 믿었던 것은 군주와 가까운 위치에 있다는 점이었다. 지금 군주는 의로운 사람이면 소원한 자도 꺼리지 않은 채 등용하고 있다. 우리도 의를 행하지 않을 수 없다'고 했다. 군주와 소원한 자들도 모두 물러나 대책을 논의하기를, '당초 우리는 군주와 관계가 멀어 의지할 바가 없다고 여겼다. 지금 군주는 의로운 사람이면 관계가 먼 것도 꺼리지 않은 채 등용하고 있다. 우리도 의를 행하지 않을 수 없다'고 했다. 이런 얘기가 널리 퍼지자 도성에서 멀리 떨어진 벽지의 외신外臣과 궁정의 숙위宿衛하는 관원, 도성 안의 백성, 사방의 열국 백성에 이르기까지 모두 다투어 의를 행했다.

「상현 상尙賢上」

이것은 현명한 인재를 모으는 방법과 함께 군주가 국가를 운영하는 데 필요한 기본 원칙에 대한 설명이다. 그 원칙이 다름 아닌 의다. 여기서의 의는 바로 보편적인 의미에서의 '올바름'으로 이해할 수 있다. 이처럼 의라는 도덕적 가치를 내세움으로써 엄격한 법을 내세우는 법가와도 대비되고, 그와 함께 묵가의 사상적 출발점인 유가와의 친연성도 확인할 수 있는 내용이다.

사람 1명을 죽이면 불의하다고 말하고, 반드시 한 사람을 죽인 벌을 받게 된다. 이를 확장하면 10명을 죽일 경우 10배의 불의가 되고, 반드시 열 사람을 죽인 벌을 받게 된다. 100명을 죽일 경우 100배의 불의가 되고, 반드시 백 사람을 죽인 벌을 받게 된다. 이 경우 천하의 군자들이 모두 이를 알면 비난하고, 불의라 말한다. 그런데 지금 남의 나라를 공격하는 큰 불의를 저지르면 비난할 줄도 모르고, 오히려 칭송하며 의라고 말한다. 실로 그것이 불의라는 사실조차 모르는 것이다. 그러므로 그런 내용을 기록하여 후세에 남기는 것이다. 만약 그것이 불의라는 것을 알았다면 어찌 불의한 것을 기록하여 후세에 남기겠는가? (…) 지금 작은 불의를 저지르면 이를 비난하다가, 남의 나라를 공격하는 큰 불의를 두고는 비난할 줄 모르고, 오히려 칭송하면서 의라고 말한다. 이러한데도 의와 불의를 분별할 줄 안다고 말할 수 있겠는가? 이로써 나는 천하의 군자들이 의와 불의의 분별에 혼동을 일으키고 있음을 알 수 있다.

「비공 상非攻上」

묵자는 의와 불의에 대한 우리의 편협하고 고정된 관점을 통렬히 비판한다. 한두 사람을 죽이면 불의한 일로 비난하고, 대량으로 사람을 희생시키는 침략 전쟁에 대해서는 오히려 의로운 일로 역사에 기록하고 높이 평가하는 어처구니없는 상황을 묵자는 '의와 불의의 분별에 혼동을 일으키고 있다'고 질타한다. 의에 대한 올바른 인식을 촉구하는 말이다. 한편으로 여기서 중국 고대에 등장하는 최초의 반전反戰 사상 곧 평화 사상의 일단을 읽을 수 있다.

【묵자 4】 원문 81

옛날 지혜로운 사람은 천하를 위해 계책을 낼 때면 반드시 의에 합당한지 여부를 생각한 뒤에 일을 실행했다. 이 때문에 움직여도 의심함이 없고, 멀고 가까운 사람들이 모두 자신이 바라던 것을 얻으면서 하늘과 귀신과 백성의 이익에도 부합했다. 이것이 지혜로운 자의 도이다.

「비공 하」

묵자의 공리주의의 참된 모습을 알 수 있는 말이다. 의에 합당하게 일을 실행하는 것은 백성의 이익에도 부합하는 것이다. 백성뿐만 아니라 하늘과 귀신의 이익에도 부합한다는 것은 백성의 이익을 추구하는 것이 정당한 길임을 강조한 것이다. 이와 같이 백성의 이익을 내세워서 의와 이익을 분리하지 않고 연계시킨 것이 묵자의 공리주의가 여타의 공리주의와 다른 점이다. 이 경우 의가 이익에 귀속되다기보다는 이익이 의에 포섭되도록 해야 한다는 의미로 이해해야 할 것이다.

【묵자 5】 원문 82

그렇다면 하늘은 무엇을 바라고 무엇을 싫어하는가? 하늘은 의
를 바라고 불의를 싫어한다. 따라서 천하의 백성을 이끌고 의를
행하는 것은 내가 곧 하늘이 바라는 바를 행하는 것이 된다. 내
가 하늘이 바라는 바를 행하면 하늘 역시 내가 바라는 바를 행
한다. 그렇다면 나는 무엇을 바라고 무엇을 싫어하는가? 나는
복록福祿을 바라고 하늘의 재앙인 화수禍祟(재앙의 빌미)를 싫어
한다. 내가 하늘이 바라는 바를 행하지 않고 바라지 않는 바를
행하는 것은 내가 곧 천하의 백성을 이끌고 '화수'의 한복판에서
일하는 셈이 된다. 무엇으로 하늘이 의를 바라고 불의를 싫어하
는 것을 알 수 있는가? 이같이 말할 수 있다. '천하에 의가 있으
면 살고 없으면 죽는다. 또 의가 있으면 부유해지고 없으면 가난
해진다. 나아가 의가 있으면 다스려지고 없으면 어지러워진다.'
하늘은 사람들의 삶을 바라며 죽음을 싫어하고, 부유함을 바라
며 가난을 싫어하고, 다스림을 바라며 어지러움을 싫어한다. 이
것이 바로 내가 하늘이 의를 바라고 불의를 싫어하는 이유를 알
게 된 배경이다.

「천지 상天志上」

'하늘'에 대한 묵자의 사상은 중국 고대 사상 가운데 가장 종교적이고 유신론적인 모습을 보여준다. 묵자는 하늘이 능동적인 의지를 지닌 존재이므로 인간 삶에 직접적인 영향을 미친다고 보았다. 그러면서 묵자는 이런 하늘이 정의를 지향한다고 보았다. 이때 우리는 하늘의 뜻을 따르고자 한다면, 정의가 살아 있는 사회가 바로 우리가 추구해야 할 목표가 된다. 이러한 상관성을 강조하기 위해서 묵자는, "천하에 의가 있으면 살고 없으면 죽는다. 또 의가 있으면 부유해지고 없으면 가난해진다. 나아가 의가 있으면 다스려지고 없으면 어지러워진다"며 일종의 의義 결정론적 주장을 펼친 것이다. 이를 통해 묵자의 사상에서 의가 차지하는 비중을 확인할 수 있다.

【 묵자 6 】 원문 83

'천의天意', 즉 하늘의 뜻을 따르는 것을 두고 의로운 정치義政, 천의에 반하는 것을 폭력에 의한 정치力政라고 한다. 그렇다면 의정은 과연 어떤 것인가? 묵자가 말했다. "대국이 소국을 공격하지 않고, 큰 종족이 작은 종족을 침범하지 않으며, 강자가 약자를 겁박하지 않고, 귀인이 서민에게 오만하지 않으며, 약은 자가 어리석은 자를 속이지 않는 것이다. 이같이 하면 위로 하늘, 가운데로 귀신, 아래로 사람에게 모두 이롭다. 이들 세 가지가 모두 이로우면 천하에 이롭지 않은 게 없게 된다. 그래서 천하의 가장 아름다운 명칭을 덧붙여서 '성왕聖王'이라고 일컫는 것이다."

정치의 궁극적인 목적은 무엇일까? 그것은 정의의 실현이 아닐까? 그렇다면 묵자의 목소리에 귀를 기울일 필요가 있다. 묵자는 하늘의 뜻을 따르는 의로운 정치, 정의의 정치를 진정한 정치로 규정한다. 그러한 정치의 구체적인 내용을 이루는 것을 한마디로 표현하면 바로 '약자에 대한 배려'다. 이러한 정치가 이루어지는 곳에는 오직 평화와 화합만이 있으며, 모두에게 이롭다. 이처럼 의로운 정치를 구현한 인물을 묵자는 '성왕'이라 부른다. 성왕은 바로 '정의의 왕'이다.

【묵자 7】 원문 84

(1) 묵자가 말했다. "지금 천하의 군자가 인의를 행하고자 하면 반드시 의가 나오는 배경을 자세히 살피지 않으면 안 된다." 의가 나오는 배경을 자세히 살피지 않으면 안 된다고 말하고 있으나, 과연 의는 어디서 나오는 것인가? 묵자가 말했다. "의는 어리석고 천한 자들로부터 나오지 않고 반드시 귀하고 지혜로운 자들로부터 나온다." 의가 어리석고 천한 자들로부터 나오지 않고 반드시 귀하고 지혜로운 자들로부터 나오는 것을 어찌 알 수 있는가? 묵자가 말했다. "의가 선정善政에서 비롯되기 때문이다." 의가 선정에서 비롯되는 것을 어찌 알 수 있는가? 묵자가 말했다.

"천하에 의가 있으면 다스려지고, 없으면 어지러워진다. 이로써 의가 곧 선정임을 알 수 있다. 어리석고 천한 자들은 귀하고 지혜로운 자를 다스릴 수 없다. 귀하고 지혜로운 자라야 어리석고 천한 자를 다스릴 수 있다. 의가 어리석고 천한 자로부터 나오지 않고 반드시 귀하고 지혜로운 자로부터 나오는 것을 알 수 있는 이유다." 누가 귀하고 누가 지혜로운가? 대답은 이렇다. "하늘만이 귀하고 지혜로울 뿐이다." 그렇다면 과연 의는 하늘로부터 나오는 셈이 된다.

「천지 중」

(2) 그러므로 묵자가 말했다. "지금 천하의 왕공대인과 사군자가 실로 천도를 따라 백성을 이롭게 하고자 하면 기본적으로 인의의 근본을 살펴야 하니, 그렇다면 하늘의 뜻을 따르지 않을 수 없다. 하늘의 뜻을 따르는 것은 의의 도리(기본 원칙)이다."

「천지 중」

묵자는 의가 하늘로부터 나온다고 말한다. 그것은 의의 가치를 높이는 것이다. 그러나 더 중요한 것은 의의 실현이 결국에는 인간 자신에게 달렸다는 점이다. 묵자가 정치와 의를 긴밀하게 연계시키는 이유도 의의 효과적인 실현은 결국 정치를 통해서 이루어지기 때문이다. 이것이 묵자의 정치사상의 핵심 주장이다. 이처럼 의는 기본적으로 개인 자신의 덕성에 연관될 뿐만 아니라 개인 대 개인, 개인 대 사회, 사회(집단) 대 사회(집단)라는 관계망에도 적용되는, 다시 말해서 개인과 사회를 모두 포괄하는 관계 개념이다. 의의 적용과 관련해서 본다면, 묵자는 이러한 관계 중에도 특히 사회라는 측면을 강조했고, 따라서 정치는 특별히 중요한 요소가 될 수밖에 없다. 그러한 이유는 역시 피지배층인 백성의 이익을 지향하는 그의 근본적인 의식과 관계있는 것으로 보인다.

【 묵자 8 】 원문 85

> 묵자가 말했다. "경계하고 삼가라. 반드시 하늘이 바라는 일을 행하고 하늘이 싫어하는 것을 제거해야 한다." 물었다. "하늘이 바라는 것은 무엇이고 싫어하는 것은 무엇인가?" "하늘은 '의'를 바라고 '불의'를 싫어한다." "무엇으로 그것을 아는가?" 대답했다. "의는 바르게 하는 것이다." "무엇으로 의가 바르게 하는 것임을 아는가?" 대답했다. "천하에 의가 있으면 잘 다스려지고, 그렇지 못하면 어지러워진다. 나는 이로써 의가 바르게 하는 것임을 안다."

「천지 하」

공자는 '정치는 바르게 하는 것'[87]이라고 말했던 데 비해 묵자는 "의는 바르게 하는 것이다"라고 말했다. 그런데 묵자는 '의는 곧 선정', 즉 훌륭한

의로움을 말하다

정치라고도 말했다. 이런 묵자의 생각을 다시 정리하면 '훌륭한 정치는 바르게 하는 것'이라는 명제를 이끌어 낼 수 있고, 이것은 공자의 뜻과 다를 바 없게 된다. 다른 점은 무엇인가? 바로 하늘天을 직접적으로 연계시킨 점이다. '하늘은 의를 바란다.' 이로써 묵자는 정치를 인간사에만 국한시켜 자의적인 일이 일어나지 않도록 더 큰 제어 장치와 의미를 부여했다.

【묵자 9】 원문 86

의는 이로운 것이다.

「경상經上」

묵자는 분명히 의義와 이利를 직접적으로 연계시켰다. 심지어는 "의는 이롭고, 불의는 해롭다"[88]며 더 분명하게 대비시켜서 말하기도 했다. 여기서 묵자의 공리주의가 그대로 드러난다고 말할 수도 있다. 이에 따라 동기보다는 결과를 중심에 두기 때문에 유가와 대척점에 서 있다고도 말할 수 있다. 묵자가 의(의로움)와 이(이로움)의 관계를 더 긴밀하게 연계시킨 것은 기본적으로 의로움과 이로움의 관계를 대립적인 것으로 본 유가에 대한 비판도 될 수 있지만, 한편으로는 공자의 가르침을 계승한 측면도 있다. 왜냐하면 공자가 이로움을 의로움과 비교하면서 경계한 근본적인 이유는 이로움의 속성을 잘 헤아려보고 정당한 이로움을 추구하도록 하기 위해서이지 이로움을 무조건 배격한 것은 아니기 때문이다. 그렇다! 묵자가 강조한 이로움은 군주나 귀족 집단의 사리가 아니라 백성을 지향하는 공리다. 그렇다면 묵자가 전하고자 하는 메시지는 이것이 아닐까? '의로움과 이로움이 완벽하게 조화를 이룬 상태가 최고의 의로움이며, 최상의 이로움이다. 그렇게 되기 위해서는 의로움이 이로움을 지향하는 것이 아니라 언제나 이로움이 의로움을 지향해야 한다.' 그런 까닭에 묵자가 목표로 삼는 이로움은 공자가 지향하는 이로움과 평행선을 이루는 것이 아니라 접합점을 가질 수 있다. 물론 유학의 역사를 볼 때 공자 이후에 등장하는 후대의 유가에서는 양자의 관계를 더 엄격하게 규정한 데 따른 폐단도 있었다는 점은 부인할 수 없다. 유학사에서 의리義利와 관련한 논쟁 곧 의리지변義利之辨이 발생한 것은 이런 측면에 대한 자체적인 비판의식을 보여주는 한 사례이기도 하다.

【 묵자 10 】 원문 87

> 의는 천하를 좋게 만드는 것에 뜻을 두고, 천하를 선하고 이롭게
> 할 수 있는 것이다. 그러나 반드시 세상을 위해 사용되는 것은
> 아니다.
>
> 「경설 상經說上」

묵자가 보기에 의는 명분뿐만 아니라 실질에서도 바람직한 것이다. 그러나 역사적 사례에서 보듯이 의가 현실에서 언제나 받아들여지는 것은

아니다. 이와 같이 현실에서 나타나는 어두운 그림자를 잘 알기에 묵자는 그러한 비관적 측면을 언급하지 않을 수 없었을 것이다. 그렇다고 멈출 묵자가 아니다.

묵자가 몇 명의 제자에게 말했다. "의를 행하다가 불가능한 게 있을지라도 인의를 탓해서는 안 된다. 목수가 나무를 깎다가 여의치 않을지라도 먹줄을 탓하지 않는 것과 같다."[89]

의를 따르는 것은 쉬운 일이 아니다. 때로는 크게 좌절할 수도 있다. 그럴지라도 의 자체를 의심하지 말라는 묵자의 충고다.

제자인 치도오와 현자석이 스승인 묵자에게 물었다. "의를 행할 때 무엇을 가장 힘써야 합니까?" 묵자가 대답했다. "비유하면 담을 쌓는 것과 같다. 흙을 다지는 데 능한 자는 잘 다지고, 흙을 옮기는 데 능한 자는 잘 옮기며, 인부를 감독하는 데 능한 자는 잘 감독하면 된다. 그러면 담이 제대로 쌓아질 것이다. 의를 행하는 것도 이와 같다. 변론에 능한 자는 잘 변론하고, 해설에 능한 자는 잘 해설하며, 일에 능한 자는 일을 잘하면 된다. 그러면 의로운 일들이 모두 성취될 것이다."

「경주耕柱」

정의사회는 어떻게 하면 이루어질까? 묵자는 말한다. 각자 자신의 본분에 따라 의무에 충실하면 의는 실현된다고. 정치가는 정치를 잘하면 되고, 군인은 나라를 잘 지키면 된다. 기업가는 사업에 최선을 다하면 되고, 농민은 농사를 잘 지으면 된다. 그뿐이다. 그러면 정상적인 사회, 정의로운 사회가 되는 것이다. 중국 역사에서 폭군으로 악명을 떨친 군주들은 이와 반대되는 길로 간 인물들이다.

하나라 걸은 간신과 추치에게 물들었고, 은나라 주는 숭후와 악래에게 물들었으며, 주나라 여왕은 괵공 장보와 영국의 이종에게 물들었고, 주나라 유왕은 부공 이와 채공 곡에게 물들었다. 이들 4인의 군주는 물든 게 합당하지 못해 나라를 망치고 자신을 죽게 만들었다. 천하에 불의를 행해 욕된 이름을 남긴 사람을 들려면 반드시 이들 4인의 군주를 얘기할 것이다.[90]

무엇이 불의不義한 것인가? 묵자의 논법에 따르면 자신의 의무를 다하지 못한 자가 불의를 행한 사람이다. 왜냐하면 누구든 자기 의무를 다하지 못할 때 결과적으로 공동체에 손해를 끼치게 되기 때문이다. 그렇다면 천하를 책임진 왕은 어떠하겠는가!

【묵자 12】 원문 89

무마자가 묵자에게 말했다. "선생은 의를 행하고 있으나 사람들

의로움을 말하다

은 이를 보지 못할 뿐만 아니라 도와주지도 않고 있습니다. 더구나 귀신도 이를 보지 못하고 선생을 부유하게 만들지도 못하고 있습니다. 그런데 선생은 의를 행하고 있습니다. 이는 광질狂疾 곧 미친 짓입니다." 묵자가 말했다. "지금 여기 그대에게 두 명의 가신이 있다고 합시다. 그중 한 사람은 그대가 눈에 띄면 일을 하지만 띄지 않으면 일을 하지 않고, 또 한 사람은 그대가 눈에 띄든 말든 일한다면, 그대는 두 사람 가운데 누구를 귀하게 여기겠소?" "저는 제가 눈에 띄든 말든 일하는 사람을 귀하게 생각합니다." 묵자가 말했다. "그렇다면 그대 역시 '광질'을 귀하게 여기는 셈이 되오."

「경주」

묵자는 의를 행하는 것을 인간의 당위적 의무이자 사명으로 생각했다. 이것은 공자가 천명天命을 의식하여 행동한 데에 비견할 만한 일이다. 그렇기 때문에 의의 길을 따르는 것을 멈출 수 없다.

묵자가 노나라로부터 제나라로 가서 친구를 방문하게 되었다. 친구가 묵자에게 말했다. "지금 천하에 의를 행하는 사람이 없는데, 그대만이 스스로 애를 쓰면서 의를 행하고 있으니, 이제 그만두는 것만 못할 것 같소." 묵자가 말했다. "지금 여기에 한 사람이 있는데, 자식 10명이 있다고 하자. 한 사람이 농사를 짓고 9명이 앉아서 먹는다면, 농사짓는 사람이 더욱 바쁘지 않을 수 없을 것이다. 무슨 까닭인가? 곧 먹는 사람은 많고 농사짓는 사람이 적기 때문이다. 지금 천하에 의를 행하는 자가 없으니, 그대는 나한테 권면해야지 무슨 까닭으로 내가 하는 일을 그만 두라고 하는가?[91]

묵자의 책임의식은 그 어떤 비관주의도 용납하지 않는다. 반드시 가야 할 길이기에 오직 실천의 길만 따를 뿐이다. 그뿐이다. 그렇다면 이제 우리 는 묵자를 결과를 중요시하는 공리주의자로 불러야 할까 아니면 동기를 중요시하는 의무론자로 봐야 할까? 묵자가 이익이라는 결과를 강조한 것 은 결국 의의 길로 나가도록 하는 데 보조 역할을 하는 것은 아닐까?

【묵자 13】 원문 90

화씨지벽和氏之璧(옥)과 수후지주隋侯之珠(구슬), 구정三棘六異(9가 지 청동기)은 제후들이 말하는 이른바 '훌륭한 보배'다. 그러나 이것으로 나라를 부유하게 하고 인민을 늘리며, 형정을 바르게 다스리고 사직을 안정시킬 수 있겠는가? 불가하다고 대답할 것 이다. 이른바 '훌륭한 보배'를 귀하게 여기는 것은 그것이 이로움 을 주기 때문이다. 그러나 화씨지벽과 수후지주, 구정은 인민에 게 이로움을 주지 못하므로, 천하의 '훌륭한 보배'가 될 수 없다. 지금 의를 내세워 나라를 다스리면 반드시 인민은 늘어나고, 형 정은 바르게 다스려지며, 사직은 안정될 것이다. 이른바 '훌륭한 보배'를 귀하게 여기는 것은 인민에게 이로움을 줄 수 있기 때문이다. 그런데 의는 인민에게 이로움을 줄 수 있으므로, '의는 천하의 훌륭한 보배'라고 말하는 것이다.

「경주」

백성에게 참으로 이익이 되는 것은 무엇일까? 묵자는 단순히 재화만을 이익이 되는 것으로 보지 않았다. 백성이 사는 나라가 제대로 된 나라가 되어야 백성의 삶이 나아질 수 있다고 보았다. 나라가 제대로 되기 위한 원칙으로 묵자는 의義를 제시했다. 이 의라는 원칙에 따라 나라를 다스릴 때 백성에게 이로움을 줄 수 있다. 그렇기에 '의는 천하의 훌륭한 보배'라고 말한 것이다. 묵자가 "의는 천하의 큰 도구다"[92]라고 말한 것도 같은 맥락에서 해석할 수 있다. 의는 특정 개인이나 집단이 아니라 천하를 위한 것이다. 의가 실천될 때 천하가 어떻게 바람직하게 변할 것인가에 대한 묵자의 확신이 담긴 말이다. 한편으로는 이러한 좋은 길을 가려 하지 않는 이들에 대한 안타까움도 담겨 있는 말이다.

【 묵자 14 】 원문 91

묵자가 말했다. "만사에 의보다 귀한 것은 없다. 지금 어떤 사람한테 '당신에게 갓과 신을 주고 그 대신 당신의 손발을 자르겠다고 한다면, 당신은 그렇게 하겠는가?'라고 하면 반드시 그렇게 하지 않을 것이다. 무슨 까닭에서인가? 곧 갓과 신이 손과 발보다 귀하지 않기 때문이다. 또 말하기를 '당신에게 천하를 주고 당신의 목숨을 빼앗고자 한다면, 당신은 그렇게 하겠는가?'라고 하면 반드시 그렇게 하지 않을 것이다. 무슨 까닭에서인가? 곧 천하가 목숨보다 귀하지 않기 때문이다. 사람들은 한마디 말을 두고 다투다가 서로 죽이기도 한다. 의를 자신의 몸보다 더 귀하게 여기기 때문이다. 그러므로 '만사에 의보다 귀한 것은 없다'고 말한다.

「귀의貴義」

『묵자』에는 '귀의', 즉 '의를 귀하게 여긴다'는 편명이 있다. 이것은 묵자가 그만큼 의를 중요시했다는 한 증거가 된다. 묵자는, 자신들이 추구하는 가치를 위해 기꺼이 희생하는 이들을 거론하면서, 사람은 의를 자기 몸보다 더 귀하게 여긴다고 보았다. 이것은 맹자가 "삶 또한 내가 원하는 것이고, 의義 또한 내가 원하는 것이지만, 두 가지를 모두 얻을 수 없다면 삶을 포기하고 의를 선택할 것이다"[93]라는 입장에 비견할 만하다. 그러므로 묵자는 말한다. '만사에 의보다 귀한 것은 없다.'

【 묵자 15 】 원문 92

손과 발, 입, 코, 귀가 의로운 일에 따른다면 반드시 성인이 될

의로움을 말하다

것이다.

「귀의」

감각기관을 포함한 우리 몸은 본래 자신을 유지하고자 하는 자연스러운 욕망을 지니고 있다. 문제는 그런 욕망이 곧 물질적인 욕망, 현상적인 욕망 그리고 세속적인 욕망에 지나치게 경도되기 쉽다는 데 있다. 그런 욕망이 정도를 넘어설 때 우리는 그것을 '이기적 욕망', 성리학적 표현으로는 '인욕人欲'이라 부른다. 이러한 인욕의 극복을 문제삼으면서 '존천리거인욕存天理去人欲', 즉 '올바른 이치를 보존하고 인간의 이기적 욕망을 없애라'라는 명제가 등장한다. 물론 적절한 욕망이 올바르게 추구될 때는 아무런 문제가 없다. 묵자가 의義와 연계시킨 이利가 바로 그러한 것이다. 그렇기 때문에 묵자가 말한 이는 사리가 아닌 공리, 소리小利가 아닌 대리大利, 소수 특권층의 이익이 아닌 모든 백성의 이익天下之利이다. 묵자는 이와 같이 이익의 추구가 의와 완벽한 일치를 보이는 인간을 성인으로 규정했다. 그렇다면 공자는 묵자가 지향한 이러한 이에 대해서 어떻게 평가할까?

【 묵자 16 】 원문 93

(1) 묵자가 말했다. "세속의 군자들은 의로운 선비를 마치 곡식을 지고 가는 인부만큼도 여기지 않는다. 지금 여기에 어떤 사람이 곡식을 지고 가다가 길가에서 쉬고 있다고 치자. 그가 휴식을 마

치고 일어나려다가 힘이 없어 일어나지 못하면 이를 본 군자들은 노소귀천을 막론하고 반드시 그를 일으켜 세워줄 것이다. 왜 그런가? 군자들은 대답하기를 '의 때문이다'라고 할 것이다. 지금 의를 행하는 군자들이 선왕의 도를 받들어 세속의 군자들에게 '의'를 설파하고 있다. 그럼에도 세속의 군자들은 이들의 말을 꺼릴 뿐만 아니라 오히려 비난하고 모함까지 한다. 세속의 군자들이 '의로운 선비'를 마치 곡식을 지고 가는 인부만큼도 여기지 않는 이유가 여기에 있다."

「귀의」

(2) 묵자가 말했다. "상인은 천지사방을 무대로 장사하는 이들이다. 만일 약간이라도 이익이 나면 이들은 아무리 관소를 통과하는 어려움과 도적을 만나는 위험이 있을지라도 반드시 이런 위험부담을 감수하며 장사하러 떠난다. 지금 선비들은 방 안에 앉아 의를 논하는 까닭에 관소를 통과하는 어려움과 도적을 만나는 위험도 없다. 그럼에도 이들은 그 공적과 이익이 상인과 비교할 때 헤아릴 수 없을 정도로 큰데도 의를 실천할 생각을 하지 않는다. 이로써 보면 선비들의 이해타산이 상인들보다 밝지 못한 것은 분명한 일이다."

「귀의」

의로움을 말하다

위 글에서 묵자가 전하고자 하는 메시지는 무엇일까? 2000여 년 전이나 지금이나 지식인에 대한 사회적 기대는 작지 않다. 그들의 사회적 위상과 역할 때문이다. 그러나 현실에서 보여주는 이른바 '지식인'의 모습은 실망스러울 때가 많다. 가식적이고, 작은 이익에 집착하여 대의를 망각하거나 무시하기도 한다. 그러니 진정한 실천과는 거리가 멀 수밖에 없다. 그러면서도 자신들은 의롭다고 말한다. 곡식을 지고 가는 인부를 도운 것도 혹여 그 곡식이라는 이익 때문은 아닐까? 지식인의 어리석음과 공리공담空理空談을 질타하는 묵자의 지식인 비판은 현재의 우리에게도 적지 않은 울림으로 다가온다.

【한비자 1】 원문 94

도량度量 곧 원칙이란 비록 바른 것이라 하더라도 군주가 반드시 받아들이는 것도 아니고, 의리義理 또한 비록 사리에 모두 들어맞는다 할지라도 군주가 반드시 채택하는 것도 아니다.94

「난언難言」

도량, 곧 원칙과 의리라는 것은 도덕과의 연관성이 크다. 그러나 법가는 이러한 도덕이 우선이 아니라 현실적 결과가 중요하다. 다시 말해서 그러한 원칙과 의리가 군주의 절대 권력을 확립하는 데 도움이 되는가, 이를 토대로 부국강병을 실현하는 데 보탬이 되는가 하는 점이 중요하다. 이런 입장은 도덕우선주의 또는 도덕절대주의를 표방하는 유교의 입장과 극명하게 대비된다. 여기서 우리는 법가의 현실주의와 공리주의의 한 단면을 확인할 수 있다. 그리고 여기에 등장하는 '의리'라는 표현이 중국 사상사에서 '의리'의 최초의 용례로 간주되기도 한다.

【한비자 2】 원문 95

법에 근거하지 않는 행위를 금지하는 것이 군주의 원칙이다. 군주는 반드시 공과 사의 구분을 명확히 하고 법제를 분명히 하여 사사로운 온정을 물리쳐야 한다. 명령은 반드시 지켜지고, 금지된 것은 반드시 그치도록 해야 한다. 이것이 군주의 '공적 의리公義'다. 사사로운 행동을 하면서 친구들에게 믿음을 얻고, 상을 내려 권장할 수도 없으며, 벌을 주어 금지할 수도 없도록 만드는 것이 신하들의 '사적 의리私義'다. 사적 의리를 행하면 나라가 어지럽게 되지만, 공적 의리를 행하면 나라가 다스려진다. 그러므로 공과 사에는 구분이 있어야 한다. 신하들에게는 사사로운 마음도 있고, 공적 의리도 있다. 몸을 닦아 깨끗이 행동하고, 공정하게 행하며, 관직에 있으면서 사사로움이 없는 것은 신하의 공적 의리다. 부정한 짓을 멋대로 저지르고, 몸을 편안히 하며 집안을 이롭게 하는 것은 신하의 사사로운 마음이다. 현명한 군주가 위에 있으면, 신하들은 사사로운 마음을 버리고 공적 의리를 행한다. 그러나 어리석은 군주가 위에 있으면, 신하들은 공적 의

의로움을 말하다

리를 저버리고 사사로운 마음을 좇아 행동한다. 이처럼 군주와
신하는 서로 다른 마음을 갖고 있다.

「식사飾邪」

동양의 『군주론』인 『한비자』에는 리더십과 관련하여 읽을 내용이 적지
않다. 리더십의 첫걸음은 현실을 가감 없이 직시하는 것이다. 전국시대 말
기의 혼란한 정세 속에서 한비자는 구체적인 현실에서 인간의 행동을 결
정짓는 핵심 요소로 이익에 주목했다. 문제는 이 이익을 어떻게 다루느냐
에 따라 국가의 치란治亂과 존망이 결정된다는 점이다. 그런 까닭에 국가
를 책임진 군주는 이익의 문제와 관련해서 최대한 공정하고 합리적으로
접근해야만 한다. 여기서 '법'이라는 공과 사를 구분하는 강력한 기준이
등장한다. 법가의 경우는 원리원칙대로 하는 것, 즉 법을 그대로 따르는 것
이 곧 의義다. 그 엄격함이 지나친 측면은 있으나, 공과 사를 철저히 구분
하려는 그 근본정신은 오늘날에도 시사하는 바가 크다. 여기서는 공의, 곧
공적 의리와 사의, 곧 사적 의리를 대비시켜서 논하고 있다. 공의는 바로
공적 이익과 연결되고, 사의는 곧 사적 이익으로 연결된다. 한비자는 인간
을 자신의 사적 이익을 우선시하는 존재로 보았기 때문에, 어떻게 하면 이
러한 성향을 막고 공적 이익에로 나갈 수 있는가 하는 문제를 중요시했다.
그리고 그 해답은 결국 군주에게 달렸다고 보았다. 현명한 군주는 신하들
이 법이라는 기준에 따라 공과 사를 철저히 구분하여 공적 의리를 따르게
할 수 있다.

의義는 군주와 신하, 윗사람과 아랫사람의 직분, 부자父子와 귀천의 차이, 마음을 알아주는 벗과의 교제, 친소와 안팎의 분별에 관련된 것이다. 신하가 군주를 섬기는 것이 마땅하고, 아랫사람이 윗사람을 따르는 것이 마땅하며, 자식이 부모를 섬기는 것이 마땅하고, 천한 이가 귀한 자를 존경하는 것이 마땅하며, 아는 친구 사이에 서로 돕는 것이 마땅하고, 친한 자는 가까이하고 소원한 자는 멀리하는 것이 마땅하다. 의는 그러한 마땅함을 가리킨다. 마땅하기에 그것을 행하는 것이다.

「해로解老」

공자는 아버지, 아들, 군주, 그리고 재상으로서 자신의 역할이나 신분에 걸맞은 마땅한 행위라는 의미로 의義를 쓰기도 했는데, 이때 의는 '마땅함'을 의미하는 또 다른 말인 의宜와 연계되어 있다.[95] 그런데 "놀랍게도 이와 같은 유교의 중심 개념에 대해 완전한 정의를 제공한 이는 법가인 한비자다."[96] 그에 해당되는 것이 바로 위에 나온 한비자의 글이다. 여기서 한비자는 기본적인 인간관계에 필수적인 도리를 언급하고 있는데, 그것은 유가의 주장과 다를 바가 없다. 그런데 사상적 계보를 검토해본다면, 한비자의 주장이 '정말로' 놀라운 것은 아니다. 한비자는 선진 유가의 주요한 인물인 순자의 문인이고, 순자는 공자의 사상 가운데 특히 예禮와 관련된 측

면을 발전시킨 인물이다. 그렇다면 때로는 이런 내용을 통해서 한비자의
사상적 원천에 대한 자취를 헤아려볼 수 있을 것이다.

제선왕이 광천匡倩에게 물었다. "유자儒者는 박博(장기와 비슷한
일종의 오락)을 하는가?" "하지 않습니다." "어째서 하지 않는 것
인가?" 광천이 대답했다. "박을 하는 사람은 말 가운데 효기梟棋
를 가장 귀하게 여깁니다. 승리하려면 반드시 효기를 잡아야 합
니다. 효기를 잡는 것은 가장 귀한 것을 죽이는 것입니다. 유자
들은 이것이 의를 해친다고 여기므로 박을 하지 않습니다." 또 물
었다. "유자는 주살로 새를 잡는가?" 광천이 대답했다. "잡지 않
습니다. 주살은 아래에서 위를 해치는 것으로, 이는 신하가 아래
에서 군주를 상하게 하는 것과 같습니다. 유자들은 이것이 의를
해친다고 여기므로 주살을 쓰지 않습니다." 또 물었다. "유자는
거문고를 타는가?" "타지 않습니다. 거문고는 작은 현으로 큰 소
리를 내고 큰 현으로 작은 소리를 냅니다. 이는 대소의 순서가 바
뀐 것이고, 귀천의 자리가 바뀐 것입니다. 유자들은 이것이 의를
해친다고 여기므로 거문고를 타지 않습니다." 제선왕이 말했다.
"옳은 말이다." 공자가 말했다. "백성에게 아래에 있는 대신에게
아첨하게 하느니 차라리 군주에게 아첨하도록 하는 게 낫다."

「외저설좌 하外儲說左下」

한비자는 군주의 권한을 확립하는 문제를 가장 중요하게 여겼다. 그것이 훼손된다는 것은 곧 국가의 통치질서가 무너지고 나라가 혼란해지는 직접적인 원인으로 여겼다. 여기서는 그러한 점을 강조하기 위해 일상생활에서조차 조금이라도 상하관계를 침범하거나 역전시키는 일을 배제해야 함을 강조했다. 의는 바로 그런 일과 관련해서 제시된 사회 규범이나 기준으로 이해할 수 있다. 유학을 끌어들인 것은 자신의 주장이 보편적인 진리라는 점을 강조하기 위한 전략으로 해석할 수 있다.

【 한비자 5 】 원문 98

계손씨가 노나라 재상으로 있을 때 자로子路가 후郈 땅의 장관이되었다. 노나라에서는 5월이면 사람들을 소집해서 긴 수로를 만들었다. 당시 자로는 자신의 봉록으로 받은 곡물로 죽을 쑤어 도성인 곡부의 동남쪽에 있는 오보五父 거리에서 수로를 만드는 이들에게 먹였다. 공자가 이 소식을 듣고 곧 자공을 시켜 속히 달려가 죽을 뒤엎고 그릇을 깬 뒤 이렇게 말하게 했다. "노나라 군주의 백성인데 네가 어째서 밥을 주는 것인가?" 자로가 불끈 화를 내며 소매를 걷어붙이고는 공자가 있는 곳으로 들어와서 물었다. "선생님은 제가 인의를 행하는 것을 미워하는 것입니까? 선생님께 배운 것은 인의입니다. 인의는 천하 사람과 더불어 소유한 것을 함께 나누는 것이고 이로움을 함께 갖는 것입니다. 지금 제가 봉록으로 받은 곡물로 백성에게 먹인 것이 어째서 옳지

의로움을 말하다

않다는 것입니까?" 공자가 대답했다. "유由야, 너는 여전히 거칠구나! 나는 네가 도리를 안다고 생각했으나 너는 거기에 미치지 못하는구나! 너는 여전히 예를 모르는 듯하다. 네가 그들에게 먹을 것을 준 것은 그들을 아끼기 때문이다. 예라는 것은, 천자는 천하 사람을 아끼고, 제후는 국경 안의 사람을 아끼고, 대부는 휘하의 관료를 아끼고, 하급 관리인 사士는 집안 식구를 아끼는 것이다. 아끼는 바를 넘는 것을 두고 권한을 침범했다고 하는 것이다. 지금 노나라 군주가 백성을 돌보고 있는데 네 마음대로 그들을 아꼈으니, 이는 네가 군주의 권한을 침범한 것이다. 이 또한 잘못된 행동이 아니냐?" 말이 끝나기도 전에 계손의 사자가 도착해 꾸짖었다. "내가 백성을 소집해 노역을 시키는데, 선생은 제자에게 명하여 사람들을 불러 먹을 것을 주도록 했소. 장차 나의 백성을 빼앗으려는 것이오?" 공자가 수레를 타고 노나라를 떠났다. 공자의 현명함에 기대어 계손씨는 노나라 군주가 아닌 재상의 신분으로 군주의 통치술을 빌려 재앙이 발생하기 전에 미리 금지시켰다. 그래서 자로는 더 이상 그의 사사로운 은혜를 베풀지 못했고, 재앙이 발생하지 않게 되었다. 하물며 군주라면 어떠해야 하겠는가? 제 경공의 권세를 이용해서 전상의 권한 침범 행위를 금지시켰다면 틀림없이 시해되는 일은 없었을 것이다.

「외저설우 상」

이 가상의 에피소드에서 자로가 보여준 행위는 그야말로 유가의 이상적인 행동 양식이다. "인의는 천하 사람과 더불어 소유하는 것을 함께 나누는 것이고 이로움을 함께 갖는 것입니다"라는 자로의 항변은 다름 아닌 그의 스승인 공자가 꿈꾸는 대동大同의 세상을 말한 것이다. 그러나 이 이야기를 만든 사람은 법가다. 그렇기 때문에 '예禮'로 표현되는 질서의 가치를 인의라는 일반적인 도덕률의 가치보다 우위에 두고 있다. 질서 체계가 엄정하게 확립될 때 각각의 권한이 명확하게 구분되어 집행될 수 있다. 이러한 사회가 법가가 지향하는 올바른 사회이다. 즉 법가에서 말하는 정의로운 사회이다. 법가가 이토록 질서에 집착하는 이유는 다른 것이 없다. 군주의 권한이 침범 당하고 질서가 문란해졌을 때의 비극이 현실 속에서 너무나 분명하게 발생하기 때문이다. 한비자는 말한다. "세상의 군주들은 인과 의의 명분이 아름답다고 여겨 그 실체를 살피지도 않기 때문에 크게는 나라가 망하고 군주가 죽게 되며, 작게는 영토를 빼앗기고 군주의 지위가 낮아지게 된다."[97] 그렇기 때문에 한비자는, 전국 말엽이라는 시대 속에서 유가적 인의를 강조하는 것은 어리석을 뿐만 아니라 위험하기까지 한 행태로 묘사한 것이다.

【한비자 6】 원문 99

천하 사람들은 모두 부모에게 효도하고 형과 어른을 공경하며, 군주에게 충성하고 남편에게 복종하는 것이 옳다고 여긴다. 그럼에도 이 네 가지 효제충순孝悌忠順의 도리를 자세히 살펴 바르

의로움을 말하다

게 행할 줄 모른다. 이 때문에 천하가 혼란스럽다. 사람들은 모두 요와 순의 도가 옳다고 여겨 이를 본받고 있으니, 이 때문에 군주를 시해하고 부모를 사악하게 만드는 일이 있게 되었다. 요·순·탕·무는 모두 군신의 의리를 배반하고 후세의 가르침을 어지럽힌 자들이다. 요는 군주의 몸으로 그의 신하를 군주로 모셨고, 순은 신하의 몸으로 그의 군주를 신하로 삼았다. 탕과 무는 신하로서 그 군주를 시해하고 시신까지 형벌에 처했다. 그런데도 세상 사람들은 그들을 칭송하고 있으니, 천하가 지금까지 다스려지지 않은 이유가 여기에 있다. 이른바 밝은 군주는 자신의 신하가 잘 따르도록 만들고, 이른바 현명한 신하는 법도를 명확히 밝히며 맡은 직무를 잘 수행해서 군주를 높이 받든다. 그런데 요는 스스로 영명하다고 생각하면서 순을 잘 따르도록 만들지 못했고, 순은 스스로 현능하다고 생각하면서 요를 받들지 않았다. 탕과 무는 스스로 의롭다고 여겨서 그 군주를 시해했다. 밝은 군주가 늘 물려주고, 현명한 신하가 늘 취하는 정황이 이러한 것이다. 그러므로 지금에 이르기까지 자식이 부친의 집안을 취하고 신하가 군주의 나라를 취하는 일이 있게 된 것이다. 부친이 자식에게 물려주고 군주가 신하에게 양위하는 것은 그 자리를 확고히 하고 일관된 가르침을 펼치는 방법이 아니다. 내가 듣기로는 '신하는 군주를, 자식은 부모를, 아내는 남편을 섬기니, 이 세 가지 질서를 따르면 천하가 다스려지고 거스르면 천하가 혼란스러워진다'고 했다. 이것은 천하의 변하지 않는 상도常道다.

영명한 군주와 현능한 신하라도 이를 바꿀 수 없으니, 아무리 못난 군주라 하더라도 신하가 감히 군주를 침범해서는 안 된다. 그런데도 지금 군주들은 현능한 신하를 존숭하고, 지혜로운 자를 임용하며, 불변의 상도를 지키지 않고 있다. 이는 상도에 역행하는 것인데도 천하의 군주들은 늘 이런 식으로 나라를 다스리고 있다. 그렇기 때문에 제나라의 권신 전성자田成子가 태공망 여상의 후손인 강씨의 나라를 찬탈하고, 대환이 상나라 자씨의 후손이 다스린 송나라의 대권을 탈취한 것이다. 이들 권신은 모두 현능하고 지혜로운 자들이었지 어찌 어리석고 불초한 자들이었겠는가? 상도를 버리고 현능한 자들을 높이면 나라는 어지러워지고, 법도를 버리고 지혜로운 자들을 등용하면 군주는 위태로워진다. 이 때문에 '법을 높이고 현능한 자를 높이지 않는다'고 말한 것이다.

「충효忠孝」

여기서 한비자가 강조하는 것은 법이라는 시스템에 따른 통치질서의 확립이다. 이것은 유가의 인치人治에 내포된 한계를 꿰뚫어본 결과다. 정치가 사람에 의존하면 개인의 자의적인 판단에 따라 예측 불가능한 상황에 직면하기 쉬우며, 법에 따른 시스템이 확립될 때 어떤 인물이 그 자리에 있더라도 조직의 안정적인 운영, 상황의 안정적인 관리가 가능하다고 본 것이다. 법가는 기본적으로 성악설에 기초하고 있다. 이러한 인성론이 군주의 절대 권력을 강조하는 정치론과 결합되었을 때 새로운 역사 해석과 인물 평가가 이루어질 수 있다. 한비자는 자신의 독특한 역사관에 입각해서 종래 유가에서 성인으로 추앙받는 인물들에 대해 '코페르니쿠스적 전회'라 할 만큼 혁신적인 평가를 내렸다. "요·순·탕·무는 모두 군신의 의리를 배반하고 후세의 가르침을 어지럽힌 자들이다." 자신의 지위에서 자신의 역할을 끝까지 지키지 않은 그들은 '군주와 신하 사이의 의리君臣之義'를 저버린 인물에 불과하다는 것이다. 한비자의 의무론의 단면이 여기서 드러난다.

그러므로 모든 군사 관련 일 중에서 첩보원과의 관계보다 더 친밀한 일은 없고, 포상은 첩보원에게 주는 것보다 더 후한 것이 없으며, 일은 첩보원과 관련된 것보다 더 은밀한 일이 없다. 탁월한 지혜를 가진 사람이 아니면 첩보원을 쓸 수 없고, 인자함(인仁)과 정의감(의義)이 있는 사람이 아니면 첩보원을 부릴 수 없으며, 미묘한 판단력이 없으면 첩보원에게서 참된 정보를 파악할 수 없다. 미묘하고도 미묘한 일이다! 첩보원을 활용하지 않는 곳이 없다. 첩보활동이 아직 충분히 이루어지지 않았는데 그 일이 새어 나가면 첩보원과 정보를 제공받는 자는 모두 사형에 처한다.

「용간用間」

「용간」 편은 『손자병법孫子兵法』 13편 가운데 마지막에 나오는데, 첩보활동과 관련된 내용을 다루고 있다. 『손자병법』 하면 떠오르는 말인 '지피지기知彼知己'(적을 알고 나를 안다)에서 적을 잘 알기 위해 반드시 해야 하는 일이 바로 첩보활동이다. 춘추시대에 활동한 손자(손무孫武)가 첩보활동의 중요성을 강조한 까닭은 '싸우지 않고도 적을 굴복시키며, 오래 끌지 않고도 적군을 격파'하는 데 결정적인 역할을 하는 것이 바로 이것이기 때문이다. 병가兵家의 인물인 손자는 결코 전쟁을 부추기는 전쟁광이 아니다. 그는 '싸우지 않고도 적을 굴복시키는 것이 최상의 방법'이라고 주장한 인물이다. 흥미로운 점은 『손자병법』에서 '의義'라는 글자는 단 한 번 이곳에만 나온다. 『손자병법』에서 '의'가 한 차례만 나오는 이유는 뭘까? 이 책에서 주로 다루는 것이 실제 군사 전략이나 전술이기 때문일 수도 있겠지만, 혹시 손자는 전쟁과 의義가 어울리지 않는다고 생각한 것은 아닐까? 그런데 여기서 첩보 조직을 활용하는 이의 자격 조건으로 인과 의를 거론한 것을 보면, 첩보 조직의 책임자는 기본적으로 인간적인 신뢰감을 줄 수 있어야 하고 아울러 올바른 목적의식을 가져야 한다는 점을 손자가 강조하려 한 것 같다.

【오자 1】 원문 101

오자吳子가 말했다. "도는 근본으로 돌아가서 처음을 회복하는 것이고, 의는 일을 행하면 반드시 성과를 내는 것이며, 일을 도모한다는 것은 해로움에서 벗어나 이로움으로 나아가는 것이고, 바라는 것은 그 본래의 일을 지키고 이루어놓은 일을 이어나가는 데 있다. 만약 실행하는 것이 도에 부합되지 않고 의에 합치되지 않는데도 높고 귀한 지위에 머물면 우환이 반드시 미치게 된다. 이 때문에 성인은 도로써 나라를 평안하게 하고, 의로써 나라를 다스리며, 예로써 백성을 움직이고, 인으로써 백성을 위무한다. 이 네 가지 덕을 잘 닦으면 나라가 흥성해지고 그만두면 나라가 쇠약해진다. 그러므로 은나라 탕왕이 하나라 걸왕을 토벌하자 하나라 백성이 기뻐했고, 주나라 무왕이 은나라 주왕을 토벌해도 은나라 백성이 반대하지 않았다. 모두 하늘과 백성의 뜻을 따랐기 때문에 그렇게 된 것이다."

「도국圖國」

춘추시대 말부터 전국시대 초까지 활동했던 오자의 이름은 기起다. 그는 일찍이 공자의 제자인 증자曾子와 자하子夏의 문하에서 수학하면서 병법을 연구했다고 한다. 그러므로 그의 학문은 유가의 토대 위에 세워진 것으로 볼 수 있으며, 그러한 영향을 여기서 제시된 『오자』 「도국」 편에서 확인할 수 있다. 그런데 제시문에 나오는 의는 물론 올바른 도리나 원칙이라는 의미도 포함하지만 무엇보다 '의무'라는 의미로 해석하는 것이 자연스러울 것이다.

【오자 2】 원문 102

오자가 말했다. "나라를 다스리고 군대를 통솔하려면 반드시 예로써 사람들을 가르치고 의로써 사람들을 격려하여, 도리에 어긋나면 부끄러워하는 마음을 갖도록 해야 한다. 사람들이 그와 같이 부끄러워하는 마음을 갖게 되면, 크게는 전쟁하러 나아가기에 충분하고 작게는 성을 지키기에 충분하다."

「도국」

이처럼 사람들을 예로써 가르치고 의로써 격려하여, 군대와 더불어 백성이 무엇이 옳고 그른지 또한 무엇이 선하고 악한지를 분명하게 알도록 해야만 전쟁을 포함한 국가의 중대한 일에 백성이 적극적으로 참여할 수 있게 될 것이다.[98] 공자도 일찍이 말하지 않았던가? "가르치지 않은 백성을 전쟁에 내보내는 것은 백성을 버리는 일이라고 말한다."[99]

【남명집 1】 원문 103

안으로 마음을 밝히는 것은 경敬이요, 밖으로 행동을 결단하는 것은 의義다.[100]

「권1 패검명佩劍銘」

조선 중기에 이르러 성리학에 대한 이념적 학습이 성숙하면서 의리 사상에 대한 새로운 각성이 생겨난다. 이러한 흐름을 대표하는 인물이 바로 만년에 지리산 아래에 은거하면서, 퇴계 이황과 함께 영남의 유학을 이끈 재야의 선비인 남명 조식이다. 그의 학문과 사상은 '경敬'과 '의義'라는 두 글자로 집약할 수 있다. 그 단적인 증거로 제시될 수 있는 것이 바로 "내명자는 경이요, 외단자는 의內明者敬, 外斷者義"라는 글을 칼에 새겨 휴대하면서 늘 수양의 지침으로 삼았다는 남명의 일화다. 여기서 경이 안으로 마음을 밝고 올바르게 유지하는 것이라면, 의는 이러한 마음을 단호하게 실천하는 행동 규범으로 이해할 수 있다. 그리고 이 말은 『주역』「곤괘 문언전」에 나오는 '경이직내敬以直內, 의이방외義以方外'에 대하여 남명이 새롭게 표현한 것이라 말할 수 있다. 그런데 이와 같은 결단력 있는 자세와 연결시킬 수 있는 말 가운데는 '굳셈'이 있다. 그래서인지 남명은 말과 행동을 삼갈 것을 강조한 글인 「금인명金人銘」에서 "굳세고도 장중하니 그 덕을 아무도 당할 수 없도다"[101]라고 하면서 '의인義仁'이라는 말을 덧붙였는데, 여기서 '의'는 '굳세다'는 것, '인'은 '장중하다'는 것과 연결된다.

장문중은 행단杏壇에서 희생의 말을 잡아놓고 여기서 군대 문제를 맹약하면서 동맹국의 백성에게 위엄을 부렸지만, 동주東周의 운수를 돌리지도 못했고 여러 오랑캐의 침략을 늦추지도 못했다. 그런데 선생(공자)께서는 여기에서 도학道學을 강론하시고 여기에서 의리義理를 창도하시면서 천리天理의 공명정대함을 밝히셔서, 사람들이 왕실을 업신여길 수 없다는 것과 중국이 오랑캐와 다르다는 것을 알게 하셨다. 이 단에서 군대 문제를 의논했던 사람은 장 대부인데 한 나라의 대부에 불과했고, 규구葵丘에서의 맹약102에 비해 도리어 부끄러운 점이 있으며, 이 단에서 도학을 강론했던 분은 우리 선생이신데 천하의 성인이 되셨으니, 어찌 서백西伯이 추구하려 했던 일103에 대한 유공자가 아니겠는가? 같은 단 위에서 일을 했지만 의리와 이익의 서로 같지 않음은 하늘과 땅만큼의 차이가 있다. 후세에 의리를 실천할 선비들은 여기서 마땅히 무엇을 본받아야 하겠는가? 그것은 장씨의 법이겠는가? 선생의 학문이겠는가?

「권2 행단기杏壇記」

「행단기」에서는 행단을 장문중臧文仲이 쌓았으며, 중원의 여러 제후와 회맹하던 곳이라 했다. 이곳은 또한 공자가 제자들에게 학문을 강론하던 곳이기도 하다. 그런데 「행단기」에서 남명은 노나라 대부인 장문중과 같은 노나라 출신인 공자를 등장시켜 의리와 이익의 문제를 언급했다. 남명은, 장문중의 경우는 자신이 군대 문제를 의논하여 천하를 위한 일을 한다고 자부했지만 결과적으로 오직 개인의 명예와 이익만을 추구했고, 반면 공자는 도학을 강론했을 뿐이지만 오히려 천하의 평화와 의리를 위하여 이바지한 것으로 평가했다. 여기서 남명은 의리와 이익의 문제와 관련하여

의로움을 말하다

유학자다운 관점을 보여주었다.

【 남명집 3 】 원문 105

백성을 잘 다스리는 도는 다른 데서 구할 것이 아니오라, 요점은
임금이 선을 밝히고 몸을 정성되게 하는 데 있을 뿐입니다. 이른
바 선을 밝힌다는 것은 이치를 궁구함을 이름이요, 몸을 정성되
게 한다는 것은 몸을 닦는 것을 말합니다. 천성 안에는 모든 이
치가 다 갖추어져 있으니, 인의예지가 그 본체이고 모든 선이 다
여기서부터 좇아서 나옵니다. 마음은 이치가 모이는 주체이고,
몸은 이 마음을 담는 그릇입니다. 그 이치를 궁구함은 장차 쓰려
는 것이요, 그 몸을 닦음은 장차 도를 행하려는 것입니다. 그 이
치를 궁구하는 바탕이 되는 것은 글을 읽으면서 의리義理를 강명
하고, 일을 처리할 적에 그 마땅함과 그렇지 않음을 찾는 것입니
다. 몸을 닦는 요체가 되는 것은 예가 아니면 보지도 듣지도 말
하지도 움직이지도 않는 것입니다.

「권2 무진봉사戊辰封事」

「무진봉사」는 1568년(선조 1)에 임금에게 올린 글이다. 이 글에서 남명
은 역시 유학자답게 인의예지를 우리 본성에 본래 갖추어져 있는 모든 이
치理의 근원으로 보고 있다. 그리고 여기서 실제로 남명이 더 강조한 것은

이론과 실천 양면에 걸쳐서 끊임없이 노력하는 자세다. 특히 군주가 그러할 때만이 올바른 정치가 이루어질 수 있는 것으로 보았다. 그런데 1571년 선조에게 올린 상소문에서 남명은 "늙은 신하는 한갓 비와 이슬과 같은 은택을 입는 것에 감사드릴 뿐이요, 전하의 성덕에 틈이 생기는 것을 보필할 길이 없어, 삼가 '군의君義'(임금이 의를 실행해야 한다)라는 두 글자를 바치니, 몸을 닦고 나라를 정돈하는 근본으로 삼으시길 바라옵니다"[104]라고 주청한 것을 보면, 모든 이치의 근원이 되는 이러한 사덕四德 중에서도 남명이 더욱 주목한 것은 역시 의義라고 할 수 있다.

【퇴계집 1】 원문 106

신이 비록 무식하더라도 어려서부터 임금을 섬기는 도리를 들어왔으니, 어찌 수레에 멍에 메기를 기다리지 않고 신 신기를 기다리지 않고 임금의 명에 달려가는 것이 공손한 자세라는 것을 모르겠사옵니까. 그런데도 외고집만 부리고 뭇 사람의 비난과 의심 속에 처하면서도 마음 바꿀 줄 모르는 것은, 바로 그렇게 나아가는 것이 임금을 섬기는 의리義理에 크게 어긋남이 있을까 두렵기 때문입니다. 무엇을 의義라 하는가 하면 '일의 마땅함事之宜'을 이르는 것입니다. 그렇다면 어리석고도 어리석지 않은 체하고 벼슬을 도둑질하는 것이 마땅하다고 할 수 있는 것입니까. 병으로 폐인이 된 처지에 벼슬자리에 앉아 녹만 받는 것이 마땅하다고 할 수 있는 것입니까. 헛된 명성으로 세상을 속이는 것이 마

의로움을 말하다

땅하다고 할 수 있는 것입니까. 그른 것을 알면서 덮어놓고 나아
가는 것이 마땅하다고 할 수 있는 것입니까. 직무를 다 하지도
못하면서 물러나지 않는 것이 마땅하다고 할 수 있는 것입니까.
이 다섯 가지의 마땅하지 못함을 가지고 조정에 선다면 신하 된
의리에 어떻겠습니까. 그러므로 신이 감히 벼슬자리에 나가지
못하는 것은 다만 의라는 한 글자를 성취하고자 할 뿐인 까닭입
니다. 그런데 사람들은 도리어 임금의 명을 지체시키는 것이 의
리에 합당하지 않다 하여 신을 책망하니, 이것 역시 신이 들은
바와는 다릅니다. 이름을 구하는 자는 반드시 이익을 위하고,
세상을 깔보는 사람은 반드시 믿는 바가 있습니다. 그런데 신이
물러나 귀향하자 비난이 빗발치듯 하는데 신에게 무슨 이익이
있겠으며, 신의 몸에 백 가지 병이 들고 텅 비어서 아무것도 없는
데 신에게 무슨 믿는 바가 있겠습니까. 오직 망령되게 옛 의리를
들어 핑계삼는다는 비평만은 신도 마음에 달게 여기는 바입니
다. 그러나 어리석고 하찮은 사람들은 옛 의리를 스승으로 삼고
실행하지 않으면 장차 더 더럽고 낮은 데로 빠져 들어갈 것이니,
신이 어찌 옛 의리를 핑계삼는다는 말을 피하겠습니까.[105]

「권6 무오사직소戊午辭職疏」

이것은 무오년(1558)에 명종에게 올린, 율곡 이이와 더불어 조선 성리학
을 대표하는 인물인 퇴계 이황의 사직 상소문인데, 퇴계의 출처관을 잘 일

수 있는 글이다. 여기서 퇴계는 무조건적으로 관직에 나아가지 않는 것이 아니라 나아가는 것이 의리에 합당하지 않기 때문에 나아갈 수 없다고 말한다. 그리고 그것과 관련해서 다섯 가지 경우를 열거했다. 퇴계가 수없이 사직을 하고 출사를 사양한 이유가 그 속에 모두 포함되어 있으며, 그것을 한마디로 정리하면 '다만 의라는 한 글자를 성취하고자 할 뿐'이었기 때문이다. 그렇다면 예나 지금이나 의리에 합당한지의 여부는 묻지도 따지지도 않고 오직 나아가기만 추구하는 경우는 어떻게 봐야 할까? 다만 이利라는 한 글자를 성취하고자 할 뿐인가?

【퇴계집 2】 원문 107

일이 없을 때에는 마음을 보존하고 본성을 길러서 늘 깨어 있을 뿐이며, 강습하고 응접할 때가 되면 의리를 생각하고 헤아린다는 것은, 원래 이렇게 해야만 하는 것입니다. 대체로 의리를 생각하기 시작하면 마음은 이미 움직여서 벌써 정靜, 즉 고요할 때의 상태에 속하지 않기 때문입니다. 그러나 이러한 의미는 분명하여 알기 어렵지 않은 것 같은데, 사람들이 참으로 아는 이가 거의 없습니다. 그러므로 고요할 때는 생각하지 않는다는 것을 곧 멀리 아득하고 적막한 상태로 인식하고, 움직일 때, 즉 동動할 때는 생각하고 헤아린다는 것을 또 정신없이 우리 바깥의 사물을 쫓는 것이라 하니, 도무지 의리에 머물러 있지 않습니다. 그 때문에 이름은 학문을 한다고 하나 끝내 학문에서 힘을 얻지

의로움을 말하다

못하게 되는 것입니다. 오직 경敬을 위주로 하는 공부만이 움직
일 때나 고요할 때를 막론하고 모든 일을 해나가는 데 어긋남이
거의 없게 할 것입니다.

「권14 답이숙헌이○무오答李叔獻珥○戊午 별지別紙」

이 글은 퇴계가 율곡에게 보낸 편지의 일부분이다. 여기서의 의리는 사
태를 제대로 인식하고 바르게 대처해나가는 마음의 올바른 실천 원칙이
라고 표현할 수 있다.[106] 우리가 학문을 한다거나 공부를 한다는 것은 바
로 이런 원칙을 자각하고 지켜나가기 위해서다. 그러나 현실은 그렇지 못
하다. 우리 마음은 오히려 멍하게 있지 않으면 허둥대고 있을 때가 많기 때
문이다. 그러면 어떻게 할 것인가? 여기서 퇴계가 제시하는 방법론이 바로
'경을 위주로 하는 공부'다. 그렇기 때문에 적어도 이 글에서만큼은 경과
의의 관계가 경을 토대로 의가 정립되는 것으로 읽힌다.

【율곡전서 1】 원문 108

임금의 재능과 지혜가 보통 사람보다 출중하여 뛰어난 인물을
잘 부리면 잘하는 정치가 되고, 재능과 지혜는 비록 부족하더라
도 어진 이에게 일을 맡긴다면 잘하는 정치가 되니, 이것이 잘하
는 정치의 두 가지 경우다. 임금이 자기의 총명만을 믿고 신하를
믿지 않으면 문란한 정치가 되고, 간신의 말을 지나치게 믿어 귀

와 눈이 가려지면 문란한 정치가 되니, 이것이 문란한 정치의 두 가지 경우다. 이와 같이 정치에는 두 종류가 있으니 그 다스리는 방법에도 두 종류가 있다. 인의의 도를 몸소 행하여 남을 차마 해롭게 하지 못하는 정치를 행하고 천리의 올바름을 다하는 것이 왕도이고, 인의의 이름을 빌려 권도와 모략의 정치를 하고 공리의 사욕만을 채우는 것이 패도다.

「권15 동호문답東湖問答」

율곡 이이(1536~1584)는 선배 그룹인 남명 조식이나 퇴계 이황과는 달리 현실 정치계에서 적극적으로 활동한 인물이다. 그것은 그만큼 올바른 정치가 이루어지기를 바라는 율곡의 염원이 간절했음을 말해준다. 유교의 이상적인 정치는 바로 『맹자』에 나오는 왕도정치이며, 이것은 도덕정치를 의미하기도 한다. 도덕정치의 요체는 다른 게 아니다. 항상 백성을 중심에 두고 백성을 진정으로 위하는 마음을 발휘하는 것이다. 율곡은 공부를 시작하는 사람들은 위한 저술인 『격몽요결擊蒙要訣』에서도 "『맹자』를 읽어서, 의리 곧 의로움과 이로움을 밝게 분별하는 것과 인간의 그릇된 욕망인 인욕을 막고 하늘의 올바른 이치인 천리를 보존하는 학설에 대해 밝게 살펴서 이를 확충해나가야 한다"[107]고 말했다. 그렇다면 유교의 어법으로 말한다면, 올바른 정치 교육과 올바른 도덕 교육은 별개가 아니다.

열두 번째는 의義를 지키는 일이다. 배우는 자는 의와 이利를 밝게 분별하는 것보다 더 급한 것이 없다. 의란 무엇을 의도하는 것 없이 하는 경우다. 조금이라도 무엇을 의도하는 것이 있다면 그것은 모두 이익을 위하는 도둑의 무리이니, 어찌 경계하지 않겠는가. 선을 행하면서 명예를 구하는 것 또한 이익을 위하는 마음이니, 군자는 그것을 담장을 넘고 벽을 뚫는 도둑보다 더 심하다고 본다. 하물며 불선을 행하면서 이익을 취하겠다는 것에 대해서는 어떠하겠는가! 배우는 자는 털끝만큼도 이익을 추구하려는 마음을 가슴속에 품어서는 안 된다. 옛사람은 부모를 봉양하기 위한 일이라면 품팔이나 쌀을 짊어지는 것도 마다하지 않았지만, 그 마음은 항상 깨끗하여 이익에 물드는 일이 없었다. 그러나 오늘날의 선비라는 자들은 온종일 성현의 글을 읽으면서도 오히려 이익을 추구하려는 마음에서 벗어나지 못하니, 어찌 슬픈 일이 아니겠는가! 혹시 가정이 가난하면 부모의 봉양을 위해 한번 계획해보지 않을 수는 없겠으나, 다만 이익을 추구하는 생각이 싹트게 해서는 안 된다. 그리고 물리치거나 받거나 가지거나 주거나 하는 일에 있어서도 그것이 마땅한 것인가 아닌가를 잘 살펴야 한다. 이익이 되는 것을 보면 의리에 맞는가를 생각해야지 털끝만큼도 구차하게 지나쳐버려서는 안 된다.

「권15 학교모범學校模範」

「학교모범」은 율곡이 교육 현장에서 선비의 기풍을 진작시키는 데 활용할 수 있도록 만든 규범으로 모두 16개 조항으로 구성되어 있다. 그중 제12조가 바로 의義와 관련된 것이다. 주된 내용은 의로움과 이로움을 잘 분별하여, 결코 조금이라도 이로움에 휩쓸리지 않도록 경계한 것이다. 그것은 그만큼 이로움의 자장磁場이 강력하기 때문이다.

【 조선왕조실록 】 원문 110

(1) 사관은 논평한다. 이순신은 사람됨이 충성스럽고 용맹하고 재주와 지략도 있었으며, 기율을 분명하게 하고 군졸을 사랑하니, 사람들이 모두 즐겨 따랐다. (…) 나라를 위한 그의 참된 충성과 자신을 버리고 의리를 위해 목숨을 바친 일은 비록 옛날의 뛰어난 장수라 하더라도 이보다 더할 수는 없다. 애석하도다! 조정에서 마땅히 등용해야 할 사람을 쓰지 못하니, 이순신이 그 재주를 다 펼치지 못하게 되었다. 만약 이순신을 병신년(1596)과 정유년(1597) 사이에 통제사의 지위에서 물러나게 하지 않았더라면 어찌 한산도가 무너지는 일이 있었겠으며, 양호兩湖(충청도와 전라도)가 왜적의 소굴이 되었겠는가. 아, 애석할 따름이다.

「선조실록」 선조 31년(1598) 11월 27일

(2) 비변사가 아뢰기를, "이순신이 지난날 한산도에서 승리를 거두어 큰 공을 세웠고, (칠천량 해전에서) 수군이 무너진 뒤에는 남

은 것을 수습하여 군비와 군량을 전날과 다름없이 준비했습니다. 이번 노량 바다에서 밤새워 혈전을 벌여, 적의 수괴를 불에 태워 죽이고 전함 200여 척을 포획하기까지 하여 의기義氣를 동남지역에 크게 떨치자 왜적의 우두머리는 혼비백산하여 밤에 도망쳤으니, 국가를 회복시킨 공에 있어서 이 사람이 제일입니다. 그런데 불행히도 탄환에 맞아 목숨을 잃게 되었지만 숨을 거두면서도 조용히 처치했으니, 옛날 명장의 풍도를 지녔다고 이를 만했습니다. 이제 임금의 명을 받들어 관에서 장례를 치러주고 자식들도 모두 관직에 제수했으니, 그 충의를 격려함이 이에 이르러 더할 나위 없이 되었습니다. 해변에 사당을 세우는 일은 전라좌수영 본진에 설립하여 봄과 가을로 제사를 올리게 하는 것이 좋을 듯합니다. 그리고 전사한 장사들에게 은전을 내리는 일도 담당 부서로 하여금 조속히 거행하도록 하소서" 하니, 주상이 그 의견을 따랐다.

「선조실록」 선조 31년(1598) 12월 1일

위의 글은 충무공 이순신(1545~1598) 장군에 대한 『조선왕조실록』의 기록 중 의義와 관련된 일부분이다. 첫 번째 기록은 좌의정 이덕형李德馨[108]이 수군의 활약상에 관한 치계를 올린 것에 덧붙여진 사관의 논평이며, 두 번째 기록은 비변사에서 이순신 장군의 사당을 세울 것을 요청한 글이다. 이러한 글에서는 이순신 장군에 대해 '사의死義'(의리를 위해 목숨을 바침) '의기義氣 '충의忠義'라는 표현을 써서 그의 업적을 높이 평가했다. 이순신 장군은 어릴 적부터 강한 정의감과 용맹함을 보여주었으며, 임진왜란 때에는 지극한 충성심, 숭고한 인격, 위대한 통솔력으로 누란의 위기에 처한 나라를 구하는 데 가장 큰 공을 세운 무장武將으로 우리 역사에 길이 남을 독보적인 존경을 받는 인물이다.[109]

【 성호사설 1 】 원문 111

학문을 하는 것은 충분히 의리義理에 맞는 일이지만, 생계 대책을 마련하는 것은 이해利害에 관련되는 일이다. 그런데 이해에 관련된 것은 사람마다 제각기 알아서 잘하기 때문에 굳이 권장할 필요가 없다. 그리고 학문을 하는 데는 비록 생계 대책을 마련하는 것이 필요하지만 그렇다고 그것을 급선무를 여긴다면 옳지 않다. '공자가 이익에 대하여 말을 적게 한 것'[110]은 도를 추구하는 일에 방해가 될까 염려해서다. '인심이 좋지 못한 시골(호향互鄕)에 살고 있는 동자童子를 만나본 것은 그가 품행이 바르고 발전하는 것을 인정했을 따름이며',[111] 성인의 널리 포용하는 국량이 대개 이와 같았으니, 또한 일찍이 생계 대책을 마련하는 것을 옳지 않다고 단정지어 말하지는 않았다. 군자는 오직 학문에 힘쓰지 못하는 것을 걱정하지 생계 대책을 마련하지 못하는 것을 걱정하지 않는다. 만일 "이 두 가지는 음양陰陽이나 주야晝夜와 같아서 반드시 병행할 수 없다"고 말한다면, 어찌 그러한 이

치가 있겠는가? 이 때문에 '백성이 많아지면 그다음에는 부유하
게 하고 부유하게 한 다음에는 가르친다'[112]고 했는데, 부유하게
하는 것은 정치를 잘해서 그렇게 되도록 해야지, 또한 백성이 제
각기 이익을 도모해서 얻도록 해서는 안된다.

「권7 〈인사문〉 위학치생爲學治生」

유학은 자기 수양과 사회활동 곧 수기치인修己治人을 위해서 배우고 익
히는 것을 필수적인 일로 생각한다. 그런데 그러기 위해서는 현실적으로
일정한 물질적인 토대가 있어야 한다. 이 글의 제목인 '위학치생爲學治生'도
'학문을 하려면 생계 대책을 마련해야 한다'는 것으로 풀이할 수 있다. 그
런데 문제는, 유학의 관점에서 볼 때 학문을 하는 것은 의리에 맞는 일이
지만 생계 대책을 마련하는 일은 이익과 관련되는 일이다. 실학자인『성
호사설星湖僿說』[113]의 저자 성호星湖 이익李瀷(1681~1763)은 이와 관련해서
'생계 대책을 마련하는 일을 앞세워서도 안 되지만 그렇다고 공부한답시
고 그 일을 전적으로 내팽개쳐서도 안 된다'는 견해를 제시했다. 그런데 이
글에서 흥미로운 점은 생계 대책을 백성 개개인이 알아서 해결하라는 식
의 '각자도생各自圖生' 방식이 아니라 국가라는 공동체의 책임, 그러한 공동
체를 이끄는 지도층의 책임을 강조한 부분이다. "부유하게 하는 것은 정치
를 잘해서 그렇게 되도록 해야지, 또한 백성이 제각기 이익을 도모해서 얻
도록 해서는 안 된다"는 말이 바로 그것이다. 이러한 주장을 오늘날의 언어
로 바꾸어 표현하면, 경제 문제를 신자유주의적인 시장경제 체제에만 전

적으로 맡겨두어서는 안되고, 복지사회의 정신을 바탕으로 사회 정의의
실현이라는 차원에서 구조적인 변화를 추구하는 방식으로 접근해가야 한
다는 것이다.

【성호사설 2】 원문 112

장여헌張旅軒 선생이 보은 현감에 제수되자 문인이 출처의 의리
에 대해 물었다. 선생이 말했다. "배워서 학식이 충분하면 나아
가 벼슬하고, 예우하는 뜻이 있으면 나아가 벼슬하며, 집이 가
난한데 부모가 늙었으면 나아가 벼슬하는 것이다. 벼슬하지 않
는 것과 관련해서는 두 가지 부끄러움이 있다. 자기 몸을 깨끗이
하고자 하여 큰 인륜을 어지럽히는 것이 첫 번째 부끄러움이요,
은둔의 이름을 빌려서 자신의 가치를 찾으려는 것이 두 번째 부
끄러움이다." 출처에 대한 의리를 논하는 데 이보다 더 잘 갖추어
진 것이 없으니, 마땅히 잘 드러내야 할 말이다.

「권9 〈인사문〉 출처지의出處之義」

출처의 의리(출처지의)는 나아가 벼슬하는 일과 재야에 머물러 있는 일
에 관한 의리를 말한다. 조선의 선비는 이러한 의리를 대단히 중요하게 생
각했는데, 이것은 단순한 명분론이 아니라 구체적인 이유에 근거한 것이
다.『성호사설』에서 성호는 특히 여헌旅軒 장현광張顯光(1554~1637)의 견해

의로움을 말하다

를 높이 평가하여 소개했다. 장현광은 퇴계학파로 분류되는 조선 중기의 영남 유학자이나 성리학설에서는 퇴계학파와 다른 자신의 독창적인 견해를 펼쳤다.

【성호사설 3】 원문 113

나는 군자와 소인이 의로움(의義)과 이로움(이利)에서 구분된다고 생각한다. 이로움은 벼슬자리보다 더 소중한 것이 없다. 참으로 그 마음이 여기에 쏠리면, 비록 효성이 안회顔回와 백기伯奇와 같고, 충성심이 방몽逄蒙과 비간比干과 같으며, 재주가 관중管仲과 제갈량諸葛亮과 같다 해도, 결국에는 무엇을 의도하는 것 없이 하는 경우114가 아니다.

「권19 〈경사문〉 친현원녕親賢遠佞」

'무엇을 의도한다는 것'은 개인적인 이익을 도모하는 마음 곧 사심私心을 말한다. 소인은 이와 같이 자기 이익에 쏠리는 사심의 존재이고, 한편 군자는 의리를 따르는 공심公心의 존재다. 전통사회에서 벼슬자리는 모든 이익과 특혜가 모이는 곳이다. 오히려 그렇기 때문에 벼슬자리로 나아갈 때에는 공공의 이익을 우선시하는 공심이 그 근저에 굳건히 자리잡고 있어야 한다. 사심이 조금이라도 개입된다면 다른 어떤 측면이 뛰어나더라도 그 빛이 바랜다는 것이 성호의 생각이다.

참된 선비의 학문은 본디 나라를 다스리고 백성을 편안하게 하며, 오랑캐를 물리치고 재정 운용을 여유 있게 하고, 문과 무에 모두 능통하여 감당하지 못하는 바가 없고자 한다. 그러니 어찌 옛사람의 글귀를 따서 글이나 짓고 벌레나 물고기 따위에 대한 주석이나 내고, 소매 넓은 선비 옷을 입고서 형식적인 예절만 익히는 것이 학문이겠는가. (…) 맹자는 제齊나라와 위魏나라의 임금이 오로지 전쟁이라는 방식만 높게 평가하는 것을 근심했기 때문에 말한 것이 모두 인仁과 의義였다. 이것은 그 임금들의 잘못을 바로잡고자 한 것일 따름이다. 그런데 그 뒷날의 선비들은 성현의 그러한 본뜻은 모르고 인의와 이기理氣 외에 한마디라도 다른 말을 입 밖에 내면 이를 곧 잡학이라고 지목했다. 그리하여 법가인 신불해申不害와 한비자 같은 자라고 하지 않으면 곧 병가인 손무孫武와 오기 같은 자라고 비난했다. 이 때문에 이름을 높이는 데 힘쓰고 도통道統을 의식하는 자들은, 차라리 케케묵은 의논과 고루한 학설을 주장하여 스스로 어리석게 될지언정 이 한계를 한 걸음이라도 넘어서려고 하지 않았다. 그 때문에 선비의 도道는 다 없어지고, 그 당시의 군주들은 나날이 선비들을 천시하게 된 것이다.

「권12 속유론俗儒論」

조선 후기의 실학사상을 집대성한 다산 정약용은 각종 개혁 사상을 제시하여 조선사회의 면모를 일신하고자 한 인물로 평가받는다. 그런데 당시 조선사회를 이끈 계층은 선비 곧 유학자들이다. 유학자들의 의식이 변화되지 않고는 결코 조선사회가 변화될 수 없었다. 그렇기 때문에 다산은 「속유론」이라는 글을 써서 선비들의 의식 개혁을 촉구한 것이다. 논설의 핵심은, 실학자답게 고식적인 공리공담에 치우친 공부가 아니라 실질적이고 실천적인 공부를 할 것을 촉구한 데 있다. 유교의 일반적인 방식으로 표현한다면, 경전을 공부하더라도 성현의 참된 뜻이 어디에 있는지 제대로 파악하라는 것이다. 예컨대 맹자가 인의를 강조한 것도 그 전후 맥락을 잘 헤아려보라는 것이다. 그렇다면 다산은 이 글을 통해 조선의 선비들도 그러하지 못했기 때문에 결국 조선사회의 여러 병폐가 생겨났다는 점을 말하고 싶었는지도 모른다.

【다산시문집 2】 원문 115

사의재四宜齋는 내가 강진에서 귀양살이할 때 거처하던 집이다. 생각은 마땅히 담백해야 하니, 담백하지 않은 바가 있으면 빨리 맑게 해야 한다. 외모는 마땅히 장엄해야 하니, 장엄하지 않은 바가 있으면 빨리 단정하게 해야 한다. 말은 마땅히 적어야 하니, 적지 않은 바가 있으면 빨리 그쳐야 한다. 움직임은 마땅히 신중해야 하니, 신중하지 않은 바가 있으면 빨리 더디게 해야 한다. 이에 그 방에 이름을 붙여 '사의재'라고 한다. 마땅하다宜는 것은 의롭다義는 것이니, 의로써 제어함을 이른다.

「권13 사의재기四宜齋記」

다산 역시 의에 대한 전통적인 풀이인 의宜(마땅함)를 받아들였다. 또한 '의로써 제어한다義以制之'고 했는데, 이와 관련된 다산 자신의 말을 살펴보면 다음과 같다. "의義로써 바깥을 반듯하게 하여, 모든 사람이 두려워하는 것을 나도 두려워하고, 경敬으로써 안을 바르게 하여, 모든 사람이 두려워하지 않는 것을 나는 또한 두려워한다."[115] 이것은 모든 일에 삼가고 또 삼가라는 의미다. 그리고 네 가지 마땅함의 내용도 모두 선비라면 응당 따라야 할 사항이니, 이를 통해 다산 역시 유학자임을 알 수 있다.

【 다산시문집 3 】 원문 116

(1) 인의예지는 실제로 일을 시행한 뒤에야 있게 되는 명칭이다. 측은惻隱·수오羞惡는 바로 안으로부터 발현되는 것인데, 성리를 말하는 자들은 항상 인의예지를 마음속에 간직되어 있는 네 개의 것이라 하니, 이는 잘못된 주장이다. 마음속에 있는 것은 다만 측은이나 수오의 근본일 뿐이니, 이것을 인의예지라고 말할 수는 없다.

「권21 시양아示兩兒」

(2) 내가 곰곰이 생각해보건대, 측은해하는 마음을 행하면 인仁
이 되고, 부끄러워하고 미워하는 마음을 행하면 의義가 되며, 사
양하는 마음을 행하면 예禮가 되고, 옳고 그른 것을 가리는 마
음을 행하면 지智가 되는 것인데, 지금 인의예지가 사람의 마음
속에 잠복해 있다 하니, 의심스럽다.

「권21 서암강학기西巖講學記」

이 글에서 우리는 다산 정약용의 반 주자학적인 입장의 단면을 살펴볼
수 있다. 다산은 인의예지라는 사덕이 마음에 내재하는 형이상학적 이치
가 아니라 인간의 행위에 따른 결과로서 나오는 것임을 강조한다. 다시 말
해서 인간의 마음은 인의예지를 지향하는 능력을 갖추고는 있지만 인의
예지가 성품에 내재하여 구성 요소를 이루는 것은 아니라는 얘기다. 예컨
대 자신의 잘못을 부끄러워하고 다른 사람의 잘못을 질책하는 마음 곧 수
오지심羞惡之心에 따라 실천해나간 것을 의라고 할 수 있다. 이러한 해석은
곧 사덕은 인성(인간의 성품)이 아니라는 뜻이며, 따라서 인의예지의 덕이
인간의 성품 속에 선천적으로 내재되어 있다는 성리학의 견해를 정면으
로 거부한 것이다.[116] 이처럼 사덕을 인간 행위의 결과와 연계시켰기 때문
에 다산의 주장은 오히려 더욱 실천적인 측면을 강조한 것으로 이해할 수
있다.

3장

義

원문

원문

[설문해자] 원문 1

義, 己之威儀也. 從我羊.

「義」

[상서 1] 원문 2

王懋昭大德, 建中于民. 以義制事, 以禮制心, 垂裕後昆.

「仲虺之誥」

[상서 2] 원문 3

王曰, 汝陳時臬事, 罰蔽殷彝. 用其義刑義殺, 勿庸以次汝封.

「康誥」

[주역 1] 원문 4

文言曰, 元者善之長也, 亨者嘉之會也, 利者義之和也, 貞者事之
幹也. 君子體仁足以長人, 嘉會足以合禮, 利物足以和義, 貞固足
以幹事. 君子行此四德者, 故曰乾元亨利貞.

「乾 文言傳」

直其正也, 方其義也. 君子敬以直內, 義以方外, 敬義立而德不孤.
直方大不習无不利, 則不疑其所行也.
「坤 文言傳」

大道之行也, 天下爲公. 選賢與能, 講信修睦, 故人不獨親其親,
不獨子其子. 使老有所終, 壯有所用, 幼有所長, 矜寡孤獨廢疾者,
皆有所養. 男有分, 女有歸. 貨惡其棄於地也, 不必藏於己. 力惡其
不出於身也, 不必爲己. 是故謀閉而不興, 盜竊亂賊而不作, 故外
戶而不閉, 是謂大同.
「禮運」

故國有患, 君死社稷謂之義, 大夫死宗廟謂之變.
「禮運」

故聖人耐以天下爲一家, 以中國爲一人者, 非意之也. 必知其情,
辟於其義, 明於其利, 達於其患, 然後能爲之. 何謂人情, 喜怒哀
懼愛惡欲七者, 弗學而能. 何謂人義, 父慈子孝兄良弟弟夫義婦
聽長惠幼順君仁臣忠十者, 謂之人義. 講信修睦, 謂之人利. 爭奪

相殺, 謂之人患. 故聖人所以治人七情, 修十義, 講信修睦, 尙辭
讓, 去爭奪, 舍禮何以治之.

「禮運」

[예 기 4] 원문 9

故聖王修義之柄禮之序, 以治人情, 故人情者, 聖王之田也. 修禮
以耕之, 陳義以種之. 講學以耨之, 本仁以聚之, 播樂以安之. 故
禮也者, 義之實也. 協諸義而協, 則禮雖先王未之有, 可以義起也.
義者, 藝之分仁之節也, 協於藝, 講於仁, 得之者强. 仁者, 義之本
也, 順之體也, 得之者尊.

「禮運」

[예 기 5] 원문 10

樂者爲同, 禮者爲異. 同則相親, 異則相敬. 樂勝則流, 禮勝則離.
合情飾貌者, 禮樂之事也. 禮義立, 則貴賤等矣. 樂文同, 則上下
和矣. 好惡著, 則賢不肖別矣. 刑禁暴, 爵擧賢, 則政均矣. 仁以愛
之, 義以正之. 如此, 則民治行矣.

「樂記」

[예 기 6] 원문 11

是故君子反情以和其志, 比類以成其行. 姦聲亂色, 不留聰明. 淫
樂慝禮, 不接心術. 惰慢邪辟之氣不設於身體, 使耳目鼻口心知百

體皆由順正以行其義.

「樂記」

[예기 7] 원문 12

發號出令而民說, 謂之和. 上下相親, 謂之仁. 民不求其所欲而得
之, 謂之信. 除去天地之害, 謂之義. 義與信, 和與仁, 霸王之器也.
有治民之意而無其器, 則不成.

「經解」

[예기 8] 원문 13

子云, 君子不盡利以遺民. 詩云, 彼有遺秉, 此有不斂穧, 伊寡婦
之利. 故君子仕則不稼, 田則不漁, 食時不力珍, 大夫不坐羊, 士不
坐犬. 詩云, 采葑采菲, 無以下體, 德音莫違, 及爾同死. 以此坊民,
民猶忘義而爭利, 以亡其身.

「坊記」

[예기 9] 원문 14

子言之, 仁者, 天下之表也, 義者, 天下之制也, 報者, 天下之利也.

「表記」

[예기 10] 원문 15

仁者人也, 道者義也. 厚於仁者薄於義, 親而不尊, 厚於義者薄於

仁, 尊而不親. 道有至有義有考. 至道以王, 義道以霸, 考道以爲
無失.

「表記」

[예기 11] 원문 16

子言之, 君子之所謂義者, 貴賤皆有事於天下. 天子親耕, 粢盛秬
鬯以事上帝, 故諸侯勤以輔事於天子.

「表記」

[예기 12] 원문 17

(1) 儒有不寶金玉, 而忠信以爲寶. 不祈土地, 立義以爲土地. 不祈
多積, 多文以爲富. 難得而易祿也, 易祿而難畜也. 非時不見, 不亦
難得乎. 非義不合, 不亦難畜乎. 先勞而後祿, 不亦易祿乎. 其近人
有如此者.

「儒行」

(2) 儒有委之以貨財, 淹之以樂好, 見利不虧其義. 劫之以衆, 沮
之以兵, 見死不更其守.

「儒行」

[논어 1] 원문 18

子曰, 非其鬼而祭之, 諂也. 見義不爲, 無勇也.

「爲政」

[논어 2] 원문 19

子曰, 君子之於天下也, 無適也, 無莫也, 義之與比.

「里仁」

[논어 3] 원문 20

子曰, 君子喩於義, 小人喩於利.

「里仁」

[논어 4] 원문 21

子謂子産, 有君子之道四焉. 其行己也恭, 其事上也敬, 其養民也
惠, 其使民也義.

「公冶長」

[논어 5] 원문 22

子曰, 德之不脩, 學之不講, 聞義不能徙, 不善不能改, 是吾憂也.

「述而」

[논어 6] 원문 23

子曰, 飯疏食飲水, 曲肱而枕之, 樂亦在其中矣. 不義而富且貴,
於我如浮雲.

「述而」

의로움을 말하다

[논어 7] 원문 24

樊遲請學稼. 子曰, 吾不如老農. 請學爲圃. 曰, 吾不如老圃. 樊遲
出. 子曰, 小人哉, 樊須也. 上好禮, 則民莫敢不敬, 上好義, 則民
莫敢不服, 上好信, 則民莫敢不用情. 夫如是, 則四方之民襁負其
子而至矣, 焉用稼.

「子路」

[논어 8] 원문 25

子路從而後, 遇丈人, 以杖荷蓧. 子路問曰, 子見夫子乎. 丈人曰,
四體不勤, 五穀不分. 孰爲夫子. 植其杖而芸. 子路拱而立. 止子路
宿, 殺雞爲黍而食之, 見其二子焉. 明日, 子路行以告. 子曰, 隱者
也. 使子路反見之. 至則行矣. 子路曰, 不仕無義. 長幼之節, 不可
廢也. 君臣之義, 如之何其廢之. 欲潔其身, 而亂大倫. 君子之仕
也, 行其義也. 道之不行, 已知之矣.

「微子」

[맹자 1] 원문 26

孟子見梁惠王. 王曰, 叟不遠千里而來, 亦將有以利吾國乎. 孟子
對曰, 王何必曰利, 亦有仁義而已矣. 王曰何以利吾國, 大夫曰何
以利吾家, 士庶人曰何以利吾身, 上下交征利而國危矣. 萬乘之
國弒其君者, 必千乘之家, 千乘之國弒其君者, 必百乘之家. 萬取
千焉, 千取百焉, 不爲不多矣. 苟爲後義而先利, 不奪不饜. 未有

仁而遺其親者也, 未有義而後其君者也. 王亦曰仁義而已矣, 何
必曰利.

「梁惠王上」

[맹자 2] 원문 27

齊宣王問曰, 湯放桀, 武王伐紂, 有諸. 孟子對曰, 於傳有之. 曰, 臣
弒其君可乎. 曰, 賊仁者謂之賊, 賊義者謂之殘, 殘賊之人謂之一
夫. 聞誅一夫紂矣, 未聞弒君也.

「梁惠王下」

[맹자 3] 원문 28

敢問夫子惡乎長. 曰, 我知言, 我善養吾浩然之氣. 敢問何謂浩
然之氣. 曰, 難言也. 其爲氣也, 至大至剛, 以直養而無害, 則塞于
天地之間. 其爲氣也, 配義與道, 無是, 餒也. 是集義所生者, 非
義襲而取之也. 行有不慊於心, 則餒矣. 我故曰, 告子未嘗知義,
以其外之也. 必有事焉而勿正, 心勿忘, 勿助長也, 無若宋人然.
宋人有閔其苗之不長而揠之者, 芒芒然歸, 謂其人曰, 今日病矣,
予助苗長矣. 其子趨而往視之, 苗則槁矣. 天下之不助苗長者寡
矣. 以爲無益而舍之者, 不耘苗者也. 助之長者, 揠苗者也, 非徒
無益, 而又害之.

「公孫丑上」

264
의로움을 말하다

(1) 孟子曰, 人皆有不忍人之心. 先王有不忍人之心, 斯有不忍人之政矣. 以不忍人之心, 行不忍人之政, 治天下可運之掌上. 所以謂人皆有不忍人之心者, 今人乍見孺子將入於井, 皆有怵惕惻隱之心. 非所以內交於孺子之父母也, 非所以要譽於鄕黨朋友也, 非惡其聲而然也. 由是觀之, 無惻隱之心, 非人也, 無羞惡之心, 非人也, 無辭讓之心, 非人也, 無是非之心, 非人也. 惻隱之心, 仁之端也, 羞惡之心, 義之端也, 辭讓之心, 禮之端也, 是非之心, 智之端也. 人之有是四端也, 猶其有四體也. 有是四端而自謂不能者, 自賊者也, 謂其君不能者, 賊其君者也. 凡有四端於我者, 知皆擴而充之矣, 若火之始然, 泉之始達. 苟能充之, 足以保四海, 苟不充之, 不足以事父母.

「公孫丑上」

(2) 公都子曰, 告子曰, 性無善無不善也. 或曰, 性可以爲善, 可以爲不善, 是故文武興則民好善, 幽厲興則民好暴. 或曰, 有性善, 有性不善, 是故以堯爲君而有象, 以瞽瞍爲父而有舜, 以紂爲兄之子且以爲君, 而有微子啟王子比干. 今曰, 性善, 然則彼皆非與. 孟子曰, 乃若其情則可以爲善矣, 乃所謂善也. 若夫爲不善, 非才之罪也. 惻隱之心, 人皆有之, 羞惡之心, 人皆有之, 恭敬之心, 人皆有之, 是非之心, 人皆有之. 惻隱之心, 仁也, 羞惡之心, 義也, 恭敬之心, 禮也, 是非之心, 智也. 仁義禮智, 非由外鑠我也, 我固有之也, 弗思耳矣. 故曰, 求則得之, 舍則失之. 或相倍蓰而無算者, 不能盡其才者也. 詩曰, 天生蒸民, 有物有則. 民之秉夷, 好是懿德. 孔子曰, 爲此詩者, 其知道乎. 故有物必有則, 民之秉夷也, 故好是懿德.

「告子上」

[맹자 5] 원문 30

然則治天下獨可耕且爲與. 有大人之事, 有小人之事. 且一人之身, 而百工之所爲備, 如必自爲而後用之, 是率天下而路也. 故曰, 或勞心, 或勞力, 勞心者治人, 勞力者治於人. 治於人者食人, 治人者食於人, 天下之通義也.

「滕文公上」

[맹자 6] 원문 31

(1) 孟子曰, 自暴者, 不可與有言也. 自棄者, 不可與有爲也. 言非禮義, 謂之自暴也. 吾身不能居仁由義, 謂之自棄也. 仁, 人之安宅也. 義, 人之正路也. 曠安宅而弗居, 舍正路而不由, 哀哉.

「離婁上」

(2) 孟子曰, 仁, 人心也, 義, 人路也. 舍其路而弗由, 放其心而不知求, 哀哉. 人有雞犬放, 則知求之, 有放心, 而不知求. 學問之道無他, 求其放心而已矣.

「告子上」

(3) 王子墊問曰, 士何事. 孟子曰, 尙志. 曰, 何謂尙志. 曰, 仁義而

已矣. 殺一無罪, 非仁也. 非其有而取之, 非義也. 居惡在, 仁是
也. 路惡在, 義是也. 居仁由義, 大人之事備矣.

「盡心上」

[맹자 7] 원문 32

孟子曰, 魚我所欲也, 熊掌亦我所欲也, 二者不可得兼, 舍魚而取
熊掌者也. 生亦我所欲也, 義亦我所欲也, 二者不可得兼, 舍生而
取義者也. 生亦我所欲, 所欲有甚於生者, 故不爲苟得也. 死亦我
所惡, 所惡有甚於死者, 故患有所不辟也. 如使人之所欲莫甚於
生, 則凡可以得生者, 何不用也. 使人之所惡莫甚於死者, 則凡可
以辟患者, 何不爲也. 由是則生而有不用也, 由是則可以辟患而有
不爲也. 是故所欲有甚於生者, 所惡有甚於死者. 非獨賢者有是心
也, 人皆有之, 賢者能勿喪耳.

「告子上」

[맹자 8] 원문 33

孟子謂宋句踐曰, 子好遊乎, 吾語子遊. 人知之, 亦囂囂, 人不知,
亦囂囂. 曰, 何如斯可以囂囂矣. 曰, 尊德樂義, 則可以囂囂矣. 故
士窮不失義, 達不離道. 窮不失義, 故士得己焉, 達不離道, 故民
不失望焉. 古之人, 得志, 澤加於民, 不得志, 脩身見於世. 窮則獨
善其身, 達則兼善天下.

「盡心上」

孟子曰, 春秋無義戰. 彼善於此, 則有之矣. 征者, 上伐下也, 敵國
不相征也.

「盡心下」

孟子曰, 人皆有所不忍, 達之於其所忍, 仁也, 人皆有所不爲, 達之
於其所爲, 義也. 人能充無欲害人之心, 而仁不可勝用也, 人能充
無穿踰之心, 而義不可勝用也, 人能充無受爾汝之實, 無所往而
不爲義也. 士未可以言而言, 是以言餂之也, 可以言而不言, 是以不
言餂之也, 是皆穿踰之類也.

「盡心下」

上老老而民興孝, 上長長而民興弟, 上恤孤而民不倍, 是以君子有
絜矩之道也.

「傳十章」

是故君子先愼乎德. 有德此有人, 有人此有土, 有土此有財, 有財
此有用. 德者本也, 財者末也, 外本內末, 爭民施奪. 是故財聚則
民散, 財散則民聚. 是故言悖而出者, 亦悖而入. 貨悖而入者, 亦悖

而出. … 生財有大道. 生之者衆, 食之者寡, 爲之者疾, 用之者舒,
則財恒足矣. 仁者以財發身, 不仁者以身發財. 未有上好仁而下不
好義者也, 未有好義其事不終者也, 未有府庫財非其財者也. 孟
獻子曰, 畜馬乘, 不察於雞豚. 伐冰之家, 不畜牛羊. 百乘之家, 不
畜聚斂之臣. 與其有聚斂之臣, 寧有盜臣. 此謂國不以利爲利, 以
義爲利也. 長國家而務財用者, 必自小人矣. 彼爲善之, 小人之使
爲國家, 災害并至. 雖有善者, 亦無如之何矣. 此謂國不以利爲利,
以義爲利也.
「傳十章」

[중 용 장 구] 원문 38
仁者人也, 親親爲大. 義者宜也, 尊賢爲大. 親親之殺, 尊賢之等,
禮所生也.
「第二十章」

[순 자 1] 원문 39
志意脩則驕富貴, 道義重則輕王公, 內省而外物輕矣. 傳曰, 君子
役物, 小人役於物, 此之謂矣. 身勞而心安, 爲之, 利少而義多, 爲
之. 事亂君而通, 不如事窮君而順焉. 故良農不爲水旱不耕, 良賈
不爲折閱不市, 士君子不爲貧窮怠乎道.
「脩身」

[순 자 2] 원문 40

書曰, 無有作好, 遵王之道. 無有作惡, 遵王之路. 此言君子之能以
公義勝私欲也.

「脩身」

[순 자 3] 원문 41

君子崇人之德, 揚人之美, 非諂諛也. 正義直指, 舉人之過,, 非毁
疵也. 言己之光美, 擬於舜禹, 參於天地, 非夸誕也. 與時屈伸, 柔
從若蒲葦, 非懾怯也. 剛彊猛毅, 靡所不信, 非驕暴也. 以義變應,
知當曲直故也. 詩曰, 左之左之, 君子宜之. 右之右之, 君子有之.
此言君子能以義屈信變應故也.

「不苟」

[순 자 4] 원문 42

君子養心莫善於誠, 致誠則無它事矣. 唯仁之爲守, 唯義之爲行.
誠心守仁則形, 形則神, 神則能化矣. 誠心行義則理, 理則明, 明
則能變矣.

「不苟」

[순 자 5] 원문 43

義之所在, 不傾於權, 不顧其利, 舉國而與之, 不爲改視, 重死持
義而不橈, 是士君子之勇也.

「榮辱」

少事長, 賤事貴, 不肖事賢, 是天下之通義也.

「仲尼」

彼王者不然. 仁眇天下, 義眇天下, 威眇天下. 仁眇天下, 故天下莫
不親也. 義眇天下, 故天下莫不貴也. 威眇天下, 故天下莫敢敵也.
以不敵之威, 輔服人之道, 故不戰而勝, 不攻而得, 甲兵不勞而天
下服, 是知王道者也.

「王制」

水火有氣而無生, 草木有生而無知, 禽獸有知而無義, 人有氣有生
有知亦且有義, 故最爲天下貴也. 力不若牛, 走不若馬, 而牛馬爲
用, 何也. 曰, 人能群, 彼不能群也. 人何以能群. 曰, 分. 分何以能
行, 曰, 義. 故義以分則和, 和則一, 一則多力, 多力則彊, 彊則勝物.
故宮室可得而居也. 故序四時, 裁萬物, 兼利天下, 無它故焉, 得之
分義也.

「王制」

絜國以呼禮義, 而無以害之. 行一不義, 殺一無罪, 而得天下, 仁者
不爲也. 操然扶持心國, 且若是其固也. 所與爲之者, 之人則擧義
士也. 所以爲布陳於國家刑法者, 則擧義法也. 主之所極然帥群
臣而首鄕之者, 則擧義志也. 如是則下仰上以義矣, 是綦定也. 綦
定而國定, 國定而天下定. 仲尼無置錐之地, 誠義乎志意, 加義乎
身行, 箸之言語, 濟之日, 不隱乎天下, 名垂乎後世. 今亦以天下之
顯諸侯, 誠義乎志意, 加義乎法則度量, 箸之以政事, 案申重之以
貴賤殺生, 使襲然終始猶一也. 如是, 則夫名聲之部發於天地之
間也, 豈不如日月雷霆然矣哉. 故曰, 以國齊義, 一日而白, 湯武是
也. 湯以亳, 武王以鄗, 皆百里之地也, 天下爲一, 諸侯爲臣, 通達
之屬, 莫不從服, 無它故焉, 以義濟矣. 是所謂義立而王也.
「王霸」

絜國以呼功利, 不務張其義, 齊其信, 唯利之求. 內則不憚詐其民,
而求小利焉. 外則不憚詐其與, 而求大利焉. 內不脩正其所以有,
然常欲人之有. 如是, 則臣下百姓莫不以詐心待其上矣. 上詐其
下, 下詐其上, 則是上下析也. 如是, 則敵國輕之, 與國疑之, 權謀
日行, 而國不免危削, 綦之而亡.
「王霸」

[순자 1 1] 원문 49

國者, 巨用之則大, 小用之則小. 綦大而王, 綦小而亡, 小巨分流者
存. 巨用之者, 先義而後利, 安不卹親疏, 不卹貴賤, 唯誠能之求,
夫是之謂巨用之. 小用之者, 先利而後義, 安不卹是非, 不治曲直,
唯便僻親比己者之用, 夫是之謂小用之.

「王霸」

[순자 1 2] 원문 50

凡姦人之所以起者, 以上之不貴義, 不敬義也. 夫義者, 所以限禁
人之爲惡與姦者也. 今上不貴義, 不敬義, 如是, 則天下之人百姓,
皆有棄義之志, 而有趨姦之心矣, 此姦人之所以起也. 且上者下
之師也, 夫下之和上, 譬之猶響之應聲, 影之像形也. 故爲人上者,
不可不順也. 夫義者, 內節於人, 而外節於萬物者也. 上安於主,
而下調於民者也. 內外上下節者, 義之情也. 然則凡爲天下之要,
義爲本, 而信次之. 古者禹湯本義務信而天下治, 桀紂棄義倍信
而天下亂. 故爲人上者, 必將愼禮義, 務忠信, 然後可. 此君人者之
大本也.

「彊國」

[순자 1 3] 원문 51

問者曰, 人之性惡, 則禮義惡生. 應之曰, 凡禮義者, 是生於聖人
之僞, 非故生於人之性也. … 聖人積思慮, 習僞故, 以生禮義而起

法度. 然則禮義法度者, 是生於聖人之僞, 非故生於人之性也.

「性惡」

[순자 14] 원문 52

親親故故庸庸勞勞, 仁之殺也. 貴貴尊尊賢賢老老長長, 義之倫

也. 行之得其節, 禮之序也. 仁, 愛也, 故親. 義, 理也, 故行. 禮, 節

也, 故成. 仁有里, 義有門. 仁, 非其里而處之, 非仁也. 義, 非其門

而由之, 非義也. 推恩而不理, 不成仁. 遂理而不敢, 不成義. 審節

而不和, 不成禮. 和而不發, 不成樂. 故曰, 仁義禮樂, 其致一也.

君子處仁以義, 然後仁也. 行義以禮, 然後義也. 制禮反本成末,

然後禮也. 三者皆通, 然後道也.

「大略」

[순자 15] 원문 53

義與利者, 人之所兩有也. 雖堯舜不能去民之欲利, 然而能使其

欲利不克其好義也. 雖桀紂不能去民之好義, 然而能使其好義不

勝其欲利也. 故義勝利者爲治世, 利克義者爲亂世. 上重義則義

克利, 上重利則利克義. 故天子不言多少, 諸侯不言利害, 大夫不

言得喪, 士不通貨財. 有國之君不息牛羊, 錯質之臣不息雞豚, 冢

卿不脩幣, 大夫不爲場園, 從士以上皆羞利而不與民爭業, 樂分

施而恥積藏. 然故民不困財, 貧窶者有所竄其手.

「大略」

[순자 16] 원문 54

上好義, 則民闇飾矣. 上好富, 則民死利矣. 二者治亂之衢也. 民
語曰, 欲富, 忍恥矣, 傾絕矣, 絕故舊矣, 與義分背矣. 上好富, 則
人民之行如此, 安得不亂.

「大略」

[순자 17] 원문 55

入孝出弟, 人之小行也. 上順下篤, 人之中行也. 從道不從君, 從
義不從父, 人之大行也.

「子道」

[순자 18] 원문 56

曾子病, 曾元持足, 曾子曰, 元, 志之, 吾語汝. 夫魚鱉黿鼉猶以淵
爲淺而堀其中, 鷹鳶猶以山爲卑而增巢其上, 及其得也必以餌. 故
君子能無以利害義, 則恥辱亦無由至矣.

「法行」

[춘추번로 1] 원문 57

春秋之所治, 人與我也. 所以治人與我者, 仁與義也. 以仁安人,
以義正我. 故仁之爲言人也, 義之爲言我也, 言名以別矣.

「仁義法」

[춘 추 번 로　2] 원문 58

天之生人也, 使人生義與利. 利以養其體, 義以養其心. 心不得義
不能樂, 體不得利不能安. 義者心之養也, 利者體之養也. 體莫貴
於心, 故養莫重於義, 義之養生人大於利. … 夫人有義者, 雖貧能
自樂也. 而大無義者, 雖富莫能自存. 吾以此實義之養生人大於利
而厚於財也. 民不能知而常反之, 皆忘義而殉利, 去理而走邪, 以
賊其身而禍其家. 此非其自爲計不忠也, 則其知之所不能明也.
「身之養重於義」

[근 사 록　1] 원문 59

宜曰義.
「第1卷 道體」

[근 사 록　2] 원문 60

在物爲理, 處物爲義.
「第1卷 道體」

[근 사 록　3] 원문 61

敬義夾持直上, 達天德自此.
「第2卷 爲學」

[근 사 록　4] 원문 62

問, 必有事焉, 當用敬否. 曰, 敬是涵養一事. 必有事焉, 須用集義.
只知用敬, 不知集義, 却是都無事也. 又問, 義莫是中理否. 曰, 中
理在事, 義在心.
「第2卷 爲學」

[근 사 록 5] 원문 63

問, 敬義何別. 曰, 敬只是持己之道, 義便知有是有非. 順理而行,
是爲義也. 若只守一箇敬, 不知集義, 却是都無事也. 且如欲爲孝,
不成只守著一箇孝字. 須是知所以爲孝之道, 所以侍奉當如何, 溫
淸當如何, 然後能盡孝道也.
「第2卷 爲學」

[근 사 록 6] 원문 64

義理之學, 亦須深沈方有造, 非淺易輕浮之可得也.
「第3卷 致知」

[근 사 록 7] 원문 65

動息節宣以養生也, 飮食衣服以養形也, 威儀行義以養德也, 推
己及物以養人也.
「第4卷 存養」

[근 사 록 8] 원문 66

明道先生曰, 義理與客氣常相勝. 只看消長分數多少, 爲君子小

人之別. 義理所得漸多, 則自然知得客氣消散得漸少. 消盡者是

大賢.

「第5卷 克己」

[근사록 9] 원문 67

賢者惟知義而已. 命在其中. 中人以下, 乃以命處義. 如言求之有

道, 得之有命, 是求無益於得. 知命之不可求, 故自處以不求. 若賢

者則求之以道, 得之以義, 不必言命.

「第7卷 出處」

[근사록 10] 원문 68

孟子辨舜跖之分, 只在義利之間. 言間者謂相去不甚遠, 所爭毫

末爾. 義與利只是箇公與私也. 纔出義, 便以利言也. 只那計較,

便是爲有利害. 若無利害, 何用計較. 利害者天下之常情也. 人皆

知趨利避害. 聖人則更不論利害, 惟看義當爲不當爲. 便是命在

其中也.

「第7卷 出處」

[근사록 11] 원문 69

趙景平問, 子罕言利, 所謂利者何利. 曰, 不獨財利之利, 凡有利

心, 便不可. 如作一事, 須尋自家穩便處, 皆利心也. 聖人以義爲

利, 義安處, 便爲利. 如釋氏之學, 皆本於利, 故便不是.

「第7卷 出處」

[근사록 1 2] 원문 70

問, 邢七久從先生, 想都無知識, 後來極狼狽. 先生曰, 謂之全無

知, 則不可. 只是義理不能勝利欲之心, 便至如此.

「第7卷 出處」

[근사록 1 3] 원문 71

人多言安於貧賤, 其實只是計窮力屈才短不能營劃耳. 若稍動得,

恐未肯安之. 須是誠知義理之樂於利欲也, 乃能.

「第7卷 出處」

[근사록 1 4] 원문 72

天下事, 大患只是畏人非笑. 不養車馬, 食麤衣惡, 居貧賤, 皆恐人

非笑. 不知當生則生, 當死則死, 今日萬鍾, 明日棄之, 今日富貴, 明

日饑餓, 亦不恤, 惟義所在.

「第7卷 出處」

[근사록 1 5] 원문 73

感慨殺身者易, 從容就義者難.

「第10卷 政事」

(1) 大道廢, 有仁義. 慧智出, 有大僞. 六親不和, 有孝慈. 國家昏
亂, 有忠臣.

「第18章」

(2) 絶聖棄智, 民利百倍. 絶仁棄義, 民復孝慈. 絶巧棄利, 盜賊無
有. 此三者, 以爲文不足. 故令有所屬. 見素抱樸, 少私寡欲.

「第19章」

(3) 上德不德, 是以有德. 下德不失德, 是以無德. 上德無爲而無
以爲, 下德爲之而有以爲. 上仁爲之而無以爲, 上義爲之而有以
爲. 上禮爲之而莫之應, 則攘臂而扔之. 故失道而後德, 失德而後
仁, 失仁而後義, 失義而後禮. 夫禮者, 忠信之薄, 而亂之首. 前識
者, 道之華, 而愚之始. 是以大丈夫處其厚, 不居其薄. 處其實, 不
居其華. 故去彼取此.

「第38章」

[장자 1] 원문 75

齧缺問乎王倪曰, 子知物之所同是乎. 曰, 吾惡乎知之. 子知子之
所不知邪. 曰, 吾惡乎知之. 然則物無知邪. 曰, 吾惡乎知之. 雖然,
嘗試言之. 庸詎知吾所謂知之非不知邪, 庸詎知吾所謂不知之非
知邪. 且吾嘗試問乎女. 民溼寢則腰疾偏死, 鰌然乎哉. 木處則惴
慄恂懼, 猨猴然乎哉. 三者孰知正處. 民食芻豢, 麋鹿食薦, 蝍且甘
帶, 鴟鴉耆鼠. 四者孰知正味. 猨猵狙以爲雌, 麋與鹿交, 鰌與魚

游, 毛嬙麗姬, 人之所美也, 魚見之深入, 鳥見之高飛, 麋鹿見之
決驟. 四者孰知天下之正色哉. 自我觀之, 仁義之端, 是非之塗,
樊然殽亂, 吾惡能知其辯. 齧缺曰, 子不知利害, 則至人固不知利
害乎. 王倪曰, 至人神矣. 大澤焚而不能熱, 河漢沍而不能寒, 疾雷
破山, 風振海而不能驚. 若然者, 乘雲氣, 騎日月而遊乎四海之外,
死生无變於己, 而況利害之端乎.
「齊物論」

[장자 2] 원문 76

意而子見許由, 許由曰, 堯何以資汝. 意而子曰, 堯謂我, 汝必躬服
仁義而明言是非. 許由曰, 而奚爲來軹. 夫堯既已黥汝以仁義, 而
劓汝以是非矣. 汝將何以遊夫遙蕩恣睢轉徙之途乎. 意而子曰,
雖然, 吾願遊於其藩. 許由曰, 不然. 夫盲者無以與乎眉目顏色之
好, 瞽者無以與乎青黃黼黻之觀. 意而子曰, 夫無莊之失其美, 據
梁之失其力, 黃帝之亡其知, 皆在鑪捶之間耳. 庸詎知夫造物者之
不息我黥而補我劓, 使我乘成以隨先生邪. 許由曰, 噫, 未可知也.
我爲汝言其大略. 吾師乎, 吾師乎, 齏萬物而不爲義, 澤及萬世而
不爲仁, 長於上古而不爲老, 覆載天地, 刻彫衆形而不爲巧. 此所
遊已.
「大宗師」

[장자 3] 원문 77

顔回曰, 回益矣. 仲尼曰, 何謂也. 曰, 回忘仁義矣. 曰, 可矣, 猶未
也. 他日復見, 曰, 回益矣. 曰, 何謂也. 曰, 回忘禮樂矣. 曰, 可矣,
猶未也. 他日復見, 曰, 回益矣. 曰, 何謂也. 曰, 回坐忘矣. 仲尼蹴
然曰, 何謂坐忘. 顔回曰, 墮肢體, 黜聰明, 離形去知, 同於大通,
此謂坐忘. 仲尼曰, 同則無好也, 化則無常也. 而果其賢乎. 丘也請
從而後也.

「大宗師」

[묵자 1] 원문 78

故倉無備粟, 不可以待凶饑. 庫無備兵, 雖有義不能征無義. 城郭
不備全, 不可以自守. 心無備慮, 不可以應卒. … 故備者, 國之重
也. 食者, 國之寶也. 兵者, 國之爪也. 城者, 所以自守也. 此三者國
之具也.

「七患」

[묵자 2] 원문 79

是故古者聖王之爲政也, 言曰, 不義不富, 不義不貴, 不義不親,
不義不近. 是以國之富貴人聞之, 皆退而謀曰, 始我所恃者,富貴
也, 今上舉義不辟貧賤, 然則我不可不爲義. 親者聞之, 亦退而謀
曰, 始我所恃者親也, 今上舉義不辟疏, 然則我不可不爲義. 近者
聞之, 亦退而謀曰, 始我所恃者近也, 今上舉義不避遠, 然則我不
可不爲義. 遠者聞之, 亦退而謀曰, 我始以遠爲無恃, 今上舉義不

辟遠, 然則我不可不爲義. 逮至遠鄙郊外之臣, 門庭庶子, 國中之
衆, 四鄙之萌人聞之, 皆競爲義.
「尙賢上」

[묵 자 3] 원문 80

殺一人謂之不義, 必有一死罪矣. 若以此說往, 殺十人十重不義,
必有十死罪矣. 殺百人百重不義, 必有百死罪矣. 當此, 天下之君
子皆知而非之, 謂之不義. 今至大爲不義攻國, 則弗知非, 從而譽
之, 謂之義, 情不知其不義也, 故書其言以遺後世. 若知其不義
也, 夫奚說書其不義, 以遺後世哉. … 今小爲非, 則知而非之. 大
爲非攻國, 則不知非, 從而譽之, 謂之義. 此可謂知義與不義之辯
乎. 是以知天下之君子也, 辯義與不義之亂也.
「非攻上」

[묵 자 4] 원문 81

是故古之知者之爲天下度也, 必順慮其義, 而後爲之行, 是以動
則不疑, 速通成得其所欲而順天鬼百姓之利, 則知者之道也.
「非攻下」

[묵 자 5] 원문 82

然則天亦何欲何惡, 天欲義而惡不義. 然則率天下之百姓, 以從
事於義, 則我乃爲天之所欲也. 我爲天之所欲, 天亦爲我所欲. 然

則我何欲何惡, 我欲福祿而惡禍崇. 若我不爲天之所欲, 而爲天之所不欲, 然則我率天下之百姓, 以從事於禍崇中也. 然則何以知天之欲義而惡不義. 曰, 天下有義則生, 無義則死. 有義則富, 無義則貧. 有義則治, 無義則亂. 然則天欲其生而惡其死, 欲其富而惡其貧, 欲其治而惡其亂. 此我所以知天欲義而惡不義也.

「天志上」

[묵자 6] 원문 83

順天意者, 義政也. 反天意者, 力政也. 然義政將奈何哉. 子墨子言曰, 處大國不攻小國, 處大家不篡小家, 強者不劫弱, 貴者不傲賤, 多詐者不欺愚. 此必上利於天, 中利於鬼, 下利於人. 三利, 無所不利. 故擧天下美名加之, 謂之聖王.

「天志上」

[묵자 7] 원문 84

(1) 子墨子言曰, 今天下之君子之欲爲仁義者, 則不可不察義之所從出. 旣曰不可以不察義之所從出, 然則義何從出. 子墨子曰, 義不從愚且賤者出, 必自貴且知者出. 何以知義之不從愚且賤者出, 而必自貴且知者出也. 曰, 義者, 善政也. 何以知義之爲善政也. 曰, 天下有義則治, 無義則亂, 是以知義之爲善政也. 夫愚且賤者, 不得爲政乎貴且知者, 然後得爲政乎愚且賤者. 此吾所以知義之不從愚且賤者出, 而必自貴且知者出也. 然則孰爲貴, 孰爲知.

의로움을 말하다

曰, 天爲貴, 天爲知而已矣. 然則義果自天出矣.

「天志中」

(2) 是故子墨子曰, 今天下之王公大人士君子, 中實將欲遵道利
民, 本察仁義之本, 天之意不可不順也. 順天之意者, 義之法也.

「天志中」

[묵 자 8] 원문 85

是故子墨子言曰, 戒之愼之, 必爲天之所欲, 而去天之所惡. 曰,
天之所欲者何也, 所惡者何也. 天欲義而惡其不義者也. 何以知
其然也. 曰, 義者, 正也. 何以知義之爲正也. 天下有義則治, 無義
則亂, 我以此知義之爲正也.

「天志下」

[묵 자 9] 원문 86

義, 利也.

「經上」

[묵 자 10] 원문 87

義, 志以天下爲芬, 而能能利之, 不必用.

「經說上」

[묵 자 11] 원문 88

治徒娛縣子碩問於子墨子曰, 爲義孰爲大務. 子墨子曰, 譬若築牆然, 能築者築, 能實壤者實壤, 能欣者欣, 然後牆成也. 爲義猶是也. 能談辯者談辯, 能說書者說書, 能從事者從事, 然後義事成也.

「耕柱」

[묵 자 1 2] 원문 89

巫馬子謂子墨子曰, 子之爲義也, 人不見而助, 鬼不見而富, 而子爲之, 有狂疾. 子墨子曰, 今使子有二臣於此, 其一人者見子從事, 不見子則不從事. 其一人者見子亦從事, 不見子亦從事. 子誰貴於此二人. 巫馬子曰, 我貴其見我亦從事, 不見我亦從事者. 子墨子曰, 然則, 是子亦貴有狂疾也.

「耕柱」

[묵 자 1 3] 원문 90

子墨子曰, 和氏之璧隋侯之珠三棘六異, 此諸侯之所謂良寶也. 可以富國家, 衆人民, 治刑政, 安社稷. 曰, 不可. 所謂貴良寶者, 爲其可以利也. 而和氏之璧隋侯之珠三棘六異不可以利人, 是非天下之良寶也. 今用義爲政於國家, 人民必衆, 刑政必治, 社稷必安. 所爲貴良寶者, 可以利民也, 而義可以利人. 故曰, 義天下之良寶也.

「耕柱」

의로움을 말하다

[묵자 1 4] 원문 91

子墨子曰, 萬事莫貴於義. 今謂人曰, 予子冠履, 而斷子之手足, 子
爲之乎. 必不爲. 何故. 則冠履不若手足之貴也. 又曰, 予子天下而
殺子之身, 子爲之乎. 必不爲. 何故. 則天下不若身之貴也. 爭一言
以相殺, 是貴義於其身也. 故曰, 萬事莫貴於義也.
「貴義」

[묵자 1 5] 원문 92

手足口鼻耳, 從事於義, 必爲聖人.
「貴義」

[묵자 1 6] 원문 93

(1) 子墨子曰, 世俗之君子, 視義士不若負粟者. 今有人於此, 負粟
息於路側, 欲起而不能, 君子見之, 無長少貴賤, 必起之. 何故也.
曰, 義也. 今爲義之君子, 奉承先王之道以語之, 縱不說而行, 又從
而非毀之. 則是世俗之君子之視義士也, 不若視負粟者也.
「貴義」

(2) 子墨子曰, 商人之四方, 市賈信徙, 雖有關梁之難, 盜賊之危,
必爲之. 今士坐而言義, 無關梁之難, 盜賊之危, 此爲信徙, 不可
勝計, 然而不爲. 則士之計利不若商人之察也.
「貴義」

[한 비 자 1] 원문 94

故度量雖正, 未必聽也, 義理雖全, 未必用也.

「難言」

[한 비 자 2] 원문 95

禁, 主之道. 必明於公私之分, 明法制, 去私恩.. 夫令必行, 禁必止,
人主之公義也. 必行其私, 信於朋友, 不可爲賞勸, 不可爲罰沮,
人臣之私義也. 私義行則亂, 公義行則治, 故公私有分. 人臣有私
心, 有公義. 修身潔白而行公行正, 居官無私, 人臣之公義也. 汙行
從欲, 安身利家, 人臣之私心也. 明主在上則人臣去私心行公義,
亂主在上則人臣去公義行私心, 故君臣異心.

「飾邪」

[한 비 자 3] 원문 96

義者, 君臣上下之事, 父子貴賤之差也, 知交朋友之接也, 親疏內
外之分也. 臣事君宜, 下懷上宜, 子事父宜, 賤敬貴宜, 知交友朋
之相助也宜, 親者內而疏者外宜. 義者, 謂其宜也, 宜而爲之.

「解老」

[한 비 자 4] 원문 97

齊宣王問匡倩曰, 儒者博乎. 曰, 不也. 王曰, 何也. 匡倩對曰, 博者
貴梟, 勝者必殺梟, 殺梟者, 是殺所貴也, 儒者以爲害義, 故不博

의로움을 말하다

也. 又問曰, 儒者弋乎. 曰, 不也. 弋者從下害於上者也, 是從下傷君也, 儒者以爲害義, 故不弋. 又問, 儒者鼓瑟乎. 曰, 不也. 夫瑟以小絃爲大聲, 以大絃爲小聲, 是大小易序, 貴賤易位, 儒者以爲害義, 故不鼓也. 宣王曰, 善. 仲尼曰, 與其使民諂下也, 寧使民諂上.

「外儲說左下」

季孫相魯, 子路爲郈令. 魯以五月起衆爲長溝. 當此之爲, 子路以其私秩粟爲漿飯, 要作溝者於五父之衢而餐之. 孔子聞之, 使子貢往, 覆其飯, 擊毀其器, 曰, 魯君有民, 子奚爲乃餐之. 子路怫然怒, 攘肱而入請曰, 夫子疾由之爲仁義乎. 所學於夫子者仁義也. 仁義者, 與天下共其所有而同其利者也. 今以由之秩粟而餐民, 不可何也. 孔子曰, 由之野也. 吾以女知之, 女徒未及也. 女故如是之不知禮也. 女之餐之, 爲愛之也. 夫禮, 天子愛天下, 諸侯愛境內, 大夫愛官職, 士愛其家, 過其所愛曰侵. 今魯君有民而子擅愛之, 是子侵也, 不亦誣乎. 言未卒, 而季孫使者至, 讓曰, 肥也起民而使之, 先生使弟子令徒役而餐之, 將奪肥之民耶. 孔子駕而去魯. 以孔子之賢, 而季孫非魯君也, 以人臣之資, 假人主之術, 蚤禁於未形, 而子路不得行其私惠, 而害不得生, 況人主乎. 以景公之勢而禁田常之侵也, 則必無劫弑之患矣.

「外儲說右上」

天下皆以孝悌忠順之道爲是也, 而莫知察孝悌忠順之道而審行
之, 是以天下亂. 皆以堯舜之道爲是而法之, 是以有弒君, 有曲
於父. 堯舜湯武或反君臣之義, 亂後世之敎者也. 堯爲人君而君
其臣, 舜爲人臣而臣其君, 湯武爲人臣而弒其主, 刑其尸, 而天下
譽之, 此天下所以至今不治者也. 夫所謂明君者, 能畜其臣者也,
所謂賢臣者, 能明法辟治官職以戴其君者也. 今堯自以爲明而不
能以畜舜, 舜自以爲賢而不能以戴堯, 湯武自以爲義而弒其君長,
此明君且常與, 而賢臣且常取也. 故至今爲人子者有取其父之家,
爲人臣者有取其君之國者矣. 父而讓子, 君而讓臣, 此非所以定
位一敎之道也. 臣之所聞曰, 臣事君, 子事父, 妻事夫, 三者順則
天下治, 三者逆則天下亂, 此天下之常道也, 明王賢臣而弗易也,
則人主雖不肖, 臣不敢侵也. 今夫上賢任智無常, 逆道也, 而天下
常以爲治. 是故田氏奪呂氏於齊, 戴氏奪子氏於宋, 此皆賢且智
也, 豈愚且不肖乎. 是廢常上賢則亂, 舍法任智則危. 故曰, 上法
而不上賢.

「忠孝」

故三軍之事, 親莫親于間, 賞莫厚于間, 事莫密于間, 非聖智不能
用間, 非仁義不能使間, 非微妙不能得間之實. 微哉, 微哉. 無所
不用間也. 間事未發而先聞者, 間與所告者皆死.

「用間」

[오 자 1] 원문 101

吳子曰, 夫道者, 所以反本復始. 義者, 所以行事立功. 謀者, 所以
違害就利. 要者, 所以保業守成. 若行不合道, 擧不合義, 而處大
居貴, 患必及之. 是以聖人綏之以道, 理之以義, 動之以禮, 撫之
以仁. 此四德者, 修之則興, 廢之則衰. 故成湯討桀而夏民喜悅, 周
武伐紂而殷人不非. 擧順天人, 故能然矣.

「圖國」

[오 자 2] 원문 102

吳子曰, 凡制國治軍, 必教之以禮, 勵之以義, 使有恥也. 夫人有
恥, 在大足以戰, 在小足以守矣.

「圖國」

[남 명 집 1] 원문 103

內明者敬, 外斷者義.

「卷1 佩劍銘」

[남 명 집 2] 원문 104

文仲, 刑馬于是, 矢兵于是, 威與國之衆, 而不能回東周之轅, 弛諸
戎之猾. 夫子講道於是, 倡義於是, 明天理之正, 而人知王室之不

可陵, 中國之異於夷狄. 則講兵於是壇者, 臧大夫也, 而不過爲一邦之大夫, 反有愧於葵丘之盟. 講道於是壇者, 吾夫子也, 而不失爲天下之聖人, 豈非有功於西伯之業乎. 從事於一壇之上, 而義利之不相侔者, 霄壤之分矣. 後之行義之士, 宜何所法焉. 其以臧氏之法乎, 夫子之學乎.

「卷2 杏壇記」

[남명집 3] 원문 105

爲治之道, 不在他求, 要在人主明善誠身而已. 所謂明善者, 窮理之謂也. 誠身者, 修身之謂也. 性分之內, 萬理備具, 仁義禮智, 乃其體也, 萬善皆從此出. 心者, 是理所會之主也. 身者, 是心所盛之器也. 窮其理, 將以致用也. 修其身, 將以行道也. 其所以爲窮理之地, 則讀書講明義理, 應事求其當否. 其所以爲修身之要, 則非禮勿視聽言動.

「卷2 戊辰封事」

[퇴계집 1] 원문 106

臣雖無識, 自少講聞事君之道, 豈不知不俟駕不俟屨之爲恭哉. 其所以苦守一隅, 處群非積疑之中而不知變者, 正畏其進大有乖於事君之義也. 何謂義, 事之宜也. 然則讉愚竊位, 可謂宜乎. 病廢尸祿, 可謂宜乎. 虛名欺世, 可謂宜乎. 知非冒進, 可謂宜乎. 不職不退, 可謂宜乎. 持此五不宜, 以立本朝, 其於爲臣之義, 何如也. 故

臣之不敢進, 祇欲成就一義字而已. 人反以義不當稽命責之, 亦
異乎臣之所聞矣. 求名者必爲利, 傲世者必有挾. 臣之退歸, 得謗
盈車, 臣何所利, 臣身百病, 枵然無物, 臣何所挾乎. 惟妄託古義之
譏, 臣所甘心焉. 雖然, 愚下之人, 不師古義以行事, 將益趨於汚下
矣, 則臣何以避是名哉.

「卷6 戊午辭職疏」

[퇴계집 2] 원문 107

無事時, 存養惺惺而已, 到講習應接時, 方思量義理, 固當如此.
蓋才思義理, 心已動了, 已不屬靜時界分故也. 然此意分明, 似不
難知, 而人鮮能眞知. 故靜時不思, 便認以爲窈冥寂滅, 動時思量,
又胡亂逐物去, 都不在義理上. 所以名爲學問, 而卒不得力於學
也. 惟主敬之功, 通貫動靜, 庶幾不差於用工爾.

「卷14 答李叔獻珥○戊午 別紙」

[율곡전서 1] 원문 108

人君才智出類, 駕馭豪傑則治. 才雖不足, 能任賢者則治. 此其所
治者二也. 人君自恃聰明, 不信羣下則亂. 偏信姦諛, 壅蔽耳目則
亂. 此其所亂者二也. 所治二, 而其所以治之之道有二. 躬行仁義
之道, 以施不忍人之政, 極夫天理之正者, 王道也. 假借仁義之
名, 以施權謀之政, 濟夫功利之私者, 霸道也

「卷15 東湖問答」

十二曰, 守義. 謂學者莫急於辨義利之分. 義者, 無所爲而爲之者
也. 稍有所爲, 皆是爲利蹠之徒也, 可不戒哉. 爲善而求名者, 亦
利心也. 君子視之, 甚於穿窬, 況爲不善而征利者乎. 學者不可以
一毫利心, 存諸胸中. 古人爲親服勞, 雖行傭負米, 亦所不辭, 而其
心介潔, 不爲利汚. 今之爲士者, 終日讀聖賢書, 而尙不免有利心,
豈不可哀也哉. 雖或家貧營養, 不免有所經畫, 但不可萌求利之
念耳. 至於辭受取與, 審察當否. 見得思義, 不可一毫苟且放過.

「卷15 學校模範」

(1) 史臣曰, 李舜臣爲人忠勇, 且有才略, 明紀律, 愛士卒, 人皆樂
附. … 其丹忠許國, 忘身死義, 雖古之良將, 無以加也. 惜乎, 朝家
用人失當, 使舜臣, 不得盡展其才. 若使舜臣, 丙丁年間, 不遞統制
之任, 則豈致閑山之敗沒, 而兩湖爲賊之窟乎. 吁其惜哉.

「宣祖實錄」〈宣祖 31年(1598년) 11月 27日〉

(2) 備邊司啓曰, 李舜臣往日閑山之捷, 旣立大功. 及至舟師敗沒
之後, 收拾殘燼, 器械糧餉, 無異前日. 今此露梁, 達夜血戰, 使賊
魁燒死, 至獲戰艦二百餘隻, 義氣大振於東南, 老賊褫魄而宵遁,
恢復之功, 此其第一. 不幸中丸折傷, 至於臨折, 從容處置, 彷彿
有古名將之風. 今承聖敎, 官庇葬事, 又至於子息, 皆爲除職, 其
激勵忠義, 至此已極. 海邊立祠, 似當於左水營本陣設立, 春秋致

祭. 戰亡將士恤典事, 令該曹急急擧行. 上從之.
「宣祖實錄」〈宣祖 31年(1598년) 12月 1日〉

[성호사설 1] 원문 111

爲學者十分義理中物, 治生者利害上事. 利害者人各自得, 不待于
奬勸. 爲學雖賴於治生而若以爲先務則不可. 孔子罕言利, 恐其害
道也. 互鄕童子見, 與其潔進而已. 聖人容量盖如此, 又未嘗斷言
治生之不可也. 君子惟患學不力, 不患其不治生. 若曰二者如陰陽
晝夜, 必不可並行, 寧有此理. 是以庶矣而後富之, 富矣而後敎之.
富矣者政令優厚, 有以及之, 又非使民各謀其利而得之也.
「卷7〈人事門〉爲學治生」

[성호사설 2] 원문 112

張旅軒先生除報恩縣監. 門人問出處之義. 曰, 學而優則仕, 有禮
意則仕, 家貧親老則仕. 不仕有二恥, 欲潔其身亂大倫一恥也, 欲
假其名索其價二恥也. 論出處之義者, 莫備於此. 宜表著之.
「卷9〈人事門〉出處之義」

[성호사설 3] 원문 113

余謂君子小人, 義與利之間而已. 利莫重於爵位. 苟其心沾沾于
此, 雖孝似顏夸, 忠似逢干, 才似管葛, 終非無所爲而爲之者也.
「卷19〈經史門〉親賢遠佞」

眞儒之學, 本欲治國安民, 攘夷狄裕財用, 能文能武, 無所不當.
豈尋章摘句注蟲釋魚, 衣逢掖習拜揖而已哉. … 孟子憂齊梁之
君, 專尙戰鬪, 所言皆仁義, 蓋欲以矯其過耳. 後儒不達聖賢之旨,
凡仁義理氣之外, 一言發口, 則指之爲雜學, 不云申韓, 便道孫吳.
由是務名高窺道統者, 寧爲腐論陋說以自愚, 不欲踰此闌一步. 於
是儒之道盡亡, 而時君世主日以賤儒者矣.

「卷12 俗儒論」

四宜齋者, 余康津謫居之室也. 思宜澹, 其有不澹, 尙亟澄之. 貌
宜莊, 其有不莊, 尙亟凝之. 言宜訒, 其有不訒, 尙亟止之. 動宜
重, 其有不重, 尙亟遲之. 於是乎名其室曰四宜之齋. 宜也者義也,
義以制之也.

「卷13 四宜齋記」

(1) 仁義禮智者, 施諸行事而後, 方有是名. 惻隱羞惡, 是由內發
出. 談理者每把仁義禮智認作四顆磊磊底物藏在方寸中, 非也.
中之所有, 只是惻隱羞惡的根本, 喚做仁義禮智也不得.

「卷21 示兩兒」

(2) 鏞按, 惻隱之心行之則爲仁, 羞惡之心行之則爲義, 辭讓之心

行之則爲禮, 是非之心行之則爲智. 今云仁義禮智伏於人心之中,
可疑也.
「卷21 西巖講學記」

1장

1　『도덕경道德經』 제18장, "大道廢, 有仁義."

2　『도덕경』 제38장, "失道而後德, 失德而後仁, 失仁而後義, 失義而後禮. 夫禮者, 忠信之薄而亂之首."

3　A. 아우구스티누스, 『고백록』, 최민순 옮김, 서울: 바오로딸, 2014, 492~493쪽.

4　허진웅許進雄, 『중국고대사회』, 영남대 중국문학연구실 옮김, 서울: 지식산업사, 1997, 431, 449쪽 참조.

5　이상의 '宜'에 대한 설명은 김언종, 『한자의 뿌리 2』, 파주: 문학동네, 2013, 726~730쪽 참조. '假借'는, 본래는 사용되는 의미와 전혀 관계가 없는 글자인데, 같은 음이 나는 글자를 빌려 사용하는 경우를 뜻한다.

6　최영찬 외, 『동양철학과 문자학』, 서울: 아카넷, 2003, 133쪽 참조.

7　주계전周桂鈿, 『강좌 중국철학』, 문재곤 외 옮김, 서울: 예문서원, 1992, 286쪽 참조.

8　시라카와 시즈카, 『한자의 세계』, 고인덕 옮김, 서울: 솔, 2008, 368~369쪽 참조.

9　최영찬 외, 『동양철학과 문자학』, 서울: 아카넷, 2003, 132쪽 참조.

10　허신許愼, 『설문해자說文解字』 「아부我部」, "義, 己之威儀也. 從我羊."

11　단옥재段玉裁 주, 『설문해자주說文解字注』, 臺北: 黎明文化事業, 1986, 639쪽, "威儀出於己, 故從我. 董子曰, 仁者人也, 義者我也. 謂仁必及人, 義必由中斷制也. 從羊者與善美同意."

12　『설문해자』에서 善은 吉, 良, 佳 등 '좋음', '훌륭함'이라는 뜻을 가진 글자를 설명하는데 활용되었다.

13　『대학大學』에는 다음과 같은 글이 실려 있다. "詩云, 桃之夭夭, 其葉蓁蓁. 之子于歸, 宜其家人. 宜其家人而后, 可以教國人. 詩云, 宜兄宜弟. 宜兄宜弟而后, 可以教國人." 주자는 『대학장구大學章句』 전9장에서 인용된 이 『시경』의 시에 나오는 '宜其家人', '宜兄宜弟'의 '宜'에

대해서 "宜, 猶善也"라고 주를 달았다.

14 김충렬, 「Ⅶ. 法家에 있어서 社會正義 問題」『中國哲學散稿 I 』, 청주:온누리, 1988, 191 쪽 참조.

15 예를 들면 알프레드 포르케는『관자管子』에 관한 연구에서 "의는 일련의 다른 덕으로서 파악될 수 있을 정도로 보다 넓은 의미에서 이해되었다. 즉, 친척 간의 관계에서 효와 제, 재물 과 우애, 군주에 대한 호의와 충성, 그리고 또한 형벌에 있어서의 관용, 절약과 화합"(알프레드 포르케,『중국고대철학사』, 양재혁 옮김, 서울: 소명출판, 2004, 138쪽)이라고 설명했다. 또한 그는『여씨 춘추呂氏春秋』에 대한 연구에서도, "의 개념은 매우 광범위하게 파악되었기 때문에, 적절하 게 적용되어야만 하는 경우도 자주 있다. 이것은 다양한 관계들을 위한 규범이라고 한다. 군 주와 신하, 상관과 부하, 가깝고 먼 인간관계들이 이로부터 생겨났다"(알프레드 포르케,『중국고대 철학사』, 양재혁 옮김, 서울: 소명출판, 2004, 763쪽)고 설명했다.

16 『아어爾雅』의 체제를 본떠서 한대의 훈고학자 유희劉熙(생몰년 미상)가 편찬한 8권으로 된 훈고의 자서인『석명釋名』에서도 이러한 경향을 찾아볼 수 있다. (1)『석명』「석언어釋言 語」, "義, 宜也. 裁制事物, 使合意也." (2)『석명』「석전예釋典藝」, "儀, 宜也, 得事宜也."

17 『중용中庸』, "義者, 宜也."

18 『중용장구中庸章句』제20장, 朱子注, "宜者, 分別事理, 各有所宜也."

19 『예기禮記』「예기禮器」, "喪祭之用, 賓客之交, 義也." 鄭玄注, "義之言宜也. 人道之宜." 참조.

20 「원도原道」, "行而宜之之謂義."

21 『상서尙書』「중훼지고仲虺之誥」, "王懋昭大德, 建中于民. 以義制事, 以禮制心, 垂裕後 昆." 참조.

22 『주역周易』「곤괘 문언전坤卦文言傳」, "直其正也, 方其義也. 君子敬以直內, 義以方外, 敬義立而德不孤." 참조.

23 『주역』「계사 하繫辭下」제1장, "理財正辭禁民爲非, 曰義."『주역』에서 재화財는 중요한 요소이다. 왜냐하면 재화는 사람을 모이게 하는 가장 핵심적인 요인이기 때문이다(『주역』「계 사 하」, 제1장, "何以聚人, 曰財." 참조). 또한 이러한 관점은『대학』에서도 찾아볼 수 있다(『대학장구』 「전10장」, "財聚則民散, 財散則民聚." 참조).

24 『주역』「건괘 문언전乾卦文言傳」, "文言曰, 元者善之長也, 亨者嘉之會也, 利者義之和

也, 貞者事之幹也. 君子體仁足以長人, 嘉會足以合禮, 利物足以和義, 貞固足以幹事. 君子行此四德者, 故曰乾元亨利貞." 참조.

25 『예기』「유행儒行」, "儒有委之以貨財, 淹之以樂好, 見利不虧其義." 참조.

26 『예기』「예운禮運」 참조.

27 『춘추좌씨전春秋左氏傳』「은공 4년隱公四年」, "九月, 衛人使右宰醜, 莅殺州吁于濮, 石碏使其宰獳羊肩, 莅殺石厚于陳. 君子曰, 石碏, 純臣也, 惡州吁而厚與焉. 大義滅親, 其是之謂乎." 참조.

28 『논어論語』 본문에서 仁은 100회 이상 등장하지만 義는 24회 정도 나온다.

29 『논어』「학이學而」, "有子曰, 信近於義, 言可復也. 恭近於禮, 遠恥辱也. 因不失其親, 亦可宗也."

30 『논어집주論語集註』「학이」 제13장 朱子注, "義者, 事之宜也."

31 『논어』「이인里仁」, "子曰, 君子之於天下也, 無適也, 無莫也, 義之與比."

32 『논어』「헌문憲問」, "見利思義."

33 『논어』「계씨季氏」, "見得思義."

34 『논어』「이인」, "子曰, 君子喩於義, 小人喩於利."

35 『논어』「미자微子」, "子路曰, 不仕無義. 長幼之節, 不可廢也. 君臣之義, 如之何其廢之. 欲潔其身, 而亂大倫. 君子之仕也, 行其義也. 道之不行, 已知之矣."

36 『논어』「계씨」, "隱居以求其志, 行義以達其道. 吾聞其語矣, 未見其人也." 참조.

37 『맹자孟子』의 첫 문단은 다음과 같다. 『맹자』「양혜왕 상梁惠王上」, "孟子見梁惠王. 王曰, 叟不遠千里而來, 亦將有以利吾國乎. 孟子對曰, 王何必曰利, 亦有仁義而已矣(맹자께서 양혜왕을 만나셨는데, 왕이 말했다. "노인장께서 천리를 멀다 여기지 않고 오셨는데, 앞으로 우리나라를 이롭게 할 수 있겠습니까?" 맹자께서 대답하셨다. "왕은 어찌하여 꼭 이익을 말씀하십니까. 또한 인의가 있을 뿐입니다.)."

38 『맹자』「고자 상告子上」, "仁義禮智, 非由外鑠我也, 我固有之也, 弗思耳矣."

39 『맹자』「고자 상」, "生亦我所欲也, 義亦我所欲也, 二者不可得兼, 舍生而取義者也."

40 『맹자』「이루 상離婁上」, "義, 人之正路也."

41 『맹자』「고자 상」, "義, 人路也."

42 『맹자』「진심 상盡心上」, "路惡在, 義是也."

43 『맹자』「양혜왕 상」, "苟爲後義而先利, 不奪不饜."

44 『맹자』「이루 상」, "孟子曰, 人不足與適也, 政不足間也. 惟大人爲能格君心之非. 君仁莫不仁, 君義莫不義, 君正莫不正, 一正君而國定矣."

45 『맹자』「등문공 상滕文公上」, "人之有道也, 飽食煖衣逸居而無教, 則近於禽獸. 聖人有憂之, 使契爲司徒, 教以人倫. 父子有親, 君臣有義, 夫婦有別, 長幼有序, 朋友有信." 참조.

46 『순자荀子』「왕제王制」, "先王惡其亂也, 故制禮義以分之."

47 송영배 편·저, 『제자백가의 사상』, 서울: 현음사, 1997, 404쪽 참조.

48 『순자』「성악性惡」, "問者曰, 人之性惡, 則禮義惡生. 應之曰, 凡禮義者, 是生於聖人之僞, 非故生於人之性也. … 聖人積思慮, 習僞故, 以生禮義而起法度. 然則禮義法度者, 是生於聖人之僞, 非故生於人之性也."

49 『순자』「성악」, "禮義者, 聖人之所生也, 人之所學而能, 所事而成者也."

50 『근사록近思錄』「제1권 도체道體」葉采注, "義者, 心之制, 事之宜也. 彼事之宜, 雖若在外然, 所以制其宜, 則在心也."

51 『맹자』「양혜왕 상」제1장 朱子注, "仁者, 心之德, 愛之理. 義者, 心之制, 事之宜也." 및 『주자어류朱子語類』「맹자일孟子一」「양혜왕 상」, "正淳問, 仁者, 心之德, 愛之理. 義者, 心之制, 事之宜. 德與理俱以體言, 制與宜俱以用言否. 曰, 心之德是渾淪說, 愛之理方說到親切處. 心之制卻是說義之體, 程子所謂處物爲義是也. 揚雄言義以宜之, 韓愈言行而宜之之謂義. 若只以義爲宜, 則義有在外意. 須如程子言處物爲義, 則是處物者在心, 而非外也. 又云, 大概說道理只渾淪說, 又使人無捉摸處. 若要說得親切, 又卻局促有病. 如伊川說仁者, 天下之公, 善之本也, 說得渾淪開闊無病. 知言說理是要親切, 所以多病.(賀孫)(孟子見梁惠王章) 참조.

52 『묵자墨子』「경 상經上」, "義, 利也."

53 벤자민 슈워츠는 묵자가 주장하는 의를 "인류 전체에 이익이 되는 방식으로 행동할 것을 다짐하는 흔들림 없는 결의"(벤자민 슈워츠, 『중국 고대 사상의 세계』, 나성 옮김, 서울: 살림, 2004, 269쪽)라고 표현했다. 묵자가 '천하의 이익天下之利'이라고 말한 것에서 '박애'라는 의미에 초점을 맞춘다면 그렇게 표현할 수도 있지만, 묵자가 살았던 시대적 현실에 주목한다면 '백성의 이로움'이라고도 말할 수 있을 것이다.

54 『묵자』「천지 하天志下」, "義者, 正也." 참조.

55 이동철 외 엮음, 『21세기의 동양철학』, 서울: 을유문화사, 2005, 193쪽 참조.

56 『묵자』 「천지 하」, "義果自天出矣." 참조.

57 탕쥔이唐君毅, 『中國思想原論 : 原道篇』 제3·4장 참조. 벤자민 슈워츠, 『중국 고대 사상의 세계』, 나성 옮김, 서울: 살림, 2004, 269쪽 주3에서 재인용.

58 양구오룽(이영섭 옮김), 『맹자평전』(서울: 미다스북스, 2005), 160쪽 참조.

59 『한비자韓非子』 「해노解老」, "義者, 君臣上下之事, 父子貴賤之差也, 知交朋友之接也, 親疏內外之分也. 臣事君宜, 下懷上宜, 子事父宜, 賤敬貴宜, 知交友朋之相助也宜, 親者內而疏者外宜. 義者, 謂其宜也, 宜而爲之."

60 가이즈카 시게키, 『한비자 교양강의』, 이목 옮김, 파주: 돌베개, 2012, 161·163쪽 참조.

61 국립국어원의 『표준국어대사전』에 나오는 '의義'에 대한 풀이는 다음과 같다. ① 사람으로서 지키고 행하여야 할 바른 도리. ② 군신 사이의 바른 도리. ③ 도의(사람이 마땅히 지키고 행하여야 할 도덕적 의리). ④ 혈연이 아닌 사람과 맺는, 혈연과 같은 관계. ⑤ 글이나 글자의 뜻. ⑥ 〈역사〉과거를 보일 때 내는 문제의 하나. 유교 경전의 글 뜻을 풀이하게 한다. 요약하면, ⑤와 ⑥의 뜻풀이를 제외하면 '의義'와 '의리義理'는 그 뜻에서 볼 때 사실상 근본적인 차이가 없다는 것이다.

62 예를 들면 강영계 교수가 쓴 『청소년을 위한 정의론』(서울: 해냄, 2011)도 예외가 아니다. 이 경우에 더욱 문제가 되는 것은 청소년들이 '의리' 개념을 편협하게 이해할 수도 있다는 점이다. 최초의 학습이 중요하다는 점을 생각하면 '의리' 개념에 대하여 좀더 객관적인 서술이 요청된다.

63 『예기』 「예기」, "先王之立禮也, 有本有文. 忠信, 禮之本也. 義理, 禮之文也. 無本不立, 無文不行."

64 "제아무리 완벽한 의리를 지닌 사람이라 하더라도 군주가 반드시 그를 쓰는 것은 아니다(『한비자』 「난언難言」, "義理雖全, 未必用也")." 인재를 알아보지 못하는 임금의 어리석음을 경계하는 전국시대 사상가 한비의 이 말을 '의리'의 첫 쓰임으로 보기도 한다.(김언종, 『한자의 뿌리 2』, 파주: 문학동네, 2013, 731쪽 참조)

65 보다 정확하게 표현하면 '성명의리지학性命義理之學'이다. 성리학이라는 용어도 이것의 준말이라고 볼 수 있다. 송대 유학자들이 공자와 맹자의 유학사상을 성리·의리·이기 등의 형이상학 체계로 해석했기 때문에, 그들의 학문을 성리학이라고 부른다. 그런데 "이 경우에 의리가 의미하는 것은 단순하지 않다. 그것은 배우는 자가 진지하게 탐구하고 실현해야만 하

는 이상 혹은 도덕원리를 의미했다."(미조구치 유조 외 엮음, 『중국사상문화사전』, 김석근 외 옮김, 서울: 책과함께, 2011, 215쪽)

66　국사는 나라 안에서 견줄 만한 사람이 없는 아주 뛰어난 인물을 뜻한다.

67　사마천司馬遷, 『사기史記』「자객열전刺客列傳」, "豫讓者, 晉人也, 故嘗事范氏及中行氏, 而無所知名. 去而事智伯, 智伯甚尊寵之. 及智伯伐趙襄子, 趙襄子與韓魏合謀滅智伯滅智伯之後而三分其地. 趙襄子最怨智伯, 漆其頭以爲飮器. 豫讓遁逃山中, 曰, 嗟乎, 士爲知己者死, 女爲說己者容. 今智伯知我, 我必爲報讎而死, 以報智伯, 則吾魂魄不愧矣. 乃變名姓爲刑人, 入宮涂廁, 中挾匕首, 欲以刺襄子. 襄子如廁, 心動, 執問涂廁之刑人, 則豫讓, 內持刀兵, 曰, 欲爲智伯報仇. 左右欲誅之. 襄子曰, 彼義人也, 吾謹避之耳. 且智伯亡無後, 而其臣欲爲報仇, 此天下之賢人也. 卒醳去之. 居頃之, 豫讓又漆身爲厲, 呑炭爲啞, 使形狀不可知, 行乞於市. 其妻不識也. 行見其友, 其友識之, 曰, 汝非豫讓邪. 曰, 我是也. 其友爲泣曰, 以子之才, 委質而臣事襄子, 襄子必近幸子. 近幸子, 乃爲所欲, 顧不易邪. 何乃殘身苦形, 欲以求報襄子, 不亦難乎. 豫讓曰, 旣已委質臣事人, 而求殺之, 是懷二心以事其君也. 且吾所爲者極難耳. 然所以爲此者, 將以愧天下後世之爲人臣懷二心以事其君者也. 旣去, 頃之, 襄子當出, 豫讓伏於所當過之橋下. 襄子至橋, 馬驚, 襄子曰, 此必是豫讓也. 使人問之, 果豫讓也. 於是襄子乃數豫讓曰, 子不嘗事范中行氏乎. 智伯盡滅之, 而子不爲報讎, 而反委質臣於智伯. 智伯亦已死矣, 而子獨何以爲之報讎之深也. 豫讓曰, 臣事范中行氏, 范中行氏皆衆人遇我, 我故衆人報之. 至於智伯, 國士遇我, 我故國士報之. 襄子喟然嘆息而泣曰, 嗟乎豫子, 子之爲智伯, 名旣成矣, 而寡人赦子, 亦已足矣. 子其自爲計, 寡人不復釋子. 使兵圍之. 豫讓曰, 臣聞明主不掩人之美, 而忠臣有死名之義. 前君已寬赦臣, 天下莫不稱君之賢. 今日之事, 臣固伏誅, 然願請君之衣而擊之焉, 以致報讎之意, 則雖死不恨. 非所敢望也, 敢布腹心. 於是襄子大義之, 乃使持衣與豫讓. 豫讓拔劍三躍而擊之, 曰, 吾可以下報智伯矣. 遂伏劍自殺. 死之日, 趙國志士聞之, 皆爲涕泣."

68　사마천, 『사기』「태사공자서太史公自序」, "豫讓義不爲二心." 의리라는 개념을 신의信義라는 뜻에 초점을 맞추어서 이해할 경우에 『사기』에서 찾아볼 수 있는 흥미로운 부분은 바로 「유협열전游俠列傳」이다. 사마천은 「유협열전」을 쓴 이유를 다음과 같이 밝혔다. "곤경에 처한 사람을 구하고 가난한 사람을 도와주는 것은 인의 덕이 있다는 것이다. 신의를 잃지 않고 약속을 어기지 않는 것은 그 의리에서 취할 것이 있다는 것이다. 그래서 「유협열전」 제64

를 지었다(『사기』「유협열전」, "救人於緦, 振人不瞻, 仁者有乎. 不旣信, 不倍言, 義者有取焉. 作游俠列傳第六十四.")." 사마천이 유협에 대해서 호의적으로 평가한 내용을 「유협열전」에서 요약하여 소개하면 다음과 같다. "비록 유협의 경우 그 행위가 정의正義에 반드시 부합되지는 않았지만, 그 말은 반드시 믿을 만했고 그 행동은 과감했으며, 이미 승낙한 일은 반드시 성실하게 이행했다. 생사를 돌보지 않을 정도로 자신의 몸을 아끼지 않았고, 곤경에 빠진 사람을 돕더라도 그 능력을 자랑하지 않았으며, 그 덕을 내세우는 것을 부끄러워했다. 이외에도 칭찬할 만한 것이 더 있을 것이다. (…) 만일 민간의 협객을 (…) 말과 신의라는 측면에서 그 공을 논한다면, 유협의 의리가 또한 어찌 보잘것없다고 할 수 있겠는가! (…) 시정의 협객은 자신의 행실을 닦고 이름이 더럽혀지지 않도록 하여, 천하에 그 명성이 널리 퍼지니 그 현명함을 칭찬하지 않는 이가 없었다. 이렇게 하는 것은 참으로 어려운 일이다. 그러나 유가와 묵가에서는 모두 이들을 배척하여 기록으로 남기지 않았다. 진나라 이전의 민간의 협객에 관한 것은 모두 사라져서 알 수 없으니, 나는 이 점을 너무나 원통하게 여긴다. 내가 듣기에 한나라가 세워지고 나서 주가, 전중, 왕공, 극맹, 곽해 등의 협객이 있었다. 이들은 비록 당시의 법망에 저촉되기는 했지만, 그 개인적인 의리와 청렴결백, 겸손은 칭찬할 만한 것이었다. 그 명성은 헛되이 세워진 것이 아니며, 선비들이 헛되이 따른 것이 아니다. 파당을 만들고 세력을 결성하여 재화를 모으고 가난한 사람을 부리며, 폭력으로 약한 사람을 억누르고 제멋대로 자신의 쾌락만을 찾는 것을 유협은 또한 수치스러운 일로 여겼다(『사기』「유협열전」, "今游俠, 其行雖不軌於正義, 然其言必信, 其行必果, 已諾必誠, 不愛其軀, 赴士之阸困, 旣已存亡死生矣, 而不矜其能, 羞伐其德, 蓋亦有足多者焉. (…) 誠使鄕曲之俠, (…) 要以功見言信, 俠客之義又曷可少哉. (…) 至如閭巷之俠, 修行砥名, 聲施於天下, 莫不稱賢, 是爲難耳. 然儒墨皆排擯不載. 自秦以前, 匹夫之俠, 湮滅不見, 余甚恨之. 以余所聞, 漢興有朱家田仲王公劇孟郭解之徒, 雖時捍當世之文罔, 然其私義廉絜退讓, 有足稱者. 名不虛立, 士不虛附. 至如朋黨宗彊比周, 設財役貧, 豪暴侵淩孤弱, 恣欲自快, 游俠亦丑之.")." 여기서 사마천이 '정의'라고 표현한 것은 공권력 측의 정의이며, 유협의 '의리'는 그러한 공권력 측의 정의에 대항하는 임협적 결사 원리로 해석할 수 있다.(미조구치 유조 외 엮음, 『중국사상문화사전』, 김석근 외 옮김, 서울: 책과함께, 2011, 210~211쪽 참조)

69 『논어』「팔일八佾」, "子曰, 管仲之器小哉. 或曰, 管仲儉乎. 曰, 管氏有三歸, 官事不攝, 焉得儉. 然則管仲知禮乎, 曰, 邦君樹塞門, 管氏亦樹塞門. 邦君爲兩君之好, 有反坫, 管氏亦有反坫. 管氏而知禮, 孰不知禮."

70 『논어』「헌문」, "子路曰, 桓公殺公子糾, 召忽死之, 管仲不死. 曰, 未仁乎. 子曰, 桓公九合諸侯, 不以兵車, 管仲之力也. 如其仁, 如其仁."

71 신동준, 『한비자』, 고양:인간사랑, 2012, 983쪽 참조.

72 『논어』「헌문」, "子貢曰, 管仲非仁者與. 桓公殺公子糾, 不能死, 又相之. 子曰, 管仲相桓公, 霸諸侯, 一匡天下, 民到于今受其賜. 微管仲, 吾其被髮左衽矣. 豈若匹夫匹婦之爲諒也, 自經於溝瀆, 而莫之知也."

73 건성의 난建成之難은 당고조의 아들이며 황태자인 이건성李建成이 동생인 이세민李世民(당 태종)의 공훈을 시기하여 제거하려다가 도리어 이세민에게 현무문玄武門에서 피살된 사건을 가리킨다.

74 『논어집주』「헌문」제18장, 朱子注, "程子曰, 桓公, 兄也, 子糾, 弟也. 仲私於所事, 輔之以爭國, 非義也. 桓公殺之雖過, 而糾之死實當. 仲始與之同謀, 遂與之同死, 可也. 知輔之爭爲不義, 將自免以圖後功亦可也. 故聖人不責其死而稱其功. 若使桓弟而糾兄, 管仲所輔者正, 桓奪其國而殺之, 則管仲之與桓, 不可同世之讎也. 若計其後功而與其事桓, 聖人之言, 無乃害義之甚, 啟萬世反覆不忠之亂乎. 如唐之王珪魏徵, 不死建成之難, 而從太宗, 可謂害於義矣. 後雖有功, 何足贖哉. 愚謂管仲有功而無罪, 故聖人獨稱其功. 王魏先有罪而後有功, 則不以相掩可也."

75 『후한서後漢書』〈열전列傳〉「동이열전東夷列傳」, "昔武王封箕子於朝鮮. 箕子敎以禮義田蠶, 又制八條之敎, 其人終不相盜, 無門戶之閉, 婦人貞信, 飮食以籩豆."

76 『논어』「자한子罕」, "子欲居九夷. 或曰, 陋, 如之何. 子曰, 君子居之, 何陋之有." 참조.

77 『후한서』〈열전〉「동이열전」, "論曰, 昔箕子違衰殷之運, 避地朝鮮. 始其國俗未有聞也, 及施八條之約, 使人知禁, 遂乃邑無淫盜, 門不夜扃, 回頑薄之俗, 就寬略之法, 行數百千年. 故東夷通以柔謹爲風, 異乎三方者也. 苟政之所暢, 則道義存焉. 仲尼懷憤, 以爲九夷可居. 或疑其陋, 子曰, 君子居之, 何陋之有, 亦徒有以焉爾. (…) 若箕子之省簡文條而用信義, 其得聖賢作法之原矣."

78 김부식金富軾, 『삼국사기三國史記』권4〈신라본기新羅本紀 제4〉「진흥왕眞興王」37年, "更取美貌男子, 粧飾之, 名花郎以奉之, 徒衆雲集. 或相磨以道義, 或相悅以歌樂, 遊娛山水, 無遠不至. 因此, 知其人邪正, 擇其善者, 薦之於朝."

79 김부식, 『삼국사기』권47〈제7 열전〉「해론奚論」, "奚論, 牟梁人也. 其父讚德有勇志英節

, 名高一時. 建福二十七年庚午, 眞平大王選爲椵岑城縣令. 明年辛未冬十月, 百濟大發兵來, 攻椵岑城一百餘日. 眞平王命將, 以上州下州新州之兵救之. 遂往與百濟人戰, 不克引還. 讚德憤恨之, 謂士卒曰, 三州軍帥見敵强不進. 城危不救, 是無義也. 與其無義而生, 不若有義而死. 乃激昂奮勵, 且戰且守, 以至粮盡水竭, 而猶食屍飮尿, 力戰不怠. 至春正月, 人旣疲, 城將破, 勢不可復完. 乃仰天大呼曰, 吾王委我以一城, 而不能全, 爲敵所敗, 願死爲大厲, 喫盡百濟人, 以復此城. 遂攘臂瞋目, 走觸槐樹而死, 於是城陷, 軍士皆降. 奚論年二十餘歲, 以父功爲大奈麻. 至建福三十五年戊寅, 王命奚論爲金山幢主, 與漢山州都督邊品興師, 襲椵岑城取之. 百濟聞之, 擧兵來, 奚論等逆之. 兵旣相交, 奚論謂諸將曰, 昔吾父殞身於此, 我今亦與百濟人戰於此, 是我死日也. 遂以短兵赴敵, 殺數人而死. 王聞之爲流涕, 贈卹其家甚厚. 時人無不哀悼, 爲作長歌, 弔之.”

80 『삼국사기』 권3〈제3 흥법興法〉「原宗興法(距訥祇世一百餘年) 猒髑滅身」, “新羅本記, 法興大王卽位十四年, 小臣異次頓爲法滅身. … 昔在法興大王垂拱紫極之殿, 俯察扶桑之域, 以謂昔漢明感夢, 佛法東流, 寡人自登位, 願爲蒼生欲造修福滅罪之處. 於是朝臣(鄕傳云, 工目謁恭等)未測深意, 唯遵理國之大義, 不從建寺之神略. … 舍人曰, 爲國亡身, 臣之大節, 爲君盡命, 民之直義. … 讚曰, … 徇義輕生已足驚, 天花白乳更多情. 俄然一劒身亡後, 院院鍾聲動帝京. 右猒髑.”

81 참조 기록. (1)『조선왕조실록』「태종실록」〈태종 원년 1월 14일〉, (참찬문하부사 권근이 치도 6조목을 임금에게 권고하다) “가만히 보건대, 고려조의 시중 정몽주가 본래 한미한 선비로 오로지 태상왕(이성계)의 추천의 은혜를 입어서 높은 벼슬에 이르렀으니, 그 마음이 어찌 태상왕께 후히 갚으려고 하지 않았겠으며, 또 그 재주와 식견의 밝음으로써 천명과 인심이 돌아가는 곳을 어찌 알지 못했겠으며, 왕씨의 위태하고 망하는 형세를 어찌 알지 못했겠으며, 자기 몸이 보전되지 못할 것을 어찌 알지 못했겠습니까. 그러나 오히려 섬기던 곳에 마음을 오로지하고 그 절조가 변하지 않아 생명을 잃는 데에 이르렀으니, 이것이 이른바 대절에 임하여 빼앗을 수 없다는 것입니다. 한통이 주나라를 위하여 죽었으나 송 태조가 추증했고, 문천상이 송나라를 위하여 죽었으나 원 세조가 또한 추증했습니다. 정몽주가 고려를 위하여 죽었는데 오늘에 홀로 추증할 수 없겠습니까?(『조선왕조실록』「태종실록」〈태종 원년 1월 14일〉, “竊見前朝侍中鄭夢周, 本以寒儒, 專蒙太上王薦拔之恩, 以至大拜, 其心豈不欲厚報於太上. 且以才識之明, 豈不知天命人心之所歸, 豈不知王氏危亡之勢, 豈不知其身之不保. 然猶專心所事, 不貳其操, 以至殞命, 是所謂臨大節而不可奪

者也. 韓通死於周, 而宋太祖追贈之, 文天祥死於宋, 而元世祖亦追贈之. 夢周死於高麗, 獨不可追贈於今日乎." (2) 『조선왕조실록』 「태종실록」 〈태종 원년 11월 17일〉, (권근의 건의에 따라 정몽주·김약항 등에게 증직하다) "고려 문하시중 정몽주에게 영의정부사를, 광산군 김약항에게 의정부찬성사를 증직했으니, 참찬의정부사 권근의 말을 좇은 것이었다(『조선왕조실록』 「태종실록」 〈태종 원년 11월 17일〉, "贈高麗門下侍中鄭夢周領議政府事, 光山君金若恒議政府贊成事. 從參贊議政府事權近之言也.")."

82 『조선왕조실록』 「세종실록」 〈세종 12년 11월 23일〉, "又曰, 吉再節操可褒, 鄭夢周, 何如人也. 循起而對曰, 臣聞其忠臣, 然春秋館旣不移文, 上亦不命, 臣不敢請耳. 上曰, 夢周之事, 太宗知其死於忠義, 已曾褒賞, 何必更議, 宜錄忠臣之列."

83 조선시대에 각 사司의 낭관郎官이 매월 세 차례씩 윤번으로 임금을 뵙고 직무에 관하여 아뢰던 일을 말한다.

84 『조선왕조실록』 「세종실록」 〈세종 13년 3월 8일〉, "輪對. 經筵. 講至寧宗朝曰, 宋以中國而受制於金, 金雖夷狄, 風俗淳厚, 及其衰也, 多死節者. 前朝之季, 忠臣義士甚少, 有如李穡, 亦不効節, 獨鄭夢周吉再能爲舊君執節不改, 故後追贈. 然夢周淳實, 吉再無乃有圭角乎. 予意以爲再於夢周, 少有間矣."

85 『조선왕조실록』 「세종실록」 〈세종 13년 11월 11일〉, "임금이 설순에게, '시중 정몽주는 죽기까지 절개를 지키고 변하지 않았으며, 주서 길재는 절개를 지켜 마음을 변하지 않고 상소해서 물러가기를 청했으니, 찬술한 『충신도忠臣圖』 안에 모두 얼굴을 그리고 찬贊을 짓도록 하라'고 말했다(『조선왕조실록』 「세종실록」 〈세종 13년 3월 8일〉, "上謂偰循曰, 侍中鄭夢周, 守死不變, 注書吉再, 執節不移, 上疏乞退, 於所撰忠臣圖內, 竝圖形作贊.")."

86 『조선왕조실록』 「성종실록」 〈성종 7년 8월 13일〉, "前朝之季, 鄭夢周爲太祖簡拔, 位至政丞. 其時人有言曰, 若一改心, 開國元勳, 誰出其右. 夢周終守臣節, 死不失義."

87 『조선왕조실록』 「세종실록」 〈세종 17년 1월 14일〉, "又以判中樞院事許稠言啓曰, … 然不貳其操, 終守臣節. 若在朝者, 皆以夢周爲心, 可謂忠義之臣矣."

88 조식曺植, 『남명집南冥集』 권1 〈명銘〉 「패검명佩劍銘」, "內明者敬, 外斷者義."

89 정인홍鄭仁弘, 『내암집來庵集』 권12 「남명조선생행장南冥曺先生行狀」, "愛佩寶劍, 銘曰, 內明者敬, 外斷者義. … 最後, 特提敬義字, 大書窓壁間, 嘗曰, 吾家有此兩箇字, 如天之有日月, 洞萬古而不易, 聖賢千言萬語, 要其歸, 都不出二字外也." 제자인 정인홍이 지은 이 「행장行狀」은 『남명집』에도 수록되어 있다.

90 한국사상사연구회, 『조선유학의 개념들』, 서울: 예문서원, 2002, 498쪽.

91 남명학연구원 편, 『남명선생 행장 및 사적』, 진주: 남명학연구원, 2007, 18쪽 참조.

92 『논어』 「미자」, "子路曰, 不仕無義. 長幼之節, 不可廢也. 君臣之義, 如之何其廢之. 欲潔其身, 而亂大倫. 君子之仕也, 行其義也. 道之不行, 已知之矣." 참조.

93 『퇴계선생문집退溪先生文集』 권10 〈서書〉 「與曹楗仲 植○癸丑」, "頃者, 銓曹薦用遺逸之士, 聖上樂得賢材而任用之, 特命超敍六品之官, 此實吾東方古所罕有之盛擧也. 滉私竊以爲不仕無義, 君臣大倫, 烏可廢也, 而士或難於進用者, 徒以科擧涸人, 雜進之路, 則以其每下者, 此欲潔其身之士, 所以不得不藏蹤晦迹, 逃遯而不屑就也. 今也擧於山林, 非科目之涸, 超授六品, 非雜進之汚. … 滉資稟朴陋, 又無師友之導, 自少徒有慕古之心, 身多疾病, 親舊或勸以放意遨適則庶可以已疾, 復緣家貧親老, 强使之由科第取利祿. … 是以, 或出或處, 或遠或近, 而自循吾學之所至, 則猶夫人也. 以是, 愈不自快, 德臥都中, 日月逾邁, 思歸一念, 如水滔滔. 於是而逖聞高義, 嚮風起懦, 不自禁也. 夫榮利之途, 世所同馳. 得之則以爲快樂, 不得則以爲戚嗟者, 衆皆然也. 不知賢者之於山林, 有何事可以自樹於此, 而能忘於彼者耶."

94 『퇴계선생문집』 권12 〈서〉 「擬與豊基郡守論書院事 丁巳○郡守金慶言」, "彼以其富, 我以吾仁. 彼以其爵, 我以吾義."

95 『논어』 「안연顏淵」, "子貢問政. 子曰, 足食, 足兵, 民信之矣. 子貢曰, 必不得已而去, 於斯三者何先. 曰, 去兵. 子貢曰, 必不得已而去, 於斯二者何先. 曰, 去食. 自古皆有死, 民無信不立." 참조.

96 『맹자』 「양혜왕 상」, "未有仁而遺其親者也, 未有義而後其君者也."

97 군신君臣·부자父子·부부夫婦의 삼강三綱과 예禮·의義·염廉·치恥의 사유四維를 말한다.

98 『율곡선생전서栗谷先生全書』 권8 〈계啓〉 『六條啓』(癸未), "所謂明教化者, 傳有之, 自古皆有死, 民無信不立. 孟子曰, 未有仁而遺其親者也, 未有義而後其君者也. 假使足食足兵, 苟無仁義, 則寧有維持之勢乎. 今之風俗薄惡, 義理都喪者, 固出於飢寒切身, 不顧廉恥, 而亦由教化不明, 無以振起綱維故也."

99 『율곡선생전서습유栗谷先生全書拾遺』 권6 〈잡저雜著 3〉 「荷蕢顏閔心迹疑」, "君臣之義, 天敍之典也. 上不可以無君, 下不可以忘世, 則荷蓧沮溺之獨潔其身, 果於忘世, 吾未見其可也. 無適無莫者, 處身之義也. … 冒進而忘義徇祿, 君子不爲也. … 而況可以仕則仕, 可以止

則止者, 夫子之道. … 然則聖人之心, 至正至公, 不私於此, 不薄於彼, 斯可知矣."

100 우암尤庵 송시열宋時烈(1607~1689)이 지은 「중봉조선생행장重峯趙先生行狀」에는 "오늘은 한 번의 죽음만 있을 뿐이다. 죽음과 삶, 나아가고 물러남에 있어 義 자에 부끄러움이 없게 하라(『송자대전宋子大全』권207 〈행장行狀〉「중봉조선생행장」, "先生令曰, 今日只有一死, 死生進退, 無愧義字.")고 서술되어 있다.

101 『조선왕조실록』, 「선조수정실록宣祖修正實錄」〈선조 25년(1592년) 8월 1일〉, "憲軍直抵錦山城外十里, 結陣以待官軍, 賊詗知無後繼, 潛兵截後, 悉出兵薄戰. 憲下令曰, 今日只有一死, 當無愧一義字. 士皆應諾. 良久力戰, 賊三進三北, 而憲軍已矢盡. 憲坐幕中不動, 左右請跳出, 憲曰, 丈夫死耳, 不可苟活. 嗚詖督戰益急, 士以空拳相搏, 無一人離次者, 皆與憲同死, 圭亦死之. … 賊退之後, 門生往收七百屍作一塚, 表之爲七百義士塚云."

102 이긍익李肯翊, 『연려실기술燃藜室記述』권16 〈선조조 고사본말宣祖朝故事本末〉「임진의병壬辰義兵」, "門人收七百屍, 作一塚, 表之爲七百義士塚. 立石其側曰一軍殉義碑."

103 이긍익, 『연려실기술』권16 〈선조조 고사본말〉「임진의병」, "門人金籥謀立碑, 見石工李春福, 欲買石問價, 曰七十疋. 問欲何用, 籥曰, 先師趙爺殉節於錦山, 欲立碑記事, 春福曰, 然則豈敢言價, 當卽納之. 自爲治石, 終始盡力, 亦不受手工(『명신록名臣錄』尹月汀撰碑)."

104 『조선왕조실록』, 「선조실록」〈선조 28년(1595년) 7월 24일〉, "上曰, 我國二百年, 不知兵革, 猝遇勁敵. 故金湯失守, 賊徒長驅, 如入無人之境, 而趙憲自募軍卒, 感動以義, 其勢有異矣. 兵家之事, 勢而已. 豈可以一槪論之哉."

105 『매천집梅泉集』권7 〈祭文〉「祭勉菴崔先生文」, "惟我先生, 以正誼明道之學, 抱忘身殉國之志, 視嶺海如堂奧, 赴鼎鑊如飢渴, 半世之間, 曾不能一日安其身於朝廷. 及夫仗義興師於傾否之日, 不見强敵而只見君父, 不見死生而只見綱常, 成仁取義, 早已含笑入地矣."

106 강철웅 외, 『서양고대철학 1』, 서울: 길, 2013, 331쪽 참조.

107 트라시마코스는 "나는 정의란 곧 강한 쪽의 이익밖에는 아무 것도 아니라고 주장합니다"라고 말했다. 이에 대해 소크라테스는 "정의는 지혜이고 영혼의 덕이며, 의로운 사람이 행복하고 잘 살 것이다"라고 말했다.(플라톤, 『국가』, 조우현 옮김, 서울: 삼성출판사, 1982, 제1권 참조)

108 『순자』「유효儒效」, "故有俗人者, 有俗儒者, 有雅儒者, 有大儒者. 不學問, 無正義, 以富利爲隆, 是俗人者也."

109 『순자』「신도臣道」, "故正義之臣設, 則朝廷不頗."

110 이렇게 표현한 것은 동양 고전에 등장하는 '정의正義'라는 개념에서 '정'과 '의'의 의미는 사실상 같은 것이어서 결국에는 '올바름'으로 풀이할 수 있기 때문이다. 『석명』「석전예」, "爾雅, 爾, 昵也. 昵, 近也. 雅, 義也. 義, 正也. 五方之言不同, 皆以近正爲主也." 참조.

111 『공자가어孔子家語』「정론해正論解」, "唯器與名不可以假人. 君之所司也, 名以出信, 信以守器, 器以藏禮, 禮以行義, 義以生利, 利以平民, 政之大節也. 若以假人, 與人政也. 政亡則國家從, 不可止已."

112 『한비자』「수도守道」, "古之善守者, 以其所重禁其所輕, 以其所難止其所易. 故君子與小人俱正, 盜跖與曾史俱廉. … 大勇愿, 巨盜貞, 則天下公平, 而齊民之情正矣."

113 『한시외전韓詩外傳』권7, "正直者, 順道而行, 順理而言, 公平無私, 不爲安肆志, 不爲危激行. 昔衛獻公出走, 反國, 及郊, 將班邑於從者而後入. 太史柳莊曰, 如皆守社稷, 則執負羈絏而從, 如皆從, 則執守社稷. 君反國而有私, 無乃不可乎. 於是不班也. 柳莊正矣."

114 『논어』「이인」, "子曰, 士志於道, 而恥惡衣惡食者, 未足與議也." 다음과 같은 말도 있다. 『논어』「위령공衛靈公」, "子曰, 君子謀道不謀食. 耕也, 餒在其中矣. 學也, 祿在其中矣. 君子憂道不憂貧(군자는 도를 찾으려하지 밥을 찾으려하지 않는다. 농사를 지어도 굶주림이 그 속에 들어 있지만 배우다 보면 녹봉이 그 속에 들어 있다. 군자는 도를 걱정하지 가난을 걱정하지 않는다.)."

115 『논어』「안연」, "子貢問政. 子曰, 足食, 足兵, 民信之矣."

116 『맹자』「양혜왕 상」, "不違農時, 穀不可勝食也. 數罟不入洿池, 魚鼈不可勝食也. 斧斤以時入山林, 材木不可勝用也. 穀與魚鼈不可勝食, 材木不可勝用, 是使民養生喪死無憾也. 養生喪死無憾, 王道之始也. 五畝之宅, 樹之以桑, 五十者可以衣帛矣. 雞豚狗彘之畜, 無失其時, 七十者可以食肉矣. 百畝之田, 勿奪其時, 數口之家可以無飢矣. 謹庠序之敎, 申之以孝悌之養, 頒白者不負戴於道路矣. 七十者衣帛食肉, 黎民不飢不寒, 然而不王者未之有也. 狗彘食人食而不知檢, 塗有餓莩而不知發. 人死, 則曰非我也, 歲也. 是何異於刺人而殺之, 曰非我也, 兵也. 王無罪歲, 斯天下之民至焉."

117 『맹자』「양혜왕 상」, "梁惠王曰, 寡人願安承敎. 孟子對曰, 殺人以梃與刃, 有以異乎. 曰, 無以異也. 以刃與政, 有以異乎. 曰, 無以異也. 曰, 庖有肥肉, 廐有肥馬, 民有飢色, 野有餓莩, 此率獸而食人也. 獸相食, 且人惡之. 爲民父母, 行政不免於率獸而食人, 惡在其爲民父母. 仲尼曰, 始作俑者, 其無後乎. 爲其象人而用之也. 如之何其使斯民飢而死也."

118 『대학』「전10장傳十章」, "德者本也, 財者末也.", 『논어』「술이述而」, "不義而富且貴, 於

我如浮雲.",『논어』「태백泰伯」, "邦有道, 貧且賤焉, 恥也. 邦無道, 富且貴焉, 恥也." 등 참조.

119 『논어』「이인」, "子曰, 富與貴是人之所欲也, 不以其道得之, 不處也. 貧與賤是人之所惡也, 不以其道得之, 不去也."

120 『논어』「자로子路」, "子適衛, 冉有僕. 子曰, 庶矣哉. 冉有曰, 旣庶矣, 又何加焉. 曰, 富之. 曰, 旣富矣, 又何加焉. 曰, 敎之."

121 허신許愼, 『설문해자』〈옥부玉部〉, "玉, 石之美. 有五德. 潤澤以溫, 仁之方也. 䚡理自外, 可以知中, 義之方也. 其聲舒揚, 專以遠聞, 智之方也. 不橈而折, 勇之方也. 銳廉而不技, 絜之方也. 象三玉之連. 丨, 其貫也. 凡玉之屬皆从玉." 참조.

122 『논어』「옹야雍也」, "子華使於齊, 冉子爲其母請粟. 子曰, 與之釜. 請益. 曰, 與之庾. 冉子與之粟五秉. 子曰, 赤之適齊也, 乘肥馬, 衣輕裘. 吾聞之也, 君子周急不繼富."

123 『논어』「선진先進」, "季氏富於周公, 而求也爲之聚斂而附益之. 子曰, 非吾徒也. 小子鳴鼓而攻之, 可也."

124 『논어』「계씨」, "丘也聞有國有家者, 不患寡而患不均, 不患貧而患不安. 蓋均無貧, 和無寡, 安無傾."

125 『대학장구』「전10장」"是故君子先愼乎德. 有德此有人, 有人此有土, 有土此有財, 有財此有用. 德者本也, 財者末也, 外本內末, 爭民施奪. 是故財聚則民散, 財散則民聚. 是故言悖而出者, 亦悖而入. 貨悖而入者, 亦悖而出. … 生財有大道. 生之者衆, 食之者寡, 爲之者疾, 用之者舒, 則財恒足矣. 仁者以財發身, 不仁者以身發財. 未有上好仁而下不好義者也, 未有好義其事不終者也, 未有府庫財非其財者也. 孟獻子曰, 畜馬乘, 不察於雞豚, 伐冰之家, 不畜牛羊. 百乘之家, 不畜聚斂之臣. 與其有聚斂之臣, 寧有盜臣. 此謂國不以利爲利, 以義爲利也. 長國家而務財用者, 必自小人矣. 彼爲善之, 小人之使爲國家, 災害并至. 雖有善者, 亦無如之何矣. 此謂國不以利爲利, 以義爲利也."

126 『순자』「대략大略」, "故天子不言多少, 諸侯不言利害, 大夫不言得喪, 士不通貨財. 有國之君不息牛羊, 錯質之臣不息雞豚, 冢卿不脩幣, 大夫不爲場園, 從士以上皆羞利而不與民爭業, 樂分施而恥積藏. 然故民不困財, 貧窶者有所竄其手."

127 『맹자』「등문공 상」, "夏后氏五十而貢, 殷人七十而助, 周人百畝而徹, 其實皆什一也. 徹者, 徹也. 助者, 藉也. 龍子曰, 治地莫善於助, 莫不善於貢. 貢者校數歲之中以爲常. 樂歲, 粒米狼戾, 多取之而不爲虐, 則寡取之. 凶年, 糞其田而不足, 則必取盈焉. 爲民父母, 使民盻盻然,

將終歲勤動, 不得以養其父母, 又稱貸而益之. 使老稚轉乎溝壑, 惡在其爲民父母也. 夫世祿, 滕固行之矣. 詩云, 雨我公田, 遂及我私. 惟助爲有公田. 由此觀之, 雖周亦助也.”

128 『맹자』「등문공 상」, “使畢戰問井地. 孟子曰, 子之君將行仁政, 選擇而使子, 子必勉之. 夫仁政, 必自經界始. 經界不正, 井地不鈞, 穀祿不平. 是故暴君汙吏必慢其經界. 經界旣正, 分田制祿可坐而定也. 夫滕壤地褊小, 將爲君子焉, 將爲野人焉. 無君子莫治野人, 無野人莫養君子. 請野九一而助, 國中什一使自賦. 卿以下必有圭田, 圭田五十畝. 餘夫二十五畝. 死徙無出鄉, 鄉田同井. 出入相友, 守望相助, 疾病相扶持, 則百姓親睦. 方里而井, 井九百畝, 其中爲公田. 八家皆私百畝, 同養公田. 公事畢, 然後敢治私事, 所以別野人也. 此其大略也. 若夫潤澤之, 則在君與子矣.”

129 『예기』「예운」, “大道之行也, 天下爲公. 選賢與能, 講信修睦, 故人不獨親其親, 不獨子其子. 使老有所終, 壯有所用, 幼有所長, 矜寡孤獨廢疾者, 皆有所養. 男有分, 女有歸. 貨惡其棄於地也, 不必藏於己. 力惡其不出於身也, 不必爲己. 是故謀閉而不興, 盜竊亂賊而不作, 故外戶而不閉, 是謂大同.”

130 『예기』「예운」, “今大道旣隱, 天下爲家, 各親其親, 各子其子, 貨力爲己, 大人世及以爲禮. 城郭溝池以爲固, 禮義以爲紀. 以正君臣, 以篤父子, 以睦兄弟, 以和夫婦, 以設制度, 以立田里, 以賢勇知, 以功爲己. 故謀用是作, 而兵由此起. 禹湯文武成王周公, 由此其選也. 此六君子者, 未有不謹於禮者也. 以著其義, 以考其信, 著有過, 刑仁講讓, 示民有常. 如有不由此者, 在勢者去, 衆以爲殃, 是謂小康.”

2장

1   『설문해자』, 北京:中華書局, 2007, 267쪽, “臣鉉等曰, 此與善同意. 故從羊.”

2   『주역』(상), 정병석 역·주, 서울: 을유문화사, 2010, 61~62쪽 주59.

3   『주역』(상), 정병석 역·주, 서울: 을유문화사, 2010, 63쪽 주63.

4   『중용장구』제20장, “義者, 宜也.”

5   『중용장구』제20장 朱子註, “宜者, 分別事理, 各有所宜也.”

6   이상의 내용은 『주역』(상), 정병석 역·주, 서울: 을유문화사, 2010, 107~108쪽 주54, 주55 참조.

7 『춘추공양전春秋公羊傳』 양공襄公 6년, "國滅君死之, 正也(나라가 멸망하면 군주는 나라를 위해 죽는 것이 올바른 일이다.)."

8 『맹자』 「양혜왕 상」, "或曰, 世守也, 非身之所能爲也, 效死勿去(어떤 사람은 '조상대대로 지켜 온 땅이므로 자신이 혼자 마음대로 할 수 있는 것이 아니니, 죽는 한이 있더라도 떠나서는 안 된다'라고 말합니다.)."

9 『맹자』 「양혜왕장구 하梁惠王章句下」 제15장 朱子注, "此國君死社稷之常法."

10 『맹자』 「양혜왕장구 하」 제15장 朱子注, "蓋遷國以圖存者, 權也. 守正而俟死者, 義也. 審己量力, 擇而處之可也."

11 『예기집설대전禮記集說大全』 권9 「예운」 〈집설集說〉, "禮者義之定制, 義者禮之權度. 禮一定不易, 義隨時制宜."

12 『예기집설대전』 권9 「예운」 〈집설〉, "義者, 人情之裁制, 隨事制宜而時措之."

13 『예기집설대전』 권18 「악기」 〈집설〉, "學者, 修身之要法." 참조.

14 『맹자』 「진심 상」, "君子所性, 仁義禮智根於心, 其生色也, 睟然見於面, 盎於背, 施於四體, 四體不言而喩."

15 『대학』, "德潤身, 心廣體胖."

16 『대학』, "心不在焉, 視而不見, 聽而不聞, 食而不知其味."

17 『시경詩經』 〈소아·보전지십小雅·甫田之什〉 「대전大田」.

18 『시경』 〈국풍·패풍國風·邶風〉 「곡풍谷風」.

19 『예기집설대전』 권25 「방기坊記」, "以此示民, 民猶爭利而忘義."

20 『예기집설대전』 권30 「상복사제喪服四制」, "恩者仁也, 理者義也, 節者禮也, 權者知也. 仁義禮知, 人道具矣(은혜로운 것은 인이고, 바로잡아 나가는 것은 의이다. 절도에 맞게 해나가는 것이 예이고, 상황에 알맞게 해나가는 것은 지이다. 이러한 인의예지가 있게 되니, 사람다운 삶의 길이 갖추어진 것이다.)" 참조.

21 『예기집설대전』 권30 「상복사제」, "禮以治之, 義以正之." 참조.

22 『예기집설대전』 권30 「상복사제」, "門內之治, 恩掩義. 門外之治, 義斷恩."

23 『예기집설대전』 권30 「상복사제」 〈집설〉, "門內主恩, 故常揜蔽公義. 門外主義, 故常斷絶私恩." 참조.

24 『예기집설대전』 권26 「표기表記」 〈집설〉, "曰, 義道以覇, 非孔子之言." 참조.

25 『대학』에 나오는 말이다. 이와 관련해서 주자는 다음과 같은 주석을 남겼다. "군자는 마땅히 같은 것을 토대로 삼아 남의 사정을 잘 헤아려서, 너와 나 사이에 각자 분수와 소원을 얻도록 하니, 이렇게 되면 위아래와 사방이 치우침이 없고 올바르게 되어 천하가 평화로워질 것이다(『대학장구』「전9장」朱子注, "君子必當因其所同, 推以度物, 使彼我之間各得分願, 則上下四旁均齊方正, 而天下平矣."). '혈구지도'야말로 修身에서부터 시작하여 平天下에 이르도록 하는 근본 도리이다.

26 『예기집설대전』권26「표기」〈집설〉, "知賤之事貴而不知貴之率賤, 豈絜矩之道哉. 故天子竭力致敬以事上帝, 則諸侯亦服勤以輔乎天子也."

27 『맹자』「등문공 하」, "居天下之廣居, 立天下之正位, 行天下之大道. 得志與民由之, 不得志獨行其道. 富貴不能淫, 貧賤不能移, 威武不能屈. 此之謂大丈夫."

28 『논어』「학이」, "有子曰, 信近於義, 言可復也. 恭近於禮, 遠恥辱也. 因不失其親, 亦可宗也."

29 『논어집주』「학이」제13장 朱子注, "義者, 事之宜也."

30 『논어』「헌문」, "見利思義."

31 『논어』「계씨」, "見得思義."

32 『논어집주』「계씨」제10장 朱子注, "思義, 則得不苟." 참조.

33 『예기집설대전』권29「유행」, "見利不虧其義." 참조.

34 『논어집주』「위정爲政」제24장 朱子注, "知而不爲, 是無勇也."

35 『논어』「양화陽貨」, "子路曰, 君子尙勇乎. 子曰, 君子義以爲上. 君子有勇而無義爲亂, 小人有勇而無義爲盜."

36 『논어』「위령공」, "子曰, 君子義以爲質, 禮以行之, 孫以出之, 信以成之. 君子哉."

37 『논어집주』「위령공」제17장 朱子注, "義者, 制事之本."

38 『논어』「안연」, "季康子問政於孔子. 孔子對曰, 政者, 正也. 子帥以正, 孰敢不正." 및 『예기』「애공문哀公問」, "公曰, 敢問何謂爲政. 孔子對曰, 政者, 正也. 君爲正, 則百姓從政矣. 君之所爲, 百姓之所從也. 君所不爲, 百姓何從." 참조.

39 『논어』「위령공」, "子曰, 群居終日, 言不及義, 好行小慧, 難矣哉."

40 『논어』「이인」, "子曰, 富與貴是人之所欲也, 不以其道得之, 不處也. 貧與賤是人之所惡也, 不以其道得之, 不去也." 참조.

41 『논어』「이인」, "子曰, 士志於道而恥惡衣惡食者, 未足與議也." 참조.

42 『논어집주』「술이」제15장 朱子注, "程子曰, 非樂疏食飲水也, 雖疏食飲水, 不能改其樂也. 不義之富貴, 視之輕如浮雲然." 참조.

43 『논어집주』「술이」제15장 朱子注, "聖人之心, 渾然天理, 雖處困極, 而樂亦無不在焉. 其視不義之富貴, 如浮雲之無有, 漠然無所動於其中也."

44 『논어집주』「자로」제4장 朱子注, "好義, 則事合宜." 참조.

45 『논어집주』「미자」제7장 朱子注, "仕. 所以行君臣之義, 故雖知道之不行而不可廢. 然謂之義, 則事之可否, 身之去就, 亦自有不可苟者. 是以雖不潔身以亂倫, 亦非忘義以徇祿也."

46 『논어』「계씨」, "隱居以求其志, 行義以達其道. 吾聞其語矣, 未見其人也."

47 『맹자』「고자 하」, "宋牼將之楚, 孟子遇於石丘. 曰, 先生將何之. 曰, 吾聞秦楚構兵, 我將見楚王說而罷之. 楚王不悅, 我將見秦王說而罷之, 二王我將有所遇焉. 曰, 軻也請無問其詳, 願聞其指. 說之將何如. 曰, 我將言其不利也. 曰, 先生之志則大矣, 先生之號則不可. 先生以利說秦楚之王, 秦楚之王悅於利, 以罷三軍之師, 是三軍之士樂罷而悅於利也. 爲人臣者懷利以事其君, 爲人子者懷利以事其父, 爲人弟者懷利以事其兄. 是君臣父子兄弟終去仁義, 懷利以相接, 然而不亡者未之有也. 先生以仁義說秦楚之王, 秦楚之王悅於仁義, 而罷三軍之師, 是三軍之士樂罷而悅於仁義也. 爲人臣者懷仁義以事其君, 爲人子者懷仁義以事其父, 爲人弟者懷仁義以事其兄, 是君臣父子兄弟去利, 懷仁義以相接也. 然而不王者未之有也. 何必曰利."

48 『맹자』「공손추 상公孫丑上」, "孟子曰, 以力假仁者霸, 霸必有大國, 以德行仁者王, 王不待大. 湯以七十里, 文王以百里. 以力服人者, 非心服也, 力不贍也. 以德服人者, 中心悅而誠服也, 如七十子之服孔子也. 詩云, 自西自東, 自南自北, 無思不服. 此之謂也."

49 오패五霸는 '오백五伯'이라고도 하며, 춘추시대 다섯 명의 패자霸者를 말한다. 대개 제 환공齊 桓公·진 문공晉 文公·초 장왕楚 莊王·오 합려吳 闔閭·월 구천越 句踐을 꼽는데, 구천 대신에 진 목공秦 穆公을 넣기도 하고, 월 왕과 오 왕 대신 진 목공과 송 양공宋 襄公을 넣기도 한다. 이들은 모두 국가를 일시 부강케 했으나, 이른바 왕도王道에 의한 것이 아니라 권모술수에 의지했기 때문에, 예로부터 유가에서는 그리 높게 평가하지 않는다.

50 『맹자』「이루 하」, "孟子曰, 人之所以異於禽獸者幾希, 庶民去之, 君子存之. 舜明於庶物, 察於人倫, 由仁義行, 非行仁義也."

51 『맹자』「이루 상」, "孟子曰, 人不足與適也, 政不足間也. 惟大人爲能格君心之非. 君仁莫不仁, 君義莫不義, 君正莫不正, 一正君而國定矣."

52 『맹자』「진심 상」, "有大人者, 正己而物正者也."

53 『맹자』「이루 하」, "孟子曰, 大人者, 言不必信, 行不必果, 惟義所在."

54 『맹자』「이루 하」, "孟子曰, 非禮之禮, 非義之義, 大人不爲."

55 『맹자』「등문공 하」, "世衰道微, 邪說暴行有作, 臣弑其君者有之, 子弑其父者有之. 孔子懼, 作春秋. 春秋, 天子之事也. 是故孔子曰, 知我者, 其惟春秋乎, 罪我者, 其惟春秋乎."

56 『대학장구』「전10장」朱子注, "是以君子必當因其所同, 推以度物, 使彼我之間各得分願, 則上下四旁均齊方正, 而天下平矣."

57 『순자』의 번역은 김학준이 옮긴 『순자』(서울:을유문화사, 2008)를 참조했다.

58 『맹자』「양혜왕 상」, "賊仁者謂之賊, 賊義者謂之殘, 殘賊之人謂之一夫."

59 『순자』「수신修身」, "保利棄義謂之至賊."

60 『순자』「불구不苟」, "畏患而不避義死, 欲利而不爲所非."

61 『순자』「영욕榮辱」, "先義而後利者榮, 先利而後義者辱."

62 『순자』「정론正論」, "聖王在上, 決德而定次, 量能而授官, 皆使民載其事而各得其宜. 不能以義制利, 不能以僞飾性, 則兼以爲民." 참조.

63 『순자』「군도君道」, "仁厚兼覆天下而不閔, 明達用天地理萬變而不疑, 血氣和平, 志意廣大, 行義塞於天地之間, 仁智之極也. 夫是之謂聖人."

64 『순자』「유효」, "涂之人百姓, 積善而全盡, 謂之聖人. 彼求之而後得, 爲之而後成, 積之而後高, 盡之而後聖. 故聖人也者, 人之所積也."

65 『순자』「왕제」 및 「애공哀公」, "君者, 舟也, 庶人者, 水也. 水則載舟, 水則覆舟."

66 미조구치 유조 외 엮음, 『중국사상문화사전』, 김석근 외 옮김, 서울: 책과함께, 2011, 211쪽.

67 『한서漢書』「동중서전董仲舒傳」, "夫仁人者, 正其誼不謀其利, 明其道不計其功. 『한서』는 전한前漢 때 반고班固가 편찬한 후한後漢의 역사서이다.

68 『춘추번로春秋繁露』「대교서왕월대부부득위인對膠西王越大夫不得爲仁」, "仁人者, 正其道不謀其利, 修其理不急其功."

69 『소학小學』「가언嘉言」, "董仲舒曰, 仁人者, 正其誼不謀其利, 明其道不計其功."

70 『근사록』이 대표적인 경우이다. 『근사록』 권14, "董仲舒曰, 正其義不謀其利, 明其道不計其功. 此董子所以度越諸子."

71 이동철 외 엮음, 『21세기의 동양철학』, 서울: 을유문화사, 2005, 197쪽 참조.

72 『근사록』 「제1권 도체」, "義訓宜."

73 한국사상사연구회, 『조선유학의 개념들』, 서울: 예문서원, 2002, 494쪽 참조.

74 『근사록』 「제1권 도체」 葉采注, "義者, 心之制, 事之宜也. 彼事之宜, 雖若在外然, 所以制其宜, 則在心也. 非程子一語, 則後人未免有義外之見."

75 중국 송대의 주자는 이외에도 '存天理遏人欲' '克人欲存天理' '明天理滅人欲' 등의 표현을 사용했다.

76 『맹자』 「진심 상」 참조.

77 도척盜跖은 중국 춘추시대의 큰 도적으로 알려진 인물인데, 몹시 악한 사람을 비유적으로 일컫는 말로도 쓰인다.

78 『맹자』 「이루 하」, "孟子曰, 人之所以異於禽獸者幾希, 庶民去之, 君子存之."

79 『맹자집주』 「이루장구 하離婁章句下」 제19장 朱子注, "人物之生, 同得天地之理以爲性, 同得天地之氣以爲形. 其不同者, 獨人於其間得形氣之正, 而能有以全其性, 爲少異耳. 雖曰少異, 然人物之所以分, 實在於此. 衆人不知此而去之, 則名雖爲人, 而實無以異於禽獸. 君子知此而存之, 是以戰兢惕厲, 而卒能有以全其所受之正也."

80 『논어』 「옹야」, "子曰, 賢哉, 回也. 一簞食, 一瓢飮, 在陋巷, 人不堪其憂, 回也不改其樂. 賢哉, 回也."

81 『논어』 「이인」, "子曰, 士志於道, 而恥惡衣惡食者, 未足與議也."

82 『근사록』 「제10권 정사政事」, "惟心弘, 則不顧人之非笑, 所趨義理耳."

83 『도덕경』, 오강남 풀이, 서울: 현암사, 2011, 95~96쪽 참조.

84 『장자』의 번역은 안동림이 옮긴 『장자』(서울: 현암사, 2001)를 참조했다.

85 묵형은 옛날 중국에서 죄인의 이마나 팔뚝에 먹물로 죄명을 써넣던 형벌이다.

86 『묵자』의 번역은 신동준이 옮긴 『묵자』(고양: 인간사랑, 2014)를 참조했다.

87 『논어』 「안연」, "孔子對曰, 政者, 正也. 子帥以正, 孰敢不正." 참조.

88 『묵자』 「대취大取」, "義, 利. 不義, 害."

89 『묵자』 「귀의貴義」, "子墨子謂二三子曰, 爲義而不能, 必無排其道. 譬若匠人之斲而不

能, 無排其繩."

90 『묵자』「소염所染」, "夏桀染於干辛推哆, 殷紂染於崇侯惡來, 厲王染於厲公長父榮夷終, 幽王染於傅公夷蔡公穀. 此四王者所染不當, 故國殘身死, 爲天下僇. 擧天下不義辱人, 必稱此四王者."

91 『묵자』「귀의」, "子墨子自魯卽齊, 過故人, 謂子墨子曰, 今天下莫爲義, 自獨自苦而爲義, 子不若已. 子墨子曰, 今有人於此, 有子十人, 一人耕而九人處, 則耕者不可以不益急矣, 何故. 則食者衆而耕者寡也. 今天下莫爲義, 則子如勸我者也, 何故止我."

92 『묵자』「공맹公孟」, "夫義, 天下之大器也."

93 『맹자』「고자 상」, "生亦我所欲也, 義亦我所欲也, 二者不可得兼, 舍生而取義者也."

94 『한비자』의 번역은 신동준이 옮긴 『한비자』(고양: 인간사랑, 2012)를 참조했다.

95 앤거스 그레이엄, 『도의 논쟁자들』, 나성 옮김, 서울: 새물결, 2003, 33쪽 참조.

96 앤거스 그레이엄, 『도의 논쟁자들』, 나성 옮김, 서울: 새물결, 2003, 201쪽.

97 『한비자』「간겁시신姦劫弑臣」, "世主美仁義之名而不察其實, 是以大者國亡身死, 小者地削主卑."

98 김기동, 『중국 병법의 지혜』, 서울: 서광사, 1993, 188쪽 참조.

99 『논어』「자로」, "子曰, 以不敎民戰, 是謂棄之."

100 『남명집』의 번역은 경상대 남명학연구소가 편·역한 『교감 국역 남명집』(서울: 이론과실천, 1995)을 참조했다.

101 조식, 『남명집』 권1 〈명銘〉「금인명金人銘」, "剛而重, 德莫犾. 義仁."

102 춘추시대에 제나라 환공이 규구에서 천하의 제후를 모아 놓고 크게 맹약한 것을 가리킨다. 춘추시대 최초의 회맹會盟이다. 원래 회맹은 주周 왕실의 주도로 열렸으나, 동쪽 낙양으로 도읍을 옮긴 이후인 동주東周시대에는 주 왕실의 권위가 약화되면서 가장 강력한 제후가 회맹을 주도했다. 이로부터 무력의 위세로써 인을 빙자하는 패도정치가 출현했다. 동주시대의 앞머리를 역사에서는 춘추시대라 부른다.

103 서백은 주나라의 문왕인데, 그가 추구하려 했던 일은 바로 왕도정치를 실현하려는 것이다.

104 조식, 『남명집』 권2 〈소류疏類〉「사선사식물소謝宣賜食物疏」, "老臣徒謝雨露之恩, 而無以補天之漏. 謹以君義二字, 獻爲修身整國之本."

105 『퇴계집』『율곡전서』『조선왕조실록』『성호사설』『다산시문집』의 번역은 한국고전번역원의 〈한국고전종합DB〉(http://db.itkc.or.kr)를 참조했다.

106 퇴계는 『대학』에 대한 이평숙李平叔의 문목問目에 답하는 편지에서 "의義는 내 마음에서 어떻게 마음의 제재制裁가 되고, 어떻게 일을 합당하게 하는 것이 되며, 어떻게 단제斷制하고 재할裁割하는 도리가 되는가(『퇴계선생문집』권37 「答李平叔問目 大學」, "義在吾心, 若何而爲心之制, 若何而爲事之宜, 若何而爲斷制裁割底道理.")"라고 말했다.

107 『율곡선생전서』 권27 「격몽요결擊蒙要訣」〈讀書章第四〉, "次讀孟子, 於明辨義利, 遏人慾存天理之說. - 明察而擴充之."

108 이덕형은 흔히 이항복과 더불어 오성(이항복)과 한음(이덕형)으로 잘 알려져 있는 있는 인물이다. 이들은 임진왜란 때 국난을 극복하는데 큰 공을 세운 인물이다. 한음漢陰은 이덕형의 호이다. 이항복李恒福의 호는 백사白沙이다. 그런데 그가 오성으로 불리게 된 것은 오성부원군鰲城府院君에 봉군되었기 때문인데, 그래서 이항복이나 백사보다는 오성대감으로 널리 알려졌다.

109 한국학중앙연구원 편, 『한국민족문화대백과사전』(http://encykorea.aks.ac.kr/) 참조.

110 『논어』「자한」, "子罕言利與命與仁." 참조.

111 『논어』「술이」, "互鄕難與言, 童子見, 門人惑. 子曰, 與其進也, 不與其退也, 唯何甚. 人潔己以進, 與其潔也, 不保其往也." 참조.

112 『논어』「자로」, "子適衛, 冉有僕. 子曰, 庶矣哉. 冉有曰, 旣庶矣, 又何加焉. 曰, 富之. 曰, 旣富矣, 又何加焉. 曰, 敎之." 참조.

113 조선 후기의 실학자인 성호星湖 이익李瀷(1681~1763)의 저서 중 하나인 『성호사설星湖僿說』은 실학파에서 나온 백과전서류 총서 중에서 대표적인 저작이다. 『성호사설』은 성호 이익이 40세 전후부터 책을 읽다가 느낀 점이 있거나 흥미로운 사실이 있으면 그때그때 기록해 둔 것들을 그의 나이 80세에 이르렀을 때에 집안 조카들이 정리한 것이다. 여기에는 제자들의 질문에 답변한 내용을 기록해 둔 것도 포함되어 있다. 『성호사설』은 천지문天地門 · 만물문萬物門 · 인사문人事門 · 경사문經史門 · 시문문詩文門 등 크게 다섯 가지 문문으로 분류해 총 3,007편의 항목에 관한 글을 싣고 있으며, 저자의 방대한 학식과 치밀한 고증을 엿볼 수 있다.(한국학중앙연구원 편, 『한국민족문화대백과사전』(http://encykorea.aks.ac.kr/) 『성호사설』 참조) 다산 정약용의 학문에 대해서는 흔히 성호 이익의 학통을 이어받아 실학을 발전시켰다고 말

하지만, 그렇다고 해서 다산이 성호의 학문적 성과에 대해서 무조건적으로 수용한 것 같지는 않다. 그러한 점과 관련해서는 다산이 두 아들에게 보낸 편지 글을 참조하는 것이 좋을 듯하다. "나는 일찍이 『성호사설』은 후세에 전할 만한 올바른 책이 되지 못한다고 말했는데, 그 이유는 옛사람이 만들어 놓은 글과 자신의 의견을 뒤섞어서 책을 만들었으므로 올바른 본보기가 되지 못하기 때문이다(『다산시문집』 권21 「寄二兒」, "吾嘗謂星湖僿說, 未足爲傳後之正本耳. 以其古人成文與自家議論, 相雜成書, 不成義例也.")."

114 '무엇을 의도하는 것 없이 하는 경우'라는 말은 남송의 학자인 장남헌張南軒이 "무엇을 의도하는 것 없이 하는 경우가 의리이고 무엇을 의도해서 하는 경우는 이익이다(無所爲而爲者義也, 有所爲而爲者利也)"라고 말한 데서 유래했다.(한국고전번역원의 〈한국고전종합DB〉(http://db.itkc.or.kr)『성호사설』참조) 이 책의 원문 중에서 『율곡전서 2』에서도 이 표현이 나온다.

115 『다산시문집』 권12 「送富寧都護李鍾英赴任序」, "義以方外則凡衆人之所畏者, 我亦畏之. 敬以直內則凡衆人之所弗畏者, 我亦畏之."

116 금장태, 『한국유학의 心說』, 서울: 서울대학교출판부, 2003, 247~248쪽 참조.

무엇이
의로움인가
ⓒ 임종진

초판 인쇄	2015년 12월 21일
초판 발행	2015년 12월 28일

지은이	임종진
기획	한국국학진흥원
펴낸이	강성민
편집	이은혜 박세중 이두루 곽우정
편집보조	차소영 백설희
마케팅	정민호 이연실 정현민 지문희 양서연
홍보	김희숙 김상만 한수진 이천희

펴낸곳	(주)글항아리	출판등록 2009년 1월 19일 제406-2009-000002호
주소	10881 경기도 파주시 회동길 210
전자우편	bookpot@hanmail.net
전화번호	031-955-8891(마케팅) 031-955-8897(편집부)
팩스	031-955-2557

ISBN	978-89-6735-284-4 03100

글항아리는 (주)문학동네의 계열사입니다.

이 도서의 국립중앙도서관 출판시도서목록(CIP)은 e-CIP홈페이지(http://www.nl.go.kr/ecip)와
국가자료공동목록시스템(http://www.nl.go.kr/kolisnet)에서 이용하실 수 있습니다.
(CIP제어번호 : CIP2015034269)